KB263632

식물 정령 치유

식물 정령 치유

PLANT SPIRIT MEDICINE

온 세상과 하나되는 샤먼의 지혜

식물 정령 치유

PLANT
SPIRIT
MEDICINE

엘리엇 카원 지음 ✿ 배민경 옮김

정신세계사

변영옥이 꾸미고, 한서지업사에서 종이를, 영신사에서 인쇄와 제본을, 하지혜가 책의 관리를
맡다. 정신세계사의 등록일자는 1978년 4월 25일(제2021-000333호), 주소는 03965 서울시
마포구 성산로4길 6 2층, 전화는 02-733-3134, 팩스는 02-733-3144이다.

✿ 홈페이지 mindbook.co.kr   ✿ 인터넷 카페 cafe.naver.com/mindbooky
✿ 유튜브 @innerworld   ✿ 인스타그램 @inner_world_publisher

식물 정령 치유
ⓒ 엘리엇 카원, 2014

엘리엇 카원 짓고, 배민경 옮긴 것을 정신세계사 김우종이 2026년 1월 5일 처음 펴내다.
변영옥이 꾸미고, 한서지업사에서 종이를, 영신사에서 인쇄와 제본을, 하지혜가 책의 관리를
맡다. 정신세계사의 등록일자는 1978년 4월 25일(제2021-000333호), 주소는 03965 서울시
마포구 성산로4길 6 2층, 전화는 02-733-3134, 팩스는 02-733-3144이다.

2026년 1월 5일 펴낸 책(초판 제1쇄)

ISBN   978-89-357-0480-4 03290

✿ 홈페이지 mindbook.co.kr   ✿ 인터넷 카페 cafe.naver.com/mindbooky
✿ 유튜브 @innerworld   ✿ 인스타그램 @inner_world_publisher

당신께 이 책을 바칩니다.

이 책의 메디슨이 당신의 가슴에 가닿기를.

차 례

이 책을 집필하는 데, 그리고 여러 경험들을 쌓는 데 참으로 많은 시간이 필요했다. 어쩌면 그런 시간들을 가족과 함께 하는 데 쓸 수도 있었을 것이다. 빅토리아Victoria, 오라Aura, 세리나Serena, 오마Omar 그리고 비키Vicky에게 사랑과 감사를 보낸다. 여러분이 보여준 인내와 너그러운 마음들이 좋은 결실을 맺기를.

앨리슨 가엑Alison Gayek은 긴 시간 훌륭한 교사이자 식물 정령 치유의 선두주자로서 꾸준히 활동해왔다. 이 치유법이 앞으로도 널리 활용된다면 거기에는 앨리슨의 공이 혁혁히 들어가 있을 것이다.

블루 디어 센터Blue Deer Center를 돕고 있는 선조들과 정령들은 기적적인 방식으로 이 일을 지원해주었다. 센터 위원회와 직원들 역시 그 누구도 기대할 수 없을 만큼의 열정과 비전, 기술 그리고 노력을 쏟으며 이 일에 기여해주었기에 감사를 전하고 싶다. 또한 이 치유법과 나에게 완벽한 터전을 제공해준 마음씨 넓은 센터 친구들에게도 감사를 드린다.

이 책을 향한 팸 마이어Pam Meyer와 브라이언 크리시Brian Crissey의 헌신에도 깊은 감탄과 감사를 전한다. 이들은 18년간 절판시키지 않고 지켜오던 이 책이 새로운 미래를 향해 나아갈 수 있도록 부드럽게 길을 터주었다.

에이미 로스트Amy Rost 그리고 사운즈 트루Sounds True 출판사 사람들은 《식물 정령 치유》의 출간을 탁월한 감각과 뛰어난 솜씨 그리고 따뜻한 마음으로 도와주었다.

나를 한결같이 응원해주었던 나의 형제 이쉬Ish에게도 감사를 전한다.

식물 정령들의 아량과 지혜 그리고 치유에도 경이와 감사의 마음을 전한다.

미래에 대한 희망을 느끼게 해준 식물 정령 치유의 수강생들, 잊혀졌던 이 치유법을 다시 용감히 세상에 전하고 있는 치유자들, 식물 정령 치유 협회(Plant Spirit Medicine Association)를 지원해준 분들, 성스러운 불의 치유 사원(Temple of Sacred Fire Healing)과 사원의 기둥인 마거릿 프리어Margaret Freier, 여러분이 섬기는 신성한 자연의 세계로부터 많은 축복을 받으시기를. 마지막으로 가르침과 배움의 신, 가슴과 사랑의 신, 모든 존재를 알고 계신 분, 여러 전통의 근원이자 수호자이신 분, 이 책의 진정한 저자이신 신성께 어떤 말로도 다할 수 없는 깊은 감사를 바친다.

이 책에 담긴 영적 치유 이야기들은 모두 실제 사례다. 다만 내담자들의 사생활 보호를 위해 가명을 사용했다. 치유 효과를 보다 분명히 나타내기 위해 비교적 극적인 사례들을 고르긴 했지만, 식물 정령 치유의 진정한 힘을 경험하기 위해서는 충분한 시간과 인내, 반복이 필요하다는 점을 알아두었으면 한다.

또한 식물 정령 치유로는 신체적, 정신적, 감정적 증상, 상태, 질병을 진단 혹은 치료할 수 없다는 점도 알아두어야겠다. 식물 정령 치유는 오직 영적 차원의 개입만을 제공하며 치유를 받은 이들의 건강에 변화가 생겼다고 주장하지 않는다.

가장 지혜로운 우리의 원로들

내가 이 책을 쓰기 시작한 건 1991년이었다. 그때 나는 식물 정령 치유를 실천함과 동시에 이를 가르친 지 몇 년 된 상태였고, 멕시코 위촐Huichol족 샤먼 밑에서 견습 생활을 막 시작한 참이었다. 그 당시 내가 알던 대부분의 사람들은 균형이라는 것을 그다지 중요하게 여기지 않았지만 나는 그 샤먼의 치유법과 나의 치유법이 둘 다 균형을 회복시킨다는 점에서 가치가 있다고 느꼈다.

그 당시에는 미국식 삶의 방식이 영원할 거라는 믿음이 만연해 있었다. 지속 가능성에 대한 언급이 있긴 했어도 '진심으로' 그것을 걱정하는 사람은 거의 없었고, 그걸 영적 치유와 관련하여 바라보는 사람은 더더욱 없었다. 그때의 나는 혈혈단신 외골수로 이 새로운 분야를 파고들고 있었는데, 알고 보니 이 분야는 아주 오래된 전통을 지니고 있었다. 1991년의 나는 균형을 회복하는 고대의 방편들에 흥미를 느꼈다. 하지만 오늘날에는 이것이 '필수적'이며 시급한 사안으로 보인다. — 그리고 지금의 나는 더 이상 혼자 외롭게 이 길을 가고 있지 않다.

이 작은 책 하나가 수많은 비범한 학생들과 나의 인연을 이

어수었기에 내가 느꼈던 외로움은 이제 많이 사라졌다. 이들 중 몇몇은 식물 정령 치유자가 되었고, 몇몇은 위출 샤머니즘을 깊이 공부하게 되었으며, 일부는 또 다른 길들을 탐구하고 발견하게 되었다. 나의 학생들 대부분은 오늘도 만족스럽고 지속 가능한 삶을 이 땅에 다시 실현시키기 위해 노력하고 있다. 그리고 그들의 선한 마음에서 우러나온 이러한 노력들이 중요한 변화들을 만들어내고 있다. 예를 들어, 이 책의 초판을 집필할 때만 해도 나는 우리 사회의 젊은이들이 성인이 되었음을 공표해주는 실질적인 의례가 부재한다는 점을 지적하며 이로 인해 나타나는 질병과 고통들을 언급했었다. 하지만 그런 나도 딱히 뾰족한 수를 제안하지는 못했었다. 그러나 오늘날에는 성스러운 불 공동체(Sacred Fire Community) 덕분에 우리가 다시 진정한 입문을 치를 수 있게 되었다.

동시에, 우리는 많은 것을 잃기도 했다. 인간과 자연에 가해지는 폭력은 더욱 심해졌고, 고대 지혜의 명맥을 잇는 자들은 그 맥이 끊길 위기에 처해 있다. 페루 아마존의 원주민 지도자들과 치유자들이 기업의 개발로부터 자신들의 숲과 땅을 지키려다 중무장한 경찰들에게 학살당한 것이 불과 몇 년 전의 일이다. 안타깝게도 이런 사례는 드물지 않으며, 소위 말하는 '후진국'에서는 가슴을 따라 살아가는 사람들을 대량 학살하는 일이 계속되고 있고, '선진국'은 자신의 체계가 흔들리고 무너질수록 더욱 공격적으로 변하고 있다.

서식지 파괴와 노골적인 학살이 덜한 곳이라 해도, 지혜로운 원로들은 고령의 나이와 질병 때문에 하나둘 세상을 뜨고 있다. 이 책에 나온 대부분의 스승들은 더 이상 이 세상에 남아 있지 않다. 위대한 위촐 샤먼 돈 호세 리오스*는 1990년 110세의 나이로 세상을 떠났다. 나와 도제 생활을 했던 돈 과달루페 곤살레스 리오스Don Guadalupe González Ríos 역시 2003년에 세상을 떠났고, 저명한 영국 침술가이자 나의 오행五行 선생님이었던 J. R. 워슬리Worsley 교수도 같은 해에 별세했다. 나에게 돈 과달루페를 소개해주었던 위촐족 예술가이자 샤먼인 돈 호세 베니테스 산체스Don José Benítez Sánchez는 2008년에 세상을 떠났으며, 따뜻하고 유머러스한 유트족** 치유자 그랜마 버사 그로브Grandma Bertha Grove는 2009년에 세상을 떠났다.

날씨와 소통하는 샤먼이자 치유자였던 돈 루시오 캄포스 엘리살데Don Lucio Campos Elizalde도 2005년 아흔세 살의 나이로 세상을 떠났다. 그의 생애를 살펴보면 이런 원로 한 명의 죽음으로 인해 우리가 무엇을 잃게 되는지, 그리고 그가 이 세상에 남기고 간 가르침과 희망이 무엇인지 느낄 수 있을 것이다.

나와족***인 돈 루시오는 멕시코 중부 고지대에 있는 모렐로스Morelos의 작은 마을 네포푸알코Nepopualco에서 태어났으며 평생을 그곳에서 살다 생을 마쳤다. 젊은 시절의 그는 스페인어를 듣기 위해 도시까지 장거리 도보 여행을 떠나곤 했다. 그리고 이런 독학 방식으로 스페인어를 유창하게 구사할 수 있었다. 그의 부족은 캄페시노campesino, 즉 소작농들이었으며

---

* Don José Ríos. 마츠와Matsuwa라고도 불렸다. 멕시코에서 Don은 스페인어 존칭으로, 이름 앞에 붙여 존경을 나타내는 말이다. 영어의 Sir에 해당한다. Don의 여성형은 도냐Doña다.
** Ute. 미국 남서부의 원주민 부족으로, 자연 중심의 영성과 치유 전통이 존재한다.
*** Nahua. 멕시코, 엘살바도르, 온두라스 및 니카라과 등에 거주하는 원주민 집단.

돈 루시오 역시 평생 동안 작물을 재배하고 가축 기르는 일을 했다. 20대 초반에 그는 벼락을 맞았는데, 그 뒤로 3년간 이러한 혼수상태와 깨어난 상태를 반복하게 되었다. 첫해에는 비, 바람, 구름, 태양, 바다 그리고 몇몇 산과 같은 날씨 존재들의 세상을 여행하며 그곳에 대해 배웠다. 날씨 존재들에게는 그들을 지휘해주는 위대한 여신이 있었는데, 돈 루시오는 그녀를 산타 바르바리타^{Santa Barbarita}라고 불렀다. 그다음 두 번째 해에 그는 식물의 정령들과 함께 지냈고, 세 번째 해에는 동물의 정령들과 함께 지냈다.

이 몇 년간의 배움을 통해 지식과 지혜를 얻게 된 돈 루시오는 남은 생애 동안 사람들에게 아낌없이 이를 나눠주었다. 그는 탁월한 치유자로 거듭났고, 그의 이러한 능력은 많은 이들에게 큰 유익을 주었다.

돈 루시오는 특히나 산타 바르바리타에게 깊이 헌신했다. 그녀는 작물, 동물, 인간에게 쾌적한 날씨가 갖춰지기 위해서는 사람들이 신성한 날씨 존재들과 좋은 관계를 유지해야 하므로 그에게 이를 도우라는 임무를 내려주었다. 그는 여신의 지시를 충실히 따르며 날씨와 관련된 전통 의례들을 이끄는 중요 인물이 되었다. 또한 그는 자신과 같은 소명을 지닌 여러 사람들을 식별하고 입문시킴으로써 일명 '날씨 작업자들'을 양성했으며, 이들의 작업을 지도하고 지원해주었다. 멕시코의 이 지역에 이례적일 정도로 안정적이고 쾌적한 날씨 패턴이 형성된 것은 이러한 날씨 작업자들의 노력의 결실이라고 할 수 있다.

말년 무렵, 돈 루시오는 멕시코에 거주하던 미국인 데이비드 와일리David Wiley를 날씨 작업에 입문시켰다. 데이비드는 뛰어난 자질을 보였고, 돈 루시오는 그를 비멕시코인 날씨 작업자들의 그룹 리더로 임명했다. 가장 헌신적이고 성실하게 길을 따르는 이들이 이 외국인 제자들이었기 때문에 돈 루시오는 이들 그룹을 매우 아꼈다. 시간이 지나면서는 루시오의 외국인 제자 수가 멕시코인 제자 수보다 더 많아졌다. 이들은 네포푸알코에서의 의례를 마친 후 각자의 고향으로 돌아가 자신이 사는 지역 공동체와 날씨 존재들 사이의 균형을 회복하는 작업을 이어나갔다. 이렇게 하여 오랜 세월 잊혀져 있던 중요한 관계들이 다시 살아나고 회복되기 시작했다.

돈 루시오는 죽기 직전 데이비드 와일리에게 특별한 지식과 축복을 내려주면서 그를 후계자로 지명했다. 현재 날씨 작업자 그룹은 데이비드(지금은 돈 데이비드로 불림)의 지도하에 계속 성장하면서 많은 지역 공동체에 유익을 주고 있다.

루시오와 같은 지혜의 수호자들이 하나둘 세상을 뜨면서 이제 원로의 역할이 우리 세대로 넘어오고 있다. 젊음을 추구하고 지혜에는 무관심한 사회에서 나고 자란 우리 세대로 말이다. 오늘날 우리 삶의 방식은 비대해진 탐욕으로 인해 무너지고 있다. 지금은 지혜로운 원로들이 그 어느 때보다도 더 절실한 때지만, 모든 세대 중 지혜를 내어줄 준비가 가장 덜 된 세대가 바로 우리 세대일 것이다.

그럼에도 불구하고, 기적처럼 어떻게든 원로의 역할은 계승되며 지혜는 다시 피어난다. 돈 루시오는 데이비드 와일리의 영혼에서 비옥한 토양을 보았다. 이 토양은 잘 가꾸어졌고, 한때 미국의 평범한 비즈니스 컨설턴트였던 데이비드는 돈 루시오가 세상을 떠난 이후 지혜로운 원로로 성장하게 되었다. 그리고 불과 몇 해 만에 이 젊은이는 돈 루시오조차 평생 경험해보지 못한 수준으로 전통을 번영시켰다.

원로의 역할 중 하나는, 가장 현명한 원로인 자연 그 자체의 지혜를 보여주는 것이다. 여기서 '보여준다'고 말하는 이유는, 말만으로는 충분치 않기 때문이다. 예를 들어 나는 "자연은 균형 잡힌 관계를 통해 스스로를 유지하며 우리 삶 속의 균형, 치유, 지속 가능성도 회복시켜줄 수 있다"고 말할 수 있다. 이런 말은 듣기에는 매력적이지만 결국에는 생각에 불과하므로 얼마 안 가 관심을 달라고 외쳐대는 다른 생각들의 소란 속에 묻혀버린다. 설령 이 생각에 동의한다 해도 생각만으로는 아무것도 변하지 않는다. 반면, 경험은 부정당하거나 잊혀질 수는 있을지언정 경험하지 않은 상태로 되돌아갈 수는 없다. 경험은 우리를 영원히 바꿔놓는다.

어떤 식물 정령의 메디슨*을 접함으로써 가슴이 울리는 경험을 하면 당신은 자연의 사랑과 지혜를 '느끼게' 된다. 생각으로는 이 같은 감동을 전달하지 못한다. 그래서 이 책은 정보 서적도, 실용 서적도 아니며 이야기가 주가 되는 책이다. 이야기는 경험이 생생히 살아 숨 쉬는 지점인 가슴에 직접 다

---

* medicine. 원주민 전통이나 샤머니즘 또는 영적 수행 등에서 쓰이는 용어로 '의술' 또는 '약물'이라는 사전적 정의보다 훨씬 심원한 의미가 내포되어 있는 단어다. 메디슨은 치유 에너지, 신성한 힘, 영적 지혜 등으로 다양하게 이해될 수 있기에 문맥에 따라 치유, 치유력, 치유법, 영약, 메디슨 등으로 달리 번역했다. 이하 모든 각주는 역주.

가갈 수 있기 때문이다.

식물 정령 치유가 일어나는 이유 중 하나는, 이 치유법의 폭넓은 시야 때문이다. 식물 정령 치유는 물리학과 화학의 관점으로만 바라보지 않으며, 인간을 신성한 자연적 힘의 표현으로 여기면서 이들의 마음과 감정까지 헤아린다. 식물 정령 치유는 우리 생명의 신비로운 중심인 영(spirit)에 가장 큰 중요성을 둔다.

위촐 전통의 마라카메marakame, 즉 샤먼으로서의 견습 생활과 입문 그리고 작업들은 1991년 당시의 그것보다 훨씬 더 넓은 관점들을 내 안에 심어주었다. 이에 따라 나는 식물 정령들의 메디슨에 보다 깊은 감사를 느끼게 되었고, 이 감사를 여러분과 나누고자 노력해왔다. 이번 개정판이 위촐 샤머니즘 자체를 다루는 책은 아니지만, 이러한 샤머니즘적 관점 덕분에 이전 판에 없던 새로운 장들이 생기고 기존의 장들도 개선된 것이 사실이다. 이 신비로운 치유가 나 자신과의 관계, 사랑하는 사람들과의 관계, 공동체와의 관계, 선조들과의 관계, 세상과의 관계 그리고 신성한 자연의 힘들과의 관계 속에 어떻게 스며들고 있는지를 바라보면서 독자 여러분도 내가 느낀 것과 같은 마음의 풍요를 느낄 수 있기를 바란다.

경의를 표하는 의미에서 잠시 언급하자면, 위촐족은 원래 자신들의 광활한 고향 땅에서 살아가는 원주민들이었지만 이제는 그 땅의 규모가 멕시코의 할리스코Jalisco, 나야리트Nayarit, 두랑고Durango 주에 있는 시에라 마드레Sierra Madre 산맥 서쪽의 험준한 지역 일부로 좁혀지게 되었다. 서반구의 모든 원주민들과 마찬가지로 위출족도 지배 문화에 의해 강한 압박을 받아왔으며 지금도 받고 있다. 하지만 대부분의 원주민 집단과 달리 이들은 정복당한 적이 없고 외래 종교로 개종하지도 않았다. 이들은 자신들의 언어를 잃지 않았고, 공동체는 아직도 잘 기능하고 있으며, 선조들로부터 전해 내려온 영적 전통 역시 강건하게 이어지고 있다. 그렇다고 해서 위출 마을의 삶이 마냥 아름답기만 한 것은 아니다. 이들도 현재 여러 문제에 봉착해 있으니 말이다. 위출족은 돈은 물론 재산이랄 것이 거의 없고 현대식 교육을 받지도 못했다. 게다가 호시탐탐 천연자원을 노리고 있는 자들로부터 이들을 보호해줄, 높은 지위에 있는 믿을 만한 지원군도 없다. 비록 고단한 삶을 살아가긴 하지만 위출족은 자신이 누구이며 어디에 속해 있는지, 무엇이 가장 중요한지를 잘 알고 있다. 그들의 세계는 생명력 없는 '사물들'로 이루어진 세계가 아니라 신성한 느낌과 표현이 존재하는, 살아 숨 쉬는 세계다. 위출족은 대부분의 서양인들이 알지 못하는 차분한 행복감을 누리며 살아간다. 위출족의 치유법처럼 식물 정령 치유에도 고도의 과학 기술은 필요하지 않다. 그저 자연과의 좋은 관계를 통해 치유를 이뤄낼 뿐이다. 따라서 식물 정령 치유는 단지 과거의 유물이 아니라 현재와 미래를 위한 영약이기도 하다. 첨단 기술이 축복인지 저주인지는 몰라도, 이제 세상은 기계를 만들고 작동시키는 데 필요한 자원 추출과 열 생산을 더 이상 감당할 수 없으며 우리는 대기, 수질, 토양 오염이라는 현실에 직면해 있다. 첨단 의학은 우리 대부분에게는 감당하기 힘들 정도로 비싸다.

지속 불가능한 모든 것이 그렇듯, 첨단 의학도 이를 지탱하고 있는 불균형한 시스템이 붕괴할 때까지는 더욱 사치스러워질 것이며 접근 가능성도 점점 적어질 것이 분명하다.

물론 시스템의 붕괴는 고난과 비극으로 이어지겠지만, 전통적인 치유자와 원주민 원로들이 항상 보여주었듯 우리는 식물, 동물, 바위, 물, 불, 바람 그리고 자연계 전체가 우리를 알고 있으며 우리를 마치 손자·손녀들처럼 사랑해준다는 것을 다시금 깨닫게 될 것이다. 우리는 자연에서 무언가를 훔칠 필요가 없다. 왜냐하면 자연은 우리가 필요로 하는 것들을 가지고 있고, 그것을 기꺼이 내어주기 때문이다. 그저 간단한 규칙 하나만 잘 지키면 된다. 필요한 만큼만 가져가고, 그것을 자연을 만족시켜줄 만한 무언가로 되돌려주기.

이 책은 자연 세계의 치유력을 지닌 꿈(medicine dream) 속으로 우리를 이끈다. 이 거대한 꿈속에는 모든 식물이 살고 있으며 여러분과 나도 이 꿈속에서 살고 있다.

어떻게 하면 꿈을 통해 치유할 수 있을까? 그리고 이러한 치유의 작동 원리와 정체는 도대체 무엇일까? 이 책에서 몇 가지 정보를 얻을 수는 있겠지만 이에 대한 설명은 내가 할 일이 아니다. 그저 이 책이 치유를 전할 수 있으면 좋겠다는 것이 나의 바람이다. 부디 여러분에게 감동을 줄 수 있는 책이 되기를.

PART 1

식물, 정령 그리고 그들의 메디슨

1장

|

식물 정령의 메디슨 드림

미국 모험가 피터 고먼^{Peter Gorman}이 아마존 정글의 오솔길을 걷고 있다. 마체스족* 남성이 멧돼지 덫을 놓는 것을 구경한 뒤 마을로 함께 되돌아가는 길이다. 남성은 걷는 김에 오솔길 곳곳에 자라나고 있는 약용 식물들을 피터에게 설명해 준다. 몇 분 만에 그는 수십 종의 약초들을 설명하며 그것의 치유 효과를 몸짓으로 나타낸다. 마을에 도착한 피터는 통역사를 불러 아까 그 사냥꾼의 오두막으로 다시 들어간다. 그러고는 산책할 때 수첩이 없어서 아까 보여준 것들을 미처 기록

---

* Matsés. 페루와 브라질 국경 근처 아마존 지역에 사는 원주민 부족. 일부다처제를 따른다. 애니미즘을 믿는 마체스족의 관점에 따르면 물리적 세계와 영적인 세계의 구분은 존재하지 않으며 어디에나 정령들이 존재한다. 마체스족은 동물 정령들이 건강과 사냥의 성패를 결정한다고 믿기 때문에 동물 정령들이 노하지 않도록 주의를 기울인다. 이들의 전통에 의하면 각 식물은 동물 정령과도 관련이 있다. 그래서 누군가가 식물을 약으로 쓸 때는 그것을 몸에 바른 다음 샤먼이 그 식물과 관련된 동물 정령과 대화를 한다.

하지 못했다고 말한다. 과연 피터는 약용 식물들을 어떻게 조제하고 또 사용하는지 다시 한번 사냥꾼의 친절한 설명을 들을 수 있을까? 사냥꾼이자 샤먼인 그는 피터를 보고 미소를 짓더니 이내 웃기 시작한다. 그는 아내들과 아이들까지 모두 불러 모은 다음 함께 웃는다. 모두가 실컷 웃고 난 후에 그는 이렇게 설명한다. "그건 그냥 몇 가지 식물들을 소개해준 것뿐이네. 식물을 직접 사용해보고 싶다면 식물의 정령이 자네의 꿈속으로 찾아와야 해. 식물의 정령이 자네에게 조제 방법과 그 효능을 알려주면 그때 사용할 수 있는 게야. 그렇지 않으면 효과가 없어요. 아무튼 덕분에 한바탕 크게 웃었구먼! 기억해놨다가 나도 나중에 써먹어야겠어!" 그가 다시 웃는다.

한편, 미국 코네티컷에서는 한 대형 제약회사가 아마존의 샤먼들에게서 약용 식물에 대한 정보를 얻기 위해 샤머니즘 연구소에 연락을 취한다. 이 회사는 약초 샘플을 채취하여 유효 성분을 분리한 후, 이것을 실험실에서 합성하여 약으로 생산해낼 계획이다.

이들이 아마존에 도착한 뒤의 광경이 어땠을지는 안 봐도 비디오다. 샤먼들은 얼마 되지도 않는 사례금을 받으며 호탕하게 웃었을 것이고, 파견된 직원들은 서둘러 실험실로 표본을 가져갔을 것이다. 회사는 새로운 화합물을 연구하느라 수백만 달러를 쏟아부었지만 제약 기술자들은 실망스러운 결과만 연달아 내놓을 뿐이다. 이 과정에서 샤먼들은 신용을 잃었겠지만 그런 것쯤이야 별로 신경 쓰지 않을 것이다. 그들은 계속 그 정글에 살면서 수 세기 동안 사용해온 그 식물들로 사람들을 치유할 것이다.

'월등한' 기술을 개발하는 데 열중하고 있는 미국 기업들은 특허를 낸 신약으로 대박을 터뜨리는 꿈을 꾸며 계속 정글로 향하겠지만 그 누구도 샤먼들에게 유효 성분이 무엇이냐고 물어볼 생각은 하지 않을 것이다. 설령 물어본다고 해도 그들의 대답은 영 마음에 들지 않을 것이다. 식물로 만든 이러한 영약들의 유효 성분은 단 하나, 우정이니까 말이다. 식물 정령은 꿈속 친구인 샤먼에 대한 호의로 환자를 치료해준다.

아마존 사람들에게 이 진실은 네 살짜리 아이도 알 만큼 지극히 당연한 것이다. 마체스족 샤먼이 아이들을 불러 모아 피터를 보고 한바탕 크게 웃은 것도 다 큰 어른이 이렇게나 어리석을 수 있다는 걸 믿을 수가 없어서였으니까!

마체스족뿐 아니라 다른 많은 비유럽계 민족들도 자연과 인간 모두에게 의식과 영이 깃들어 있음을 알고 있다. 따라서 인간과 자연은 한 가족이다. 모든 문화권에는 자연의 정령들을 특히나 더 생생하게 경험하는 사람들이 있다. 이런 사람들은 적절한 훈련과 함께 입문을 거쳐 샤먼이 된다. 샤먼은 자연의 정령들과 친구가 되어 일상적인 일에도 그들의 도움을 요청할 수 있다.

식물 정령 치유는 식물과 함께 살아가는 샤먼의 길이다. 식물 정령 치유는 식물에 영이 깃들어 있으며 그 영이 가장 강력한 약이 될 수 있음을 알고 있다. 영은 가슴과 영혼의 가장 깊은 곳을 치유할 수 있는 힘을 지녔다.

이러한 치유가 꼭 이국적인 식물을 통해 이루어질 필요는 없다. 아마존에 관한 이런저런 이야기들에 현혹되지 않기를 바란다. 세상에서 가장 강력한 치유 식물을 만나고 싶다면 문을 열고 밖으로 나가보라. 당신의 주변 곳곳에서 이미 자라고 있을 것이다. 이 말이 믿기지 않거나 좀더 신비로운 장소에서 이들을 발견하길 원한다면 다른 지역으로 가봐도 좋다. 하지만 다른 지역을 가더라도 그곳에 오래 머무르다 보면 결국 한 가지 진실에 다다르게 된다. 그것은 바로, 우리가 결국 토착 식물을 다루게 된다는 진실이다.

토착 얘기가 나온 김에, 이번 장을 쓰면서 우리 센터에 무슨 일이 있었는지 말해보면 좋을 것 같다. 처음에는 내가 하는 얘기가 이 주제와 아무 관련 없는 이야기처럼 보일지 모르지만 계속 읽다 보면 내가 왜 이러한 이야기를 하고 싶어했는지 알 수 있을 것이다.

나는 호세 베니테스 산체스라는 위촐 원주민을 만나러 간 적이 있었다. 호세는 그 문화권 내에서 비저너리 아티스트[*]로 유명했고, 위촐족들에게는 샤먼으로 알려져 있었다. 호세는 멕시코 테픽Tepic 근처의 한 마을에서 아르바이트로 생계를 이어갔고, 일을 하지 않는 때에는 휴양 도시인 푸에르토 바야르타Puerto Vallarta에서 살았다. 나는 그를 만나러 바로 그곳으로 가고 있었다.

마을에서 가장 허름한 지역에 자리하고 있는 그의 집을 향해 가면서 나는 재작년 호세를 처음 만났던 때를 떠올렸다. 그는 원주민들의 평균 수입에 비해 큰돈을 버는 사람이었다.

---

[*] visionary artist. 내적 시야로 본 비전이나 영적 체험, 신성한 상징 등을 표현하는 예술가.

하지만 그의 집 안으로 들어갔을 때, 나는 그가 가진 게 달랑 선풍기 한 대뿐이라는 것을 알게 되었다. 그는 몇 시간 후에 멕시코 대통령을 만나러 가야 했기 때문에 나와 긴 시간 함께 하지는 못했다. 호세는 버스 요금을 낼 돈조차 없다고 말하며 호쾌하게 웃었다. 또, 누더기 같은 자신의 바지를 내려다보며 대통령을 만날 때 입을 바지 한 벌조차 가지고 있지 않다고 했다.

이토록 성공한 사람이 왜 이렇게 가난하게 사는지 내가 의문스러워하는 것을 느꼈는지, 그는 내게 다음과 같은 이야기를 들려주었다.

어렸을 때 나는 할아버지를 무척이나 존경했다네. 그분은 강력한 샤먼이셨어. 내가 어느 정도 머리가 컸다고 생각하셨는지, 할아버지께서 어느 날은 이런 말씀을 하셨다네. "호세야, 사람이 얻을 수 있는 힘에는 두 가지가 있단다. 하나는 네가 개인적인 이유로 사용하는 힘이고, 다른 하나는 사람들의 유익을 위해 사용하는 힘이지. 너는 첫 번째 힘을 얻기 위한 길을 걸을 수도 있고, 두 번째 힘을 얻기 위한 길을 걸을 수도 있단다. 하지만 내가 말해주고 싶은 건, 두 번째 길이 행복으로 가는 길이라는 거야." 할아버지는 매우 현명한 분이셨기 때문에 나는 할아버지의 조언을 따라 지금까지도 두 번째 길을 걷고 있네. 신들이 내게 무언가를 주시면 나는 그것을 그 즉시 사람들을 위해 쓰지.

호세와 함께 있는 동안 나는 그가 뿜어내는 충만감을 느낄 수 있었다. 그의 할아버지는 분명 삶 속에서 경험으로 체득한 그것을 손자에게 말해주었으리라. 나는 여행 가방을 뒤져 바지 한 벌을 꺼낸 뒤 그것을 버스비와 함께 전했다. 호세는 진심으로 감사를 전하며 당연한 흐름이라는 듯이 내 선물을 받았다. 조금 뒤 그는 대통령을 만나기 위해 집을 나섰고, 나는 행복의 길로 한 걸음 더 가까이 다가설 수 있었다.

우리의 첫 만남을 회상하다 고개를 들어보니 호세가 내 쪽으로 걸어오는 것이 보였다. 다부진 체형의 잘생긴 중년 남성인 호세는 긴 바지와 반소매 셔츠, 카우보이모자를 쓰고 있었다. 강렬한 색상의 위촐족 숄더백만이 그의 출신을 나타내주고 있었다. 그는 나를 집으로 초대했고, 우리는 작업 중인 그림 두 점이 놓여 있는 테이블에 앉았다. 우리는 며칠 뒤 그가 이끌게 될 순례에 관한 이야기를 나눴다. 아이들이 아장걸음으로 방 안을 드나들었고, 10대 소녀 하나는 창문턱에 턱을 괴고 서서 우리의 대화를 유심히 듣고 있었다. 이런저런 이야기 끝에 내가 그를 찾아온 이유를 말했다.

"선생님께 조언을 구하고 싶은 게 있습니다."

"그래, 편하게 말해보시게."

"혹시 돈 호세 리오스라는 위대한 샤먼 노인을 아십니까? 사람들이 그를 마츠와라고 부르던데요."

"마츠와, 맞아. 내 친척 어른이셨지."

"몇 년 전에 처음 그분을 뵈었는데, 그분이 저를 도와주신 적이 있습니다. 그러다 3년 전쯤 암에 걸려 시한부 판정을 받으신 저희 아버지가 샤먼의 도움을 받고 싶다고 하셔서 다시 마츠와를 만나러 갔습니다. 당시 그분은 라스 블랑카스Las Blancas에 살고 계셨고요.”

호세는 고개를 끄덕였다.

“그런데 도착해보니 마츠와도 저희 아버지만큼이나 몸 상태가 좋지 않으셨습니다. 몸이 매우 쇠약해져서 침대에서 일어나지도 못하시더군요. 고통에 신음하며 다리가 아파 죽을 것 같다고 말씀하셨습니다. 뙤약볕 아래 누워 계셨는데도 추위에 덜덜 떨고 계시길래 제가 담요를 덮어드렸습니다.”

호세는 그 순간의 고통을 이해한다는 듯한 표정을 지어 보였다.

“그때 제가 마츠와를 도와드릴 수는 없을까 하는 생각이 들어서 치료를 해드렸습니다. 그러자 떨리던 몸이 바로 진정되면서 그분이 제게 담요를 치워달라고 부탁하시더군요. 다리 통증도 사라지긴 했지만 앉아 계시기에는 힘이 너무 약하셨습니다. 이 모습을 지켜보던 사람들이 저에게 자신들을 도와줄 수 있냐고 물어왔습니다. 마츠와의 조카 중 한 명은 아버지가 기차에 치인 후로 걷지를 못하신다며 저를 그에게로 데려갔습니다. 그 소년은 가는 길에 깃털을 이용한 위출 치유법을 믿느냐고 저에게 물었습니다. 저는 당연히 믿는다고 말하면서 이렇게 대답했습니다. ‘사실 네 삼촌이 깃털로 나를 많이 도와주셨단다. 나도 위출 치유법에 대해 배우고 싶고 말이야.’ 그러자 소년은 마을에 깃털 치유를 잘하는 사람이 있다고 말해주었습니다. 5년 동안 매년 인근 봉우리를 순례하며 치유 기술을 배운 사람이라면서요.”

“그 봉우리를 ‘엘 피카초El Picacho’라고 부르지.” 호세가 말했다.

“아, 이미 알고 계시는군요.” 내가 말했다.

“그럼.”

“아무튼 저는 그 후 미국으로 돌아가 꿈에서 엘 피카초를 방문하기 시작했습니다. 이때 제가 꿈에서 본 것에 대해 선생님께 조언을 구하고 싶었습니다.”

“무엇을 봤는가?” 호세가 물었다.

“산의 맨 꼭대기에 나무 두 그루가 자라는 평평한 곳이 있었습니다. 거기에 키가 작은 위촐족 남자 한 명이 있었고요. 둥근 얼굴에 뺨도 통통하고, 항상 웃는 얼굴을 하고 있습니다. 그 남자는 작은 사슴 한 마리와 같이 다니는데, 사슴이 춤을 추고 온갖 우스꽝스러운 행동을 다 하더군요. 그 둘이 저에게 ‘사람들을 치유하는 것을 도와주겠다’고 말했습니다. 저는 이 장소에 대한 꿈을 여러 번 꿨습니다. 멀리서 사는 사람들이 저에게 치유를 부탁한 적도 몇 번 있었는데 어떻게 해야 할지 몰라서 사슴과 그 남성에게 부탁을 했더니 그때마다 아주 좋은 결과가 있었고요.”

“자네가 말한 그대로네.” 호세가 말했다.

“무슨 말씀이시죠?” 내가 물었다.

“자네가 본 나무는 그 봉우리에 있는 바람나무(Wind Tree)야. 거기 키 작은 남자 한 명이 사는데, 그는 바람나무의 마법 그 자체네. 그곳에 가면 우리가 지금 대화를 나누듯 그하고도 대화를 나눌 수 있어. 하지만 자네는 위촐어를 이해하지 못하니 스페인어로 얘기해달라고 부탁해야 하네.

나도 그 키 작은 위촐족 남성을 알고 있네. 내가 신들을 만나러 순례길을 걸을 때 그가 있는 장소를 가로질러 가야 하는데, 그때마다 그에게 지나가도 되겠냐고 허락을 구하곤 해. 다른 곳으로 가는 중이라고 설명하면 그냥 지나가게 해주지. 자네 말대로 그는 키가 매우 작고 볼이 통통하며 입술이 두꺼워. 사실 그는 나이가 아주 아주 많지만 어떨 때는 굉장히 젊어 보이기도 해. 그리고 엘 피카초에는 실제로 사슴이 살고 있네. 가끔은 사슴뿔이 그 남자의 머리에 나타나기도 하고 말이야. 자네가 꿈에서 봤듯이 이 모든 것이 다 바람나무의 마법인 게야. 바람나무는 사람들에게 치유하는 방법을 가르쳐주고, 음악도 가르쳐주네. 우리 부족에는 전 세계적으로 유명한 음악가가 한 명 있는데, 그를 가르친 것도 바람나무였어."

내가 말했다. "바람나무가 정상에서 자란다고 하셨는데, 제가 본 건 한 그루가 아니고 두 그루였습니다."

"둘 다 바람나무야." 호세가 대답했다. "하나는 사슴의 왼쪽 뿔을 상징하고 다른 하나는 오른쪽 뿔을 상징하지. 많은 사람들이 엘 피카초의 바람나무에 제사를 지내는데, 이건 아주 바람직한 일이네. 자네도 꿈을 꾸었으니 거기에 직접 가보는 것이 좋을 걸세. 꿈에서 본 키 작은 남자가 그곳에 살고 있어. 믿음을 가지고 엘 피카초로 가서 배움을 달라고 요청하면 그가 당신 앞에 직접 나타날 것이네.

하지만 그 전에 엘 피카초의 마법에 관해 잘 아는 사람, 즉 이미 바람나무에 제사를 지내본 사람과 먼저 얘기를 나눠봐

야 할 걸세. 나도 다른 제사나 다른 순례로 바빠서 그 지역에
는 거의 가지 않거든. 다행히 우리 마을에 그 산을 잘 아는 사
람이 하나 있네. 이름이 과달루페 곤살레스 리오스인데, 호세
리오스와도 친척 관계야. 뭔가를 물어보면 자기가 아는 건 다
얘기해줄 만큼 좋은 사람이지. 마침 내일 우리 마을로 돌아갈
참인데, 그를 만나게 되면 자네 이야기를 미리 해두겠네. 우
리가 순례를 마치고 돌아오면 축제를 함께하지 않겠나? 그때
라면 우리 셋이 함께 이야기할 수 있을 것 같은데. 우리가 24
일까지는 돌아와야 하거든.”

“오늘이 무슨 요일이죠?”

“아마 목요일일 거야.”

“금요일이에요!” 창문 밖의 소녀가 처음으로 대화에 끼어
들었다.

“정말 아쉽네요!” 내가 말했다. “그때는 제가 미국으로 돌아
갔을 때예요.”

“그러면 어쩔 수 없구먼. 언젠가 다시 멕시코에 오게 되면
우리 집에 들러서 마을로 함께 가자고. 어쩌면 바람나무 꿈을
꾼 또 다른 사내 하나를 같이 데려갈 수도 있고. 그는 독일인
이야.”

“프랑스인이에요.” 소녀가 말했다.

학창 시절, 낮 동안 풀지 못해서 쩔쩔맸던 수학 등식에 대
한 해답이 떠오르면서 한밤중에 잠에서 깬 적이 한두 번이 아
니었다. 나는 사람들이 이상하게 생각할까 봐 잠을 통해 대수

문제를 풀었다는 사실을 아무에게도 말하지 않았다. 그러다 결국에는 이런 꿈을 꾸지 않게 됐다.

그로부터 많은 시간이 지난 후에야 꿈을 통해 무언가를 배우는 것이 전혀 이상한 일이 아니라는 것을 알게 되었다. 지금의 나는 사람들에게 예지몽을 꾼 적이 있는지 물어보는 것을 좋아한다. 그러면 75퍼센트 정도가 그런 꿈을 꾼 적이 있다고 대답한다. 우리 모두는 우리 몸이 잠들어 있는 침실이 아닌, 다른 장소에서 일이 벌어지는 꿈을 꾼다. 꿈속에서는 먼 곳으로 쉽게 여행을 떠날 수도 있고, 미래를 알 수도 있다. 또 어떤 때는 인생의 문제를 해결할 수 있는 특별한 앎을 얻기도 한다.

대부분의 경우, 이러한 놀라운 꿈의 능력은 우리 사회에서 잠든 채로 머물러 있다. 하지만 위촐족과 아마존의 마체스족은 꿈속에서의 배움을 진정한 배움으로 여긴다. 실제로 우리 문화를 제외한 지구상의 거의 모든 문화권에서는 꿈속 배움을 진정한 배움으로 존중한다. 반면, 우리는 고대 그리스 시대부터 갈고닦아온 이성적이고 분석적인 학습 방법을 숭배한다. 인류 역사상의 수많은 샤먼들이 또 다른 배움의 방편을 오랜 시간 갈고닦아왔다는 사실을 알지 못한 채로 말이다. 이 꿈의 방편은 이성적이지도, 분석적이지도 않지만 놀라울 정도로 효과적이다.

이 방편의 핵심은 배우고 싶거나 이루고 싶은 것이 무엇인지 염두에 두고 꿈의 의식 상태로 들어가는 것이다. 꿈의 상태로 들어가는 방법은 부차적인 것일 뿐이다. 일부 샤먼들은 자신이 원하는 꿈을 꾸는 법을 배우고, 또 어떤 사람들은 환각 식물을 사용하기도 한다. 꿈의 상태를 유도하기 위해 단조로운 북소리를 듣는 사람도 많다.

몇 년 전 엘 피카초에 대한 이야기를 처음 들었을 때, 그곳에 거한다는 정령들로부터 배움을 얻고 싶은 마음이 굴뚝 같았다. 하지만 어린 자녀들의 양육과 임종을 앞둔 아버지를 모시는 일에다 침술 치료까지 바쁘게 병행하느라 봉우리를 직접 방문하는 것은 불가능한 일이었다. 그래서 꿈속에서 그곳을 찾아가기로 했다. (그 당시에는 이런 식으로 신성한 장소에 접근하는 것이 위험할 수 있다는 사실을 몰랐다.) 촛불을 켜고 향을 피워 분위기를 조성한 다음, 등을 대고 누워 긴장을 풀었다. 그리고 그곳으로 가서 거기 있는 유익한 정령들을 만나고 싶다는 의도를 명확히 세웠다. 크고 반복적인 북소리를 듣고 있자 점점 의식 상태가 달라졌고, 이내 꿈 안내자들(dream helpers)이 나타나 나를 산 정상으로 데려다주었다. 그곳에서 나는 앞서 말한 꿈의 경험들을 겪게 되었고, 몇 해가 지난 다음에야 호세 베니테스 산체스를 만나 그에게 이 이야기를 털어놨던 것이다.

호세와의 대화는 내 꿈이 고대의 전통과 일치한다는 것을 확인해주었다. 그는 위촐족 샤먼으로서 내가 사람들의 치유를 도와줄 나무 정령을 만났다는 사실을 자연스럽게 받아들이고 있었다. 반면 미국의 백인 중산층 출신인 나는 수년 동안 "다 내가 지어낸 거 아닐까?"라는 의문에 시달렸었다.

꿈의 세계로 모험을 떠나는 서양인들은 모두 괴물과도 같은 이 의문을 마주하게 된다. 이 괴물을 제압하는 방법은 단 한 가지, 꿈을 시험해보고 그것이 정말 효과가 있는지 확인해보는 것이다. 만약 바람나무의 마법이 실제로 사람들을 치유할 수 있다면, 그게 내가 지어낸 이야기인지 아닌지 상관이 있을까? 몇 년 전, 나는 학생들에게 버드나무의 메디슨에 대한 꿈을 꾸도록 안내한 적이 있었다. 우리는 둥글게 둘러앉아 각자 꿨던 꿈을 이야기하고 있었다. 그런데 직업이 의사인 한 남자가 자신의 꿈에서 이해할 수 없는 부분이 하나 있다고 했다. 그는 "버드나무의 정령이 계속해서 저에게 '고개를 들어! 고개를 들어! 언제나 고개를 들어!'라고 말하더라고요." 한 달 후 나는 그 의사를 다시 만났고, 그는 다음과 같은 이야기를 들려주었다.

버드나무의 메디슨이 딱 맞을 것 같은 환자가 있어서, 그 메디슨을 지금까지 총 세 번 전해준 상태예요. 첫 번째 치유 후 다시 찾아온 그녀는 그 '놀라운 메디슨'이 무엇인지 알려달라고 하면서 진료실 창턱에 있던 버드나무 화분으로 계속 시선을 돌리더군요. 이때 그녀가 한 말은 참 기묘하면서도 놀라웠어요. "저 식물 정말 아름답네요. 저도 저 식물이 되고 싶어요!"
저는 치유 후 어떤 변화가 있었는지 물어봤고, 그녀는 여러 가지 신체적 불편들이 개선되었다고 말했어요. 그러면서 이런 말을 덧붙였죠. "하지만 그것보다 더 좋았던 점이 있어요. 전에는 몰랐었는데, 알고 보니 제가 평생 우울증에 시달렸더라고요. 마음 상태도 엄청 부정적이었어요! 비유하자면, 항상 바닥만 내려다보면서 사느라 시야에 온통 흙밖에 안 보이는 기분이었죠. 그런데 지난번에 이곳을 나선 순간부터 마음속에서 이런 목소리가 들렸어요. '고개를 들어! 고개를 들어! 언제나 고개를 들어!' 요즘에는 생애 처음으로 제 주변에 존재하는 아름다움을 볼 수 있게 된 것 같아요!"

저는 창턱에 놓인 식물이 버드나무이며, 그녀가 전해 받은 것 역시 버드나무의 메디슨이었다는 사실을 알려줬어요. 또, 제가 꾼 버드나무 꿈에 관해 이야기하면서 저 역시 "고개를 들어!"라고 말하는 목소리를 들었다고 말했지요. 그녀는 너무 감동한 나머지 눈물을 흘리기 시작했어요. 그리고 다음 치료 때 그녀는 버드나무의 정령에게 감사하는 의미로 시를 써서 가져왔어요.

수업에서의 이러한 경험 그리고 의사와 환자에게 일어난 이 일들은 도대체 어디에서 비롯된 것일까? 버드나무의 정령 같은 것이 정말 존재하는 걸까? 그렇다면 그것의 실체는 뭘까? 그리고 그게 정말 중요한 걸까? 분명, 그 젊은 의사에게는 중요한 문제였던 것 같다. 버드나무의 정령과 우울증에 빠진 환자에 대한 이런 경험에도 불구하고, 그는 이 모든 게 다 지어낸 이야기라는 결론을 내리고 식물 정령 치유를 그만두었다.

하지만 나의 경우에는 식물의 정령들이 나를 계속 가르치는 것 같다. 원래 나는 호세 베니테스 산체스에게 가서 신성한 산, 춤추는 사슴 같은 것들과 관련된, 완전히 다른 유의 치유를 공부하게 될 줄 알았다. 그러나 알고 보니 그 모든 것은 바람나무의 마법과 이어져 있는 것이었다. 그래서 나는 지금도 식물들로부터 치유를 배우고 있다.

2장

|

식물

1970년. 나는 도시 출신 이방인으로, 버몬트 북부 땅에서 살아보려 하는 중이다. 이른 봄이라 아직 땅에 눈이 남아 있다. 슬슬 울타리를 고칠 때가 돼서 기둥이 필요해졌다. 나는 활톱과 마체테를 어깨에 둘러메고서 이 농장에서 가장 좋아하는 곳인, 폭포를 둘러싼 시더나무(Cedar) 늪지로 향한다.

태양이 밝게 빛나고 있지만 공기는 여전히 차다. 숲에 들어서자 바람이 나뭇가지를 스치는 소리가 들린다. 한 움큼 집은 나뭇잎을 으스러뜨려 그 향을 맡은 다음, 고갯짓으로 나무들에게 인사를 건넨다. 이곳의 시더나무들은 여러 줄기끼리 뿌리를 공유하며 한 가족처럼 자라난다. 그리고 이런 작은 가족들 사이로는 곧 풀과 야생화로 가득해질, 아주 작은 초지들이 있다. 앞으로 이틀이나 사흘 동안 여기서 일할 생각이다. 전기톱을 가져왔다면 오늘 점심, 늦어도 저녁까지는 일을 다 끝낼 수 있었겠지만 속으로 전기톱만큼은 절대 가져오지 말자고 다짐한다.

울타리 기둥을 혼자 잘라보는 건 이번이 처음이다. 혼자 니까 내가 원하는 방식대로 할 수 있다. 어떻게 하는 게 좋을까?

내가 이 늪에 자라는 나무라면 어떤 식으로 베이길 바랄 까? 가장 가까이 있는 시더나무에게 울타리 기둥을 어떻 게 잘라야 하냐고 물어본다. 물론 대답을 기대하지도 않 았고, 듣지도 못했다.

아니, 어쩌면 대답을 들었을지도.

갑자기 기둥을 어떻게 잘라야 할지 생각이 났다. 얽히고 설켜 있는 나무줄기 뭉치에서 다른 줄기들에 해가 되는 것 하나를 고른다. 그 줄기를 조심스럽게 베고 가지를 친 다음, 잘린 줄기의 그루터기 부분에 그 가지들을 쌓아 놓 는다. 이렇게 하면 나무를 한 그루도 죽이지 않을 수 있 고, 초지가 잘린 가지로 뒤덮이지 않아 숨을 쉴 수 있으 며, 맨 처음 이곳을 발견했을 때보다 훨씬 더 건강하고 아 름다운 숲으로 남겨둘 수 있다. 아마 하루쯤 시간이 더 걸 릴 것 같지만 상관없다.

시인 게리 스나이더^{Gary Snyder}는 우리가 가축을 도축하는 방 식이 우리 사회의 끊임없는 불운의 근원이라고 말했다. 개인적으로 그의 이 흥미로운 발언이 사실이라고 생각한다. 그의 말은 카르마의 법칙에 대한 앎을 바탕으로 하고 있다. 서양에서는 이와 같은 앎을 다음과 같은 격언으로 표현하곤 한다. "주는 대로 받는 법이다." "칼로 흥한 자 칼로 망하리라." 많은 사람들이 부자연스럽고 비참한 삶을 살다 잔인하게 도축되는 가축들에 대한 우려를 표했고, 심지어 분노를 보이기도 했다. 스나이더는 채식주의자는 아니었지만, 동물에 대한 우리의 행동이 다른 모든 행동과 마찬가지로 우리에게 되돌아온다는 점을 지적했다. 도축된 동물에 대한 존중과 감사 없이 그들의 생명을 취한다면 우리 역시 모욕과 소외를 겪게 될 것이다. 이것은 잔혹한 운명이라던가 냉혹한 자연법칙이 아닌, 우리가 스스로 자초한 불운일 뿐이다.

그렇다면 식물과 인간의 관계에 대해서도 생각해볼 가치가 있지 않을까? 이 관계에서 가장 눈에 띄는 점은, 우리는 식물을 필요로 하지만 식물은 우리를 필요로 하지 않는다는 점이다. 우리 인간은 식량은 물론이거니와 연료, 거처, 의복, 의약품, 온갖 석유화학 제품 등 식물에 전적으로 의존하여 우리의 모든 필요를 충족시키고 있다. (심지어 육류도 식물이 있어야만 생산된다.) 반면에 식물은 사람 없이도 잘 살 수 있다. 이렇게 보면 우리가 식물에게 주는 것이라곤 고통과 파괴, 멸종 위기뿐인 것 같다.

여기에도 카르마의 작용이 존재한다. 우리는 삼림 그리고 식물이 살아갈 수 있는 토대인 토양, 대기, 물, 태양 복사를 망치고 있다. 이는 다른 생명을 파괴하는 행위일 뿐 아니라 자살 행위이기도 하다. 이런 상황에서도 식물이 인간에게 베푸는 끝없는 아량은 참으로 놀랍다. 식물은 어떻게 그렇게 너그러울 수 있을까? 우리는 어쩌다 이렇게 잔인해졌을까?

언젠가부터 우리는 하나됨의 경험을 잃어버렸다. 우리는 인간이 여타의 것들과는 다르다는 비참한 거짓말에 기대어 살아간다. 하지만 모든 존재의 중심에는 같은 의식이 빛을 발하고 있으므로 이는 거짓이다. 이 거짓말이 비참한 이유는, 우리를 소외라는 메마른 삶으로 내몰기 때문이다.

다름(Difference)은 무관심(indifference)을 낳는다. 숲이 내가 아니라고 생각하면 아무렇지 않게 숲을 착취하거나 나의 이득을 위해 다른 사람이 숲을 착취하는 것을 내버려두게 된다.

반면에 식물은 자신이 다른 피조물과 분리되어 있다는 환상에 빠지지 않는다. 식물이 토양, 대기, 광물, 동물, 곤충과 어떻게 상호작용하는지 관찰해보라. 식물 주변의 모든 것은 식물의 존재를 통해 유익을 얻고 더욱 비옥해진다. 식물은 자연과의 조화 속에서 살아간다. 심지어 어떤 이는 식물이 곧 자연이라고 말하기도 한다. 식물은 이 하나됨으로부터 인류를 비롯한 다른 모든 동료 피조물들에게 믿기 어려울 정도의 아량을 베푼다.

처음으로 식물 꿈을 꾸었다. 창질경이(English plantain)가 있었고, 어깨에 거대한 날개가 돋아나 있는 젊은 여성이 보였다. 왠지 모르겠지만 그녀가 창질경이의 정령이라는 것을 알 수 있었다. 나는 그녀에게 다가가 나를 소개했다.

그녀는 내게 왜 왔냐고 묻는다.

"먼저, 지난 몇 년 동안 저와 제 친구들에게 도움을 주신 것에 대해 감사하다는 말씀을 드리고 싶어요. 당신의 잎으로 많은 상처들을 치유할 수 있었어요. 저는 지금까지의 것과는 다른 도움, 더 깊은 차원의 도움을 청하기 위해 당신을 찾아왔어요. 사람들이 입은 신체적인 상처나 생채기는 우리 가슴의 고통과 오염된 정신에 비하면 아무것도 아니에요. 혹시 당신이 이런 고통도 덜어줄 수 있을까요?"

창질경이 여인이 잎사귀에서 뛰어내리더니 내 곁으로 날아왔다. 그녀는 잠시 내 얼굴 앞에 맴돌면서 내 눈을 뚫어지게 바라본다. 그러더니 미소를 지으며 대답한다. "물론이죠. 당신을 돕겠습니다. 나의 형제자매들도 당신을 도울 것입니다. 당신을 돕게 되어 매우 기쁩니다. 사실 우리는 누군가가 이런 도움을 요청하는 것을 200년간 기다려 왔습니다. 우리는 요청을 받지 못하면 아무것도 할 수 없습니다."

"우리는 요청을 받지 못하면 아무것도 할 수 없습니다." 누가 식물 아니랄까 봐, 이 얼마나 겸손한 한 마디인지! 식물이 요청을 받았을 때 하는 일을 보라. 모든 인류 문명은 잉여 곡물로부터 시작되었다. 즉, 식물이 베푼 아량에서부터 시작됐다는 말이다. 인류의 역사를 살펴보면 식물이 우리가 요구하는 모든 것을 제공해왔음을 알 수 있다. 우리 사회는 안락함을 중요하게 생각하기 때문에 식물들에게도 줄곧 그것만을 요구해왔던 것이다. 안락함이란 그것 자체로는 좋은 것이긴 하지만 진정한 삶의 만족으로 향하는 데는 그리 큰 도움이 되지 못한다. 우리가 잠시라도 안락함을 추구하는 마음을 내려놓고 식물에게 기쁨과 풍요, 삶의 의미를 찾는 것을 도와달라고 요청한다면, 식물은 지금까지 내어주었던 다른 모든 것들과 마찬가지로 이러한 자질 역시 우리에게 내어줄 것이다.

모든 만물은 자연과의 황홀한 합일을 즐긴다. 황홀경 없는 삶은 진정한 삶이 아니며, 살 가치도 없다. 황홀경이 없으면 영혼이 움츠러들고 비뚤어지며, 마음은 오염되고 육신은 고통을 겪는다. 자연과 하나되는 황홀경은 정상적인 건강뿐 아니라 생존을 위해서도 꼭 필요한 것이다. 식물이 황홀경을 모르는 멍청한 생물이라고 생각하는 것은 무지 또는 비극적이고 오만한 어리석음이라 할 수 있다.

언제 한번은 학생들이 환자를 데려오고 내가 그들을 치유하는 수업을 진행한 적이 있었다. 환자 중 한 명은 퇴원한 지 얼마 안 된 중년 남성이었다. 그는 백혈병을 앓고 있었으며 죽음이 머지않은 상태였다. 그는 예술가로서의 삶을 포기하고 남은 시간 동안의 고통을 덜어줄 치료법을 찾아 헤매는 중이었다. 그의 영혼으로 꿈 여행(dream journey)을 가보니 험악한 사막 지형과도 같은, 황량하고 쓸쓸한 내면의 풍경이 드러났다. 나는 두 식물의 정령들로 이 남성을 치유했다. 그리고 며칠 후 나는 집으로 돌아갔다. 그런데 얼마 지나지 않아 이 남성의 치유를 인계해준 학생으로부터 다음과 같은 편지를 받았다.

이번 달 초에 뵈었던 그 백혈병 환자분이 이번 주에 전화가 왔어요. 치유 후에 몸이 좋아져서 한 번 더 치유를 받고 싶다면서요. 그리고 다시 만난 날, 그간 무슨 일이 있었는지 얘기해주셨어요. 선생님께 치유를 받은 다음 날 아침, 그분 표현으로는 '다른 의식 상태'로 잠에서 깨어났대요. 그날 이후로도 계속 그런 의식 상태가 지속되었다고 하고요. 그분은 가족들과 많은 시간을 보냈던 어느 섬에 찾아감으로써, 그리고 자신에게 있어 매우 중요한 바위이자 한때 자신에게 말을 걸었던 암각화를 찾아감으로써 '자기 자신을 되찾았대요(recollecting himself)'.

지난주에는 담당 의사가 백혈구 수가 절반으로 떨어졌다면서 백혈구를 죽이는 약을 절반으로 줄였다고 해요. 최근에는 작업실을 청소하고 다시 그림을 그리신대요. 요즘 '자각몽'이라는 걸 꾸고 있다면서, 이 꿈의 치유적 힘에 관해 얘기하시더라고요.

환자분의 쾌유를 기원하면서, 저는 우단담배풀* 정령에게 도움을 요청하기로 했어요. 그리고 이분을 만나기 전날, 저는 산골짜기에서 우단담배풀을 발견했어요. 다음 날 아침, 그분이 저희 집에 도착하기 전에 저는 우단담배풀을 만나러 또 한 번 꿈 여행을 떠났어요. 꿈속에서 까마귀 한 마리가 우단담배풀 군락 옆에서 저를 기다리고 있더라고요. 그 근처에는 나무 한 그루도 있었는데, 이 나무에는 까마귀 깃

---

* mullein. 겉에 고운 털이 돋도록 짠 부드러운 비단을 우단이라고 하는데, 이 식물의 잎에 우단처럼 털이 나 있고 생김새가 담배풀을 닮아서 우단담배풀이라고 부른다.

털과 우단담배풀 잎으로 만들어진 둥지가 하나 걸려 있었어요. 이 둥지에서는 보살핌이 필요한 사람이 축복의 파동으로 충만해질 수 있었어요. 둥지의 그 사람이 어느 정도 준비가 되면 까마귀는 떠나가기로 되어 있었죠.

환자분이 도착했을 때 저는 우단담배풀의 정령으로 그분을 치유했어요. 그분이 침상에 누워 있을 때, 창문 밖에서 까마귀 울음소리가 들려왔어요. 그러자 환자분이 자기 이야기를 꺼내시더라고요. 예전 여자친구가 까마귀 새끼 한 마리를 발견했는데, 본인이 그 까마귀를 집으로 데려와서 둥지도 만들어주고 몇 달 동안 돌봤었다면서요. 그때 그분은 까마귀의 습성을 배우면서 까마귀와 깊은 관계를 맺게 됐대요. 그리고 마침내, 때가 되니 그가 돌보던 까마귀는 멀리 날아갔다고 해요.

이 이야기에서 가장 주목할 만한 점은 환자가 '다른 의식 상태'에 들어갔다는 것이다. 이 새로운 의식 덕분에 그는 꿈을 통한 치유를 경험할 수 있었고, 젊은 시절 경험했던 자연과의 마법 같은 연결을 회복할 수 있었다. 이러한 마법 안에서 그는 삶의 가치를 다시 느끼게 되었고, 그의 몸 역시 병마와 싸우기 위해 다시 힘을 내기 시작했다. 그가 작업실을 청소하고 다시 그림을 그리기 시작했다는 사실이 바로 회복의 증거였다. 그는 부활했으며 다시 살아났다. 자연과의 황홀한 합일 덕분에 생존 가능성이 전혀 없던 이 남자는 삶의 기회를 얻게 되었다. 하지만 궁극적으로 치유는 죽느냐 사느냐의 문제가 아니다. 치유는 얼마나 온전하고 충만하게 사느냐에 관한 것이다. 물론 나는 이 예술가가 이후로도 오래오래 잘 살았기를 바라지만, 사실 언제 세상을 떠났든 간에 그는 참된 삶을 살았기 때문에 이미 위대한 성공을 거둔 셈이다.

오해의 여지를 두지 않기 위해, 그리고 독자 여러분의 더 명확한 이해를 위해 확실히 해두자면, 나는 이 남성의 백혈병을 '진단'하거나 '치료'하지 않았다. 식물 정령 치유는 질병을 진단하거나 치료하지 않는다. 나는 약초 치료와 같은, 어떤 질병에 대한 치료법을 제안하지 않는다. 다음 장에서 설명하겠지만, 식물 정령 치유를 실천하는 사람은 환자에게 어떤 식물을 사용할지 정할 때 그의 증상을 전혀 고려하지 않는다.

식물이 자연과의 긴밀한 관계에서 오는 기쁨을 다시 느끼게 해준 사례는 많이 있다. 한번은 열여섯 살짜리 소년이 심한 꽃가루 알레르기를 호소하며 나를 찾아왔다. 소년은 정원사로 아르바이트를 하고 있었기 때문에 이런 증상은 그에게 있어 꽤 심각한 일이었다. 첫 치유 세션이 끝난 뒤 소년은 다시 센터로 찾아와 내가 그에게 행한 그 '이상한 짓'이 뭐냐고 물었다. 왜 이상하다고 생각하냐고 물었더니 소년은 "센터에서 집으로 돌아가는 길에 모든 나무와 관목들이 저를 향해 손을 흔들었어요!"라고 대답했다. 이 말을 들은 나는 식물들이 그에게 친근감을 표시하고 있으며, 꽃가루가 더 이상 그에게 문제를 일으키지 않으리라는 것을 즉시 알 수 있었다. 그리고 실제로도 그랬다.

또 다른 사람들은 "지구를 깊이 사랑하게 됐다", "이제는 혼자가 아닌 것 같다", "뒷마당에서 요정을 봤다"는 등의 치유 후기를 들려주었다. 내가 가장 좋아하는 이야기 중 하나는 우울증과 여러 신체 증상으로 고통받던 20대 여성 카렌의 이야기다. 나는 당시 내가 살던 남부 캘리포니아 해안 지대에 자생하는 아름다운 관목인 허밍버드 세이지hummingbird sage의 정령으로 그녀를 치료하기로 했다. 허밍버드 세이지와의 꿈 작업을 진행하자 이 정령은 키가 작은 근육질 남자의 모습으로 나타났다. 즐겁고 유쾌하며 상냥한 성격을 지닌 그는 끝이 뾰족한 모자, 중세풍 튜닉*, 레깅스, 앞코가 뾰족하게 위로 올라가 있는 신발을 신고 있었다.

다음은 카렌이 들려준 치유 후기다.

이곳을 떠난 후 피로가 몰려와서 집에 가서 누웠어요. 반쯤 잠이 들었는데 꿈인지 백일몽인지 모를 경험을 했어요. 너무 생생해서 마치 현실 같았죠. 이 꿈속에서, 다른 누군가가 제 몸에 들어오는 느낌이 들었어요. 아주 좋은 사람이라고 느껴져서 무섭지는 않았어요. 친절하고, 재밌고, 다정한 사람이었어요. 저는 그를 아주 선명하게 볼 수 있었어요. 그는 키가 작고 다부졌는데, 앞코가 뾰족하게 위로 올라가 있는 우스꽝스러운 신발과 옛날 옷을 입고 있었어요. 제게 필요한 무언가를 주러 온 것 같았죠.

그날 오후 저는 산속에 있는 저만의 특별한 장소로 가고 싶다는 강한 충동을 느꼈어요. 제가 종종 가곤 했던 어떤 장

---

* tunic. 허리 밑까지 내려오는 가운 같은 웃옷.

소가 있는데, 거기서 나는 냄새는 콜로라도 로키산맥에서
자라는 세이지 향을 떠올리게 해요. 저는 어머니가 돌아
가시기 전까지 콜로라도에 살았어요. 어머니가 살아 계셨
던 때에 느꼈던 삶의 감각을 다시 느끼고 싶어서 그곳에 가
는 것 같아요. 문제는, 어떻게 해도 그 느낌을 다시 느낄 수
가 없다는 거예요. 살짝 느껴지는가 싶다가도 금세 사라져
버리죠. 그런데 치유를 받고 다시 그 장소로 갔더니 상황이
달랐어요! 그 근사한 느낌을 되찾은 거예요! 사실, 그 후로
도 이 느낌이 지속되고 있어요!

나는 카렌에게 산속의 그 특별한 장소를 지도로 자세히 그
려달라고 부탁했다. 그런 뒤 퇴근 후 차를 몰아 그곳으로 하
이킹을 갔다. 그곳에서 나는 살면서 본 것 중 가장 큰 허밍버
드 세이지 군락을 발견했다.

카렌과 같은 어떤 사람들은 이러한 경험에 매우 민감하며,
또 그것을 잘 표현한다. 그러나 또 어떤 사람들은 이런 경험
에 대한 민감성과 표현력이 떨어지기도 한다. 많은 사람들은
미친 사람 취급을 받을까 봐 이런 경험을 절대 말하지 않기도
한다. 그러나 나는 식물의 정령에 깊이 감응한 사람들 모두가
자연과의 합일과 마법을 경험하게 된다고 믿는다. 다음은 관
찰력과 표현력이 뛰어난 또 다른 여성이 첫 치유 세션에 대한
후기로 보내온 편지를 일부 발췌한 내용이다.

정말 경이로웠어요. 아니, 경이로운 걸 넘어서 너무 환상적

이고 마법 같아서 믿을 수가 없을 정도였어요. 제일 중요한 건, 당신(또는 정령들)이 평생 짊어지고 다녔던 저의 깊고 어두운 갈망을 치유해주셨다는 거예요. 뭔가 더 명확해지고 안정된 느낌이에요. 더 이상 의문도 없고 분리감도 안 느껴져요. 당신과의 마지막 만남 이후 꿈이나 특이한 동시성 같은, 신기하고 마법 같은 일들이 많이 일어났어요. 저는 항상 모든 것이 연결되어 있고 모든 것이 전체의 일부라고 믿어왔는데, 이런 일들이 저의 믿음에 힘을 실어줬어요. 그게 사실이라는 걸 알고 있긴 했지만 이렇게 직접 경험한 적은 없었거든요. 치유를 받은 이후로 내면의 많은 문들이 활짝 열리면서 영이 밀려 들어오는 것 같았어요. 저는 '깊이 감응되고', 연결되고, 온전해진 기분을 느끼면서 조금은 들떠 있어요. 충만한 기쁨에 취해버린 기분이에요!

식물들은 우리가 모든 면에서 만족스러움을 느끼길 바란다. 그들은 자연과의 합일이라는 축복 속으로 우리를 기꺼이 데려가고 싶어한다. 하지만 창질경이 정령이 말했듯이 식물은 요청을 받지 못하면 아무것도 할 수 없다. 나는 이에 더해, 우리가 적절한 요청 및 요청 방법을 알아야 한다고 덧붙이고 싶다.

식물에게 요청하는 적절한 방법은 무엇일까? 이 질문에 답하기 위해서는 먼저 식물에게 뿌리가 있다는 사실을 인식할 필요가 있다. 식물은 흙, 비, 햇빛, 공기가 있는 특정 장소에서 살아가며 이러한 요소들을 통해 마법 같은 성장을 이룬다.

우리가 식물을 통해 알게 되는 것은, 자연으로 들어가려면 지금 내가 있는 이곳의 자연으로 들어가야 한다는 것이다. 지금 내가 있는 이곳이 자연을 찾을 수 있는 유일한 곳이기 때문이다. 따라서 식물에게 자연의 축복을 경험할 수 있게 도와달라고 요청할 때는 자신이 사는 곳에 자생하는 식물에게 요청하는 것이 가장 좋다. 영국의 위대한 침술사 J. R. 워슬리는 이렇게 말했다. "현지 약초는 타지의 약초보다 열 배, 백 배도 아닌 천 배는 더 강력하다!" 워슬리 교수의 이러한 말은 과장이 아니다.

현지 식물로 첫 식물 정령 치유를 받은 한 여성은 자신의 경험을 "한 번도 가본 적 없는 곳으로 되돌아간 느낌"이라고 표현했다. 처음엔 이 말이 이해가 되질 않았다. 어떻게 한 번도 가본 적이 없는 곳으로 되돌아갈 수가 있단 말일까? 하지만 나는 곧 그 말의 의미를 깨닫게 되었다. 우리는 자연의 일부이지만, 우리 중 진정으로 자연 속에서 살아가는 사람은 얼마나 될까? 우리가 흙집에 살든 고층 아파트에 살든 그것은 중요한 문제가 아니다. 정말로 중요한 것은, 당신이 세상 모든 존재와 어깨를 나란히 하며 창조의 춤을 추는 그 기쁨 속에 살아가고 있느냐는 것이다. 여성의 이러한 표현은 형제자매인 식물들과 마찬가지로 흙, 비, 햇빛, 공기가 있는, 우리가 지금 살고 있는 이 땅으로 돌아온 기분을 잘 설명해주고 있다.

내 환자 중 한 명인 글렌다는 처음 식물 정령 치유를 받은 후로 2주 동안 어떤 '영적 메시지'를 받을 것 같은 느낌에 사로잡혀 있었다고 말했다. 두 번째 치유 세션에서 나는 그녀에게 마운틴 마호가니^{mountain mahogany}를 처방했다. 이 식물의 정령은 지하 성소에서 의례를 행하는, 지혜로운 아메리카 원주민 할머니의 모습으로 내게 나타났다. 할머니는 전통적인 영적 지혜를 지키고 전승하는 인물이므로, 나는 이 할머니가 글렌다에게 필요한 가르침을 줄 수 있기를 바랐다.

마운틴 마호가니로 치유를 받은 후 글렌다의 머릿속에는 '세컨드 메사^{Second Mesa}'라는 두 단어가 반복적으로 떠오르기 시작했다. 글렌다는 세컨드 메사라는 말을 한 번도 들어본 적이 없었고, 그것이 무슨 뜻인지도 몰랐다. 다음 날, 글렌다와 남편은 호피 원주민에 관한 텔레비전 다큐멘터리를 시청하게 되었는데, 둘 다 큰 흥미를 느꼈다. 다큐멘터리가 끝난 후 글렌다는 남편을 바라보며 말했다. "그래, 바로 저거야! 호피족! 호피족의 누군가가 내게 전할 메시지가 있어. 여보, 우리 호피족을 만나러 가야 해!"

"그래, 가보자. 근데 어디로 가야 하지? 난 호피족이 어디서 사는지도 모르는데. 당신은 알아?"

"난들 어떻게 알아? 나도 한평생을 캘리포니아에서만 살았다고!"

"흠, 내가 도로 지도책을 가져올게. 분명 애리조나 어딘가에 산다고 들었던 것 같거든."

두 사람은 애리조나 지도를 훑어보았고, 아니나 다를까 거기 호피족 보호구역이 표시되어 있었다. 둘은 지도를 더 자세히 살펴봤다.

"바로 이거야, 세컨드 메사! 호피족 보호구역에 있는 마을 이름이래! 다음 주말에 세컨드 메사로 가자!"

하지만 휴가를 내려고 했던 금요일에 회사 사람들이 모두 병가를 내는 바람에 글렌다는 출근을 해야 했고, 세컨드 메사로의 여행은 무산되었다. 남편은 상심한 글렌다를 달래며 이렇게 말했다. "여보, 산기슭으로 드라이브나 하러 가자. 거기서 당신이 만나야 할 원주민들을 만날 수 있을지도 몰라."

그들은 산기슭으로 차를 몰고 가다가 '아메리카 원주민 미술관'이라는 간판을 보고 멈춰 섰고, 안으로 들어가 그림을 감상했다. 몇 분 후, 미술관 직원 한 명이 곧장 글렌다에게 다가왔다. 그는 아무런 소개도 없이 대뜸 글렌다에게 이런 말을 했다. "저한테 고모할머니가 한 분 계신데, 연세가 많으시고 아주 지혜로운 분이세요. 순혈 호피족이시고 애리조나의 보호구역에 있는 작은 마을인 세컨드 메사에 살고 계시죠. 저희 고모할머니의 이름을 알려드릴 테니 만나러 가보세요." 말을 마친 그는 바로 뒤돌아서 가버렸다.

내가 알기로 글렌다는 아직 그 지혜로운 할머니를 만나러 가지 못했다. 그렇지만 마운틴 마호가니 할머니는 나의 식물 친구들 중 거의 유일하게 캘리포니아와 호피족의 땅 모두에 자생하는 존재라는 점을 여기 언급하고 싶다.

글렌다의 이야기는 식물 치유가 어떻게 지역의 정령 혹은 자연의 정령과 우리를 연결시켜주는지 보여준다. 자연과의 연결은 황홀하고 아름다운 일이지만 사치로 여겨질 수는 없다. 자연과의 연결이 곧 건강이며, 건강은 곧 생명이다. 이러한 연결이 없다면 우리는 백혈병에 걸린 예술가처럼 점점 움츠러들다가 죽는다. 우리는 이 연결을 통해 번영한다. 우리 자신이 흙, 비, 햇빛, 광물, 가스로 이루어진 자연물이기 때문이다. 우리가 내면과 관계를 맺는 방식은 외적 자연과 관계를 맺는 방식과 같다. 섭식 장애와 표토 침식*은 결국 똑같은 문제가 다른 양상으로 나타난 것일 뿐이다. 생태 위기는 대대적인 의학적 증후군이며 식물들도 이를 이미 알고 있다. 그들은 한 존재의 번영이 곧 모두의 번영이라는 사실을 잊지 않았기에 인류에게 아량과 자비를 베풀어준다.

1988년. 캘리포니아 북부의 시에라 산기슭으로 이사해온 지 얼마 되지 않아서 이곳의 식물 군락을 새로 배워가고 있다. 나는 향기로운 캘리포니아 인센스 시더^{California incense cedar}나무의 정령을 만나기 위해 꿈 여행을 떠난다. 그녀는 아름다운 갈색 피부의 여성으로, 자신이 자라는 곳이라면 어디든, 시더나무 정령이 그 숲에 사는 모든 생명체의 어머니임을 내게 알려준다. "시더나무들은 당신과 함께할 수 있다는 것을 매우 기쁘게 생각합니다." 그녀가 말한다. "우리도 다른 식물 정령들과 마찬가지로 당신의 성공을 돕고 있습니다. 오래전, 당신이 우리에게 베풀어준 그 친절 덕분에 우리는 계속해서 당신을 돕고 있어요." "친절이요?" 내가 말한다. "저희 만남은 지금이 처음인 것 같

---

* 표토 침식은 식물 생장에 필수적인 얇은 흙층(표토)이 유실되는 현상이며 과잉 경작, 벌목, 기계화 농업, 기후변화 등이 주요 원인이다. 표토가 사라지면 작물이 자랄 수 없고 생물다양성이 줄며, 기후 위기와 사막화가 심화된다.

은데, 제가 당신께 친절하게 대한 적이 있던가요?” “제 사촌 격인 북부 화이트 시더나무(northern white cedar)에게 그랬었죠.” 그녀가 말한다. “기억 안 나세요?” 갑자기 18년간 잊고 있었던 장면이 떠올랐다. 버몬트의 초봄, 울타리 기둥을 자르러 시더나무 늪지로 가던 그때가….

3장

|

정령

이 글을 쓰고 있는 지금, 우리 막내딸은 두 살이다. 아직 말을 못하긴 해도 딸과 함께 있으면 말 잘하는 친구들과 있을 때 느끼는 것과는 차원이 다른 충만함을 느낀다. 이 아이에게는 특별한 뭔가가 있다. 딸과 함께 있을 때 나는 더 행복하고, 더 다정해지며, 더 지혜로워진다. 단 한 순간이라도 아이를 사랑해본 적이 있다면 이 말이 무슨 말인지 알 것이다.

딸에게 있는 그 특별한 무언가를 나는 '영혼'이라고 부른다. 자신의 영혼을 느꼈던 순간을 기억하는가? 사랑하는 이의 눈을 바라볼 때, 아름다운 석양을 감상할 때, 위험에 직면했을 때, 심지어는 설거지를 할 때 등. 영혼과의 접촉은 언제든 가능하다. 갑자기 평화와 에너지로 충만해진 기분이 들고, 삶은 깊은 의미로 가득하다. 잠시나마 생생히 살아 있게 된다.

나의 두 살짜리 딸처럼, 당신도 아주 어렸을 때는 아마 대부분의 시간을 이런 '영혼의 충만함' 속에서 살았을 것이다. 그러나 성인이 된 지금은 이런 경험들이 뇌리에 남을 만큼 드물어졌다. 그동안 무슨 일이 있었던 걸까? 어쩌면 당신은 가슴 아픈 일을 겪었거나, 불안과 걱정이 많아졌거나, 자존감이 무너졌거나, 두려움이나 분노에 휩싸이는 경험을 했을지 모른다. 뭐든 간에 이 끔찍한 경험들은 당신의 영혼을 깊이 다치게 했다.

이를 인식하고 스스로 인정할 수 있다면 당신은 무척이나 솔직한 사람일 것이다. 대부분의 사람들은 영혼이 고통을 느끼는 그 순간부터 스스로에게 거짓말을 하기 시작한다. 영적 고통이 너무나도 크기 때문이다. 삶을 가치 있게 만들어주는 그 무언가를 잃는 고통은 신체적, 정신적 고통과는 비교가 되지 않을 만큼 크다. 우리는 이 고통을 견뎌낼 수 없기에 일, 음식, 권력, 소유물, 섹스, 로맨스, 종교, 술과 마약 등으로 고통을 덮어버린다. 이런 것들을 통해 얻는 일시적인 쾌락은 '난 괜찮아'라는 거짓말에 힘을 보태면서 영적인 고통을 감춰버린다. 우리는 몸과 마음에 아낌없는 관심을 쏟음으로써 이 거짓을 더욱 견고히 다진다.

지금 우리는 음식, 주거, 의료 서비스, 오락거리 등의 모든 사치품을 누리고 있으며 상상할 수 있는 모든 형태의 교육과 심리 치료를 받을 수 있는 사회에서 살고 있다. 하지만 이러한 풍요를 누리면서도 정작 무시무시한 영혼의 결핍은 아무도 직면하지 않고 있다. 성인이 되면서 영혼의 결핍은 더욱 심각해진다. 미국 중산층 청소년의 주요 사망 원인은 자살이다. 성인들은 청소년들처럼 직접적이지 않아서 암, 심장병, 약물 중독 같은 좀더 복잡한 형태의 자살을 택한다. 하지만 진짜 문제는 이런 질병들이 아니라 영혼의 병이다. 암, 심장병, 약물 중독 등의 증상을 포함한 대부분의 다른 증상들은 사실 영적 고통이 우회적으로 표현된 것이기 때문이다.

의학 기술의 발전은 인류의 고통을 줄여주지 못했으며 부와 기술은 오히려 우리의 영적인 삶을 더욱 피폐하게 만들었다. 지금은 우리 영혼을 위한 약이 절실하고 절박하게 필요한 때다. 나는 위촐족과의 첫 만남에서 이 약을 돈으로 살 수 없다는 것을 배웠다.

신성한 식물에게서 인간의 영혼을 치유하는 법을 배운 위대한 위촐족 샤먼이 멕시코 서부 시에라 마드레 산맥에 살고 있다는 이야기를 들었다. 그는 마츠와 또는 돈 호세 리오스라는 이름으로 불린다. 돈 호세를 수소문하면서 주소를 알아낸 다음 그의 집으로 찾아가 만남을 갖기까지 어언 1년이 걸렸다. 오솔길을 따라 걷다가 굽이진 길을 돌자 그의 마을이 눈앞에 나타난다. 흙바닥에 나무 막대기를 세워 만든 초가집 몇 채 사이로 아이들과 개, 돼지, 닭이 돌아다니고 있다.

나는 마을 안으로 들어가 돈 호세의 집으로 안내받는다.

마침내 위대한 자와의 만남이 이루어졌다. 깡마르고 이가 다 빠진 이 노인은 면도도 하지 않고서 낡아빠진 셔츠에다가 다 해진 바지를 입고 있다. 바지는 흘러내리지 않도록 끈으로 허리춤이 고정되어 있다. 그의 오른팔이 팔꿈치 위쪽으로 절단되어 있다는 점만 빼면 길을 가다 그를 마주쳤다 해도 전혀 알아차리지 못했을 것이다.

돈 호세는 일행들과 나를 반갑게 맞아주었고, 분위기를 좀 풀어볼 겸 이야기 하나를 들려준다. "작년에 어떤 미국인 아가씨가 나를 찾아왔었네. 이름이 마르가리타라고 했어. 아이고 나 원 참, 그 마르가리타라는 아가씨 말이지! 어느 날 내게 다가오더니 이러더군. '돈 호세, 제가 마사지해드릴게요.' 그래서 나는 '그거 좋지' 했어. 근데 대뜸 나보고 옷을 벗으라고 하는 거 아니겠어? 그래서 내가 '안 돼!' 그랬지. 아이고, 그 아가씨 참!"

돈 호세는 크게 웃는다. 나는 뒷이야기가 더 있는 줄 알고 기다렸지만 그게 끝이었다. 아마 작년에 있었던 일 중 이게 가장 웃긴 일이었는지, 노인은 웃음을 멈출 기미를 보이지 않는다.

그 후 한 시간 동안 돈 호세는 마르가리타 이야기를 여섯 번이나 더 들려주며 계속해서 크게 웃는다. 내가 그를 너무 늦게 찾아온 게 분명했다. 노망난 노인이라니.

다음 날 아침, 돈 호세가 이끄는 의례가 시작된다. 어린아이들을 위한 의례라고 들었다. 아이들은 신들이 사는 외딴 산과 계곡, 수원지들을 순례하기에는 아직 몸이 약하기 때문에 샤먼은 영혼의 형태로 순례 여행을 떠나면서 그 여정을 노래로 부른다. 아마 그의 노래가 아이들의 영혼을 순례지로 함께 데려가서 그곳에 사는 신들로부터 영적 축복을 받게 해주는 식인 것 같다.

노인은 공들여 꾸민 제단 옆의 두 조수들 사이에 자리를 잡고 앉는다. 아이들과 그 부모들은 래틀*을 손에 들고 바닥에 앉아 영적 여정이 시작되기를 기다린다. 돈 호세는 땅에 담배를 뱉어낸 다음 위촐어로 노래를 부르기 시작한다. 북 연주자가 리듬을 연주하면 아이들은 래틀을 흔들고, 조수들은 후렴구를 외친다.

뜨거운 태양 아래 앉아 있는 아이들은 하루 종일 샤먼의 노래에 맞춰 래틀을 흔든다. 어제까지만 해도 이 아이들은 활동적이며 건강한, 평범한 아이들처럼 보였다. 아이들은 보통 무언가에 푹 빠지지 않는 이상 가만히 앉아 있지 못한다. 솔직히 인정하자면, 나 역시 지루하고 몸도 쑤시는 이런 상황 속에서 다양한 풍경의 컬러풀한 비전이 보이기 시작했기 때문에 과연 아이들은 무엇을 보고 있을지 궁금해졌다. 이 의례가 정말로 효과가 있는 걸까? 그래서 돈 호세가 이들의 영혼을 데리고 신들을 만나러 가는 중인 걸까?

이제 늦은 오후가 되었고, 의례 첫날의 챈팅이 곧 끝날 예정이다. 누군가가 지금 샤먼이 비의 신에 관한 노래를 하고 있다고 알려준다. 날이 흐려지는 게 느껴져서 주위를

---

* rattle. 달그락거리는 소리가 나는 타악기. 마라카스와 비슷하다.

둘러보니 산 위로 거대한 먹구름이 껴 있다. 근처 산봉우리에 번개가 치고 천둥이 울린다. 순식간에 우리 주변으로 비바람이 몰려온다. 하지만 이 마을만 여전히 햇살을 받으면서 고요히 머물러 있다. 돈 호세는 계속 노래를 부른다. 20분 정도 지나자 그의 노래가 마무리된다. 모두가 일어나 스트레칭을 한 뒤 어슬렁거리며 집으로 돌아간다. 모든 이들이 안전하게 오두막 안으로 들어가자마자 폭풍우가 몰려와 마을을 비로 흠뻑 적신다.

다음 날, 다시 한번 아침부터 저녁까지 맑은 하늘 아래서 샤먼이 노래를 부르고 아이들은 래틀을 흔든다. 또다시 주변 산에서부터 갑자기 폭풍우가 몰려온다. 어제와 마찬가지로 돈 호세가 의례를 마치고 모두가 실내로 안전하게 들어간 후에야 폭풍우가 마을을 덮친다.

며칠 뒤, 나는 돈 호세에게 다가가 나를 치유해달라고 부탁한다.

"자네, 뭐가 문제인가?" 그가 묻는다.

"꽃가룻병이 있어요."

"그게 뭔데?"

"왜, 알레르기 같은 거 있잖아요."

"처음 듣는 것인데."

"음, 가끔 눈이 가렵고, 콧물이 흐르고, 재채기를 많이 해요."

"그래, 내일 아침에 우리 집으로 오게."

다음 날 아침, 그의 집으로 찾아갔다. 그는 암탉 두어 마리를 내쫓은 다음 나를 안으로 들인다. 그는 마을에 몇 안

되는 가구 중 하나인, 가축 젖을 짤 때 쓰는 조그만 의자를 내어주며 나를 앉히고는 내 앞에 서서 조용히 나를 바라본다. 한참 뒤, 그는 내 꽃가룻병의 원인을 단언한다.

"아내 말고 다른 여자가 또 있네. 그렇지?"

"아니요, 저는 결혼한 후로 다른 사람을 만난 적이 없어요."

그가 행하는 의례를 보고 나서야 그가 노망난 늙은이가 아닐 수도 있겠다는 겨우 생각이 들기 시작했는데, 지금 보니 노망난 게 맞는 것 같다. 나는 아내를 두고 바람을 피운 적이 단 한 번도 없다.

"아냐, 아내 말고 다른 여자가 있다니까. 자네에겐 미안하지만 나는 그저 보이는 걸 그대로 말하는 것뿐이야. 기분 상하게 하려는 건 아니니 오해 말게…. 아이고, 꽤 심각한 상태구먼! 자네 거시기가 똑 떨어지기 직전이라고!"

그는 바로 돌아서서 벽 쪽으로 성큼성큼 걸어가더니 바구니에 손을 넣어 깃털 몇 개가 묶여 있는 작은 나무 지팡이 하나를 꺼낸다. 그러고는 내게 다가와 깃털로 내 몸 주위를 쓸어내면서 입술로 무언가를 터뜨리는 듯한 소리를 낸다. 때때로 그는 지팡이의 한쪽 끝을 내 몸에 대고 다른 한쪽 끝은 자기 입에 가져다 댄 상태로 그것을 죽 빨아들이거나 후루룩 마시는 소리를 낸다. 그런 다음 그는 역겹다는 듯한 표정을 지으며 걸쭉한 갈색 점액질 덩어리를 바닥에 뱉어낸다. 그는 내가 얼마나 치유하기 어려운 케이스인지를 다시 한번 언급하면서 지팡이를 바구니에 던져 넣고 내일 다시 오라고 말한다.

나는 아무것도 느끼지 못했지만 다음 날 아침에도 성실히 그의 집을 찾아가 전날과 같은 치료를 받는다. 이번에는 그가 치료 결과에 만족하는 듯했다. 그는 몸을 꼿꼿이 세우며 단언한다. "됐어! 이제 깨끗해!" 그는 지팡이를 다시 바구니에 넣고 돌아서서 말한다. "자네는 이제 나를 기억하게 될 거야! 평생 나를 기억하게 될 거라고!" 그는 오두막 밖으로 성큼성큼 걸어 나간다.

오늘 치료 역시 아무 느낌도 없었기 때문에 나는 낙담한다. 그 먼 길을 왔는데 결국 이게 다라니. 내일이면 나는 다시 미국으로 돌아가야 한다.

밤이 되었지만 잠이 오질 않는다. 몸을 물어뜯는 벼룩과 바퀴벌레 때문에 깨어 있는 채로 바닥에 누워 있다. 돈 호세의 말이 떠오른다. "아내 말고 다른 여자가 또 있네." 나는 아내를 만나기 전 사귀었던 여자에 대한 미련을 놓지 못하고 있었다는 사실을 처음으로 인정했다. 그녀는 사과 속 애벌레처럼 내내 나를 갉아먹고 있었다.

"자네 거시기가 똑 떨어지기 직전이라고." 좀 과장된 표현일 수도 있지만 이런 상황이 나의 성적 에너지를 앗아간 것은 분명하다. 아니, 까놓고 말하자면 사실상 나의 성적 에너지를 거의 다 앗아갔다. 그런데 그 노인은 이 사실을 어떻게 알았을까?

"이제 깨끗해!" 내 기분이 딱 그렇다! 어떻게 한 건지는 모르겠지만 돈 호세는 내 안의 모든 찌꺼기들을 빨아들였다. 아기처럼 맑고 활력이 넘치는 기분이 든다. 이제 내 마음은 아내에 대한 사랑으로 가득하다.

이틀 후, 집에 도착한 지금도 여전히 마음에 사랑이 가득하다. 아내가 문 앞에서 나를 맞이해준다. 내 눈을 바라본 그녀는 내 안의 망령이 사라졌음을 알아차린다.

문맹이었던 그 원주민 남성은 내 영혼을 치유함으로써 나를 온전하게 만들어주었다. 그는 매우 가난한 사람이었음에도 나에게 큰 보물을 안겨주었다. 식물로부터 깊은 치유를 배우기 위해 꼭 가난하거나, 문맹이거나, 원주민일 필요는 없다는 것을 나는 나중에서야 알게 되었다. 대부분의 식물은 관심만 있다면 누구에게나 치유를 가르쳐준다. 만약 당신도 관심이 간다면 이 사실을 직접 확인해보라.

식물 정령과 도제 관계를 맺어보고 싶다면 아래에 소개한 방법을 시도해봐도 좋다. 이 방법이 당신을 돈 호세 같은 엄청난 치유자로 만들어주지는 못할지라도(물론 당신이 돈 호세만큼 훌륭한 견습생이라면 말이 다르겠지만), 내 학생들과 나는 이를 통해 얻은 힘으로 많은 치유 작업을 수행할 수 있었다.

먼저, 개방적이고 수용적인 마음을 가지라. 우리 마음이 정령을 완전히 이해하거나 판단할 수 있을 정도로 섬세하지는 못하다는 점을 생각해보자. 어떤 일이 가능하거나 불가능한지를 과연 우리가 알 수 있을까? 식물에 깃든 정령은 우리에게 자비심을 내어 우리 마음이 이해할 수 있는 형태로 나타나줄 수 있다. 다음 단계로 나아가기 전에, 식물 정령들에게 도움과 친절에 대한 감사 인사를 미리 전하라. 소리 내어 직접 말하라. 이렇게 하면 마음을 여는 데 도움이 되며, 정령들도 좋아할 것이다.

아래의 것들을 준비하는 동안에도 계속 감사하는 마음을 가지라.

북과 북을 쳐줄 사람 (구하기 힘들다면 샤먼 북 음원을 활용해도 된다.)
소량의 담뱃잎
휴대가 간편하고 신뢰도 높은 식물도감
노트와 펜 (색연필이나 마커도 괜찮다.)

다양한 야생 식물이 자라나는 시기와 장소를 선택해 야외로 나간다. 목적지를 따로 두지 말고 걸으라. 유독 마음이 끌리는 식물을 발견했다면 그 식물에게 다가간다. 소리 내어 자신의 이름을 말하면서 이 식물 종의 정령에게 가르침을 받으러 왔다고 설명하라. 식물이 당신을 불러준 것에 대해, 그리고 앞으로 이 식물이 줄지도 모를 도움에 대해 미리 감사하라. 무언가를 요청했으니 그 대가로 식물에 담뱃잎을 살짝 뿌려주는 것도 좋은 매너다.

이제 식물도감에서 당신이 말을 걸었던 식물이 무엇인지 찾아본다. (보통은 식물이 꽃을 피우고 있을 때 식별이 쉽다.) 이때 식물에 독성이 없는지 확인해야 하는데, 조금이라도 불확실한 부분이 있다면 자격을 갖춘 식물학자에게 식별을 요청해야 한다. 치명적인 독초는 거의 모든 지역에 다 있다.

식물을 자세히 관찰하면서 그것의 모양, 색상, 기하학적 구조 등을 기억하라. 식물의 그림을 그려보라. 그것이 어떤 토양에서 자라는지, 빛은 어느 정도로 쬐는 것을 좋아하는지, 동물, 곤충, 다른 식물과 어떤 관계를 맺고 있는지 관찰하라. 여러 부위에서 향을 맡아보고 만약 독성이 없는 것이라면 식물에게 허락과 용서를 구한 뒤 꽃, 잎, 뿌리를 조금씩 조심스럽게 맛본다.

이제 이 식물에 친숙해졌으니 그것과 교감해볼 차례다. 그저 여유를 가지고 가만히 있어보라. 식물과 하나되라. 식물 자체가 되어 주변 세상을 경험하라. 이때 이미지, 느낌 또는 정보가 마구 떠오를 수도 있다. 일상적인 의식으로 돌아온 다음에는 경험한 내용을 노트에 적는다.

이제 조용하고 편안한 실내로 돌아간다. 1초에 2~4번 정도 울리는 일정한 북소리가 필요하므로 북을 쳐줄 사람이나 오디오 장치를 준비한다. (음원을 사용하는 경우 길이는 10분 정도가 좋고, 마지막에는 빠른 템포의 북소리가 1분가량 포함되어 있어야 한다.) 최대한 편안한 자세를 취하라. 대부분의 사람들은 바닥에 똑바로 누운 상태에서 목이나 무릎 아래에 베개를 받치는 것을 편안하게 느낀다. 눈을 감고 심호흡을 몇 번 하라. 숨을 한 번 쉴 때마다 더 깊게 이완되는 것을 느껴본다. 당신이 알아가고 있는 그 식물의 정령을 만나 그 정령으로부터 가르침을 받겠다는 의도를 확고히 세우라. 이제 북소리를 들으라.

눈을 감고 동굴이나 샘, 동물이 파놓은 땅굴과 같은 지하 구멍으로 들어가는 자신을 상상해본다. 그 안으로 들어가면 아래쪽으로 이어지는 터널을 발견하게 될 것이다. 터널을 따

라 내려가라. 그 즉시, 혹은 잠시 후 터널 끝에서 불빛이 보일
텐데, 그 불빛을 따라가라. 이 시점에서 당신은 의식의 다른
영역, 즉 꿈의 세계로 들어가게 된다. (첫 시도에 성공하지 못하
더라도 인내심을 가지라. 꿈의 세계로 들어가려면 연습이 필요하다.)

꿈의 세계에 적응하려면 잠시 시간이 필요할 수 있다. 정신
이 아득해지거나 산만해진다면 본래의 의도를 다시 상기한
다음 계속 진행한다. 마음이 좀 안정되었다면 당신이 만나러
간 그 식물을 찾기 시작하라.

꿈의 세계에서 자라고 있는 그 식물을 찾았다면 주변을 둘
러보라. 식물과 관련된 생명체를 찾아볼 수 있을 것이다. 그 생
명체는 사람이 될 수도 있고, 상상의 존재나 곤충, 동물, 심지어
빛이나 실체 없는 목소리가 될 수도 있다. 뭐든 간에 그것은 식
물의 정령이 당신과 소통하기 위해 취한 형태다. 정령에게 다
가가 자신을 소개한 뒤 무언가를 가르쳐줄 수 있겠냐고, 식물
을 어떤 방식으로든 사용해도 되겠냐고 물어본다. 긍정적인 대
답이 돌아온다면 정령에게 가르침을 달라고 요청하라.

식물의 가르침은 다양한 형태로 나타난다. 정령이 마치 교
실 수업처럼 언어적 가르침을 줄 수도 있다. 만약 그렇다면
모든 세부 사항을 기억할 수 있도록 열중해서 들어보라. 그러
나 대부분의 경우 정령은 비언어적인 방식으로 가르침을 준
다. 어느 순간 낯선 모험 속으로 휩쓸려 들어가는 경험을 할
수도 있고, 강렬한 감정을 경험하게 될 수도 있다. 어떤 경우
든, 핵심은 주의를 기울이는 것이다. 일단 정령에게 질문을
던졌다면 그 후에 벌어지는 모든 일은 일종의 답이 된다.

꿈이 끝났다고 느껴지면 식물 정령에게 돌아가 도움을 주어 감사하다는 인사를 전한다. 꿈의 세계에서 나올 때는 북치는 사람에게 북을 더 빠르게 쳐달라고 신호를 보내라. 음원을 사용하는 경우에는 더 빠른 드럼 비트가 나올 때까지 기다리라. 왔던 길을 신속히 되돌아가라. 터널로 올라가 구멍 밖으로 나온 다음, 몸으로 돌아오라. 몇 분간 침묵을 지키면서 꿈에서 일어난 일들을 머릿속으로 되짚어본다.

천천히 몸을 일으킨 다음, 경험한 모든 것들을 노트에 세세하게 기록하라. 완전하고 정확하게 적어야 한다. 아무리 생생한 꿈이라도 그것을 기록하지 않으면 시간이 지나면서 세부 사항들이 잊혀지기 마련이다. 이제 꿈의 내용을 해석할 차례다. 꿈의 의미는 자명할 수도 있고, 깊은 사유와 숙고가 필요할 수도 있다. 어떤 꿈은 이후에 일어나는 희한한 우연들을 통해서만 그 의미가 드러나기도 한다. 이 과정은 몇 달 또는 몇 년이 걸릴 수도 있다. 인내심을 가지라.

얼마 전 나는 위와 같이 꿈에서 정령을 만나는 법을 중부 캘리포니아의 한 그룹에게 가르치고 있었다. 우리는 꿈의 세계로 들어가 각자의 안내자를 만났고, 그룹 사람들은 각자의 경험을 공유하고 있었다. 이때 폴라라는 한 젊은 여성은 자신이 '마더'라고 부르는 역사 속의 원주민 여성 포카혼타스 Pocahontas를 만났다고 말했다. 꿈의 내용은 내가 듣기에는 만족스러운 것이었지만, 이야기를 이어가는 폴라의 목소리 톤은 실망스러웠으며 냉소적으로 들리기까지 했다. 나는 왜 그런지 물었다.

폴라는 이렇게 대답했다. "음, 저는 노스다코타의 아주 외딴 농장에서 자랐어요. 주변에 함께 놀 친구가 없어서 상상의 친구들과 놀곤 했고요. 제 어린 시절 가장 친한 친구는 마더 포카혼타스였어요. 그러니까 이건 당연히 제가 지어낸 이야기겠죠."

나는 오히려 어린 시절 포카혼타스의 영혼과 맺었던 그 관계가 이 꿈을 더욱 신빙성 있게 만들어준다고 생각했다. 그래서 다음 꿈에서는 마더에게 둘의 우정이 상상이 아니라 실제였다는 신호를 보여달라는 부탁을 해보라고 제안했다. 폴라도 이에 동의했다. 다음 세션이 끝난 후, 폴라는 포카혼타스가 꿈의 세계에서 자신을 기다리고 있었다는 후기를 말해주었다. 포카혼타스는 폴라에게 사랑의 정표로 반지를 주면서 이렇게 말했다. "현실에서 이 반지가 나타난다면 내가 정말로 너의 스승이라는 것을 알 수 있을 거란다. 네가 굳이 반지를 찾아내지 않아도 그것이 알아서 너를 찾아갈 거니 기다리렴."

꿈속에서 폴라는 반지를 자세히 살펴보았고, 깨어난 후에는 반지에 박힌 원석과 커팅 방식, 세부적인 세팅 방식에 관해 이야기했다. 또한 폴라는 꿈속에서 포카혼타스의 선물을 받기 위해 손을 뻗은 순간, 자신의 손가락에 결혼반지가 없는 것을 발견했다. 꿈에서 마더가 반지를 끼운 손가락이 바로 그 왼손 약지였다. 폴라는 '이게 무슨 의미일까?' 하고 의아해했다. 분명 이 모든 경험들은 신기하긴 했지만 완전히 납득이 가는 경험은 아니었다.

이 그룹 수업을 마치고 얼마 후 나는 북부 캘리포니아로 이

사를 갔고, 1년 정도 지나 폴라와 포카혼타스를 잊고 지냈다. 그러던 어느 날 폴라가 수업 이후 무슨 일이 있었는지 알려주고 싶다며 편지를 보내왔다.

수업을 들은 지 몇 달 되었을 때쯤, 보석 가게를 지나가다가 마더가 꿈에서 준 것과 아주 비슷한 반지를 봤어요. 순간 흥분해서 반지를 사러 들어갈까 했는데 잘 보니 완전히 똑같지는 않더라고요. 마더가 반지를 굳이 찾으려 하지 말라고, 저한테 알아서 올 거라고 했으니까 그냥 지나갔어요. 그리고 불과 2주 전에 또 이상한 일이 있었어요. 제가 결혼반지를 잃어버린 거예요! 어떻게 그걸 잃어버릴 수가 있는지 아직도 이해가 안 돼요. 설거지나 샤워를 할 때도 반지를 꼭 끼고 있는 편이거든요. 그런데 어느 날 제 손을 봤는데 반지가 없는 거 있죠! 정말 너무 속상했어요. 그래서 남편, 아이들과 함께 집과 차를 샅샅이 뒤졌어요. 마트 갔을 때 잃어버렸나 싶어서 그쪽 길을 다시 가보기도 했고요. 심지어는 금속 탐지기를 빌려 마당 구석구석을 샅샅이 뒤졌는데 그래도 안 보이더라고요!
그리고 바로 지난주에는 무려 7년 동안 연락이 없던 제 옛 친구 카렌이 투손에서 편지를 보냈어요. 여전히 제 생각이 많이 난다면서요. 카렌은 며칠 전에 보석 가게 앞을 지나가다가 쇼윈도에 진열된 반지를 봤대요. 그리고 그걸 보자마자 '저건 폴라 거다' 싶어서 가게로 들어가 샀다고 했어요. 편지 안에는 작은 소포가 들어 있었는데, 열어보니 반지였

어요! 제가 꿈에서 본 것과 정확히 일치하는 반지였죠! 정
말 놀라웠어요! 그래서 바로 손가락에 끼워봤는데… 맞는
손가락이 왼손 약지 하나뿐이더라고요!

선생님도 이 얘기를 들으면 좋아하실 것 같아서 편지를 보
내요. 이제 마더에 대한 제 생각이 좀 바뀐 것 같아요. 수업
들을 수 있어서 정말 감사했습니다.

꿈의 세계로 들어가는 것, 신성한 식물 스승들의 지혜를 받
아들이는 것 외에도 영혼을 치유하는 방법을 배울 수 있는 세
번째 길이 있다. 바로 순례의 길이다. 세상에는 산, 동굴, 샘,
숲 등 언뜻 평범한 지형처럼 보이지만 실제로는 신의 형상이
지형적으로 나타난 특별한 장소들이 존재한다. 순례자에게
특별한 지식과 능력을 부여해주는 신성한 문이 있는 이러한
장소는 전 세계 곳곳에 존재하며, 현지 원주민들에게도 잘 알
려져 있다.

성지 순례는 영적 메디슨을 받을 수 있는 가장 강력한 방법
인 동시에, 가장 위험한 방법이기도 하다. 큰 힘은 언제나 매
우 정교하고 정확하게 다뤄져야 하며, 그렇지 않으면 해를 입
을 수도 있기 때문이다. 자동차 운전 같은 일상적 활동이 큰
힘을 다루는 데 주의가 필요하다는 것의 좋은 예가 될 수 있
다. 많은 사람들이 운전자의 손에 엄청난 힘이 달려 있다는
사실을 잊고 지내지만, 목적지에 안전하게 도착하려면 운전
자는 차량을 다루는 법을 제대로 알아야 하며, 교통 법규를
이해하고 그것을 준수해야 한다. 예를 들어 운전자가 역주행

을 한다면 반드시 사망이나 부상이 뒤따를 것이다.

자동차 운전을 배울 때 자격을 갖춘 운전 강사가 필요한 것처럼, 성지 순례를 하는 방법을 배우려면 정식으로 입문 과정을 거친, 제대로 된 자격을 갖춘 안내자가 필요하다. 각 지역의 '도로 규칙'은 협상 가능한 것이 아닌, 그 지역의 일부다. 이 규칙에 대한 지식은 세대를 거쳐 전해져 내려온다. 나의 스승인 돈 과달루페 곤살레스 리오스도 바람나무를 순례하며 많은 메디슨을 얻었다. 돈 루페(나는 그를 이렇게 불렀다)는 위대한 샤먼이었던 자신의 삼촌에게서 가르침을 받았고, 그 삼촌은 또다시 자신의 선대 어른들로부터 가르침을 받았다. 위촐족의 이러한 계보는 인류의 기원 이래 계속해서 이어져왔지만 다른 지역들에서는 그 지식이 소실되어 복구하기 어려운 상태가 되었다.

면허시험에 합격하면 누구나 운전면허를 딸 수 있지만 '순례 면허증'을 따려면 헌신과 인내가 필요하며, 당신이 찾아가고자 하는 장소로부터 초대를 받아야 한다. 초대장은 선조들로부터 전해지는데, 선조들은 당신이 그 땅 그리고 그 땅의 사람들과 어떤 관계가 있는지를 살핀다. 초대장 없이 그곳을 가는 이는 침입자로 간주되며, 신성한 장소에는 침입자를 처리하는 크고 건장한 경비원들이 있다. 그리고 그들이 하는 '처리'란 당신이 겪고 싶어할 만한 일이 전혀 아니다!

또, 인간 형태의 수호자들도 존재한다. 바로 그 땅을 고향 땅으로 물려받은 원주민들이다. 유럽계 침략자들은 사냥감, 목재, 물, 물고기, 광물, 땅, 심지어는 사람들의 생명에 이르기까지, 자신들의 것이 아닌 많은 것들을 빼앗아갔다. 슬픔과 분노에 찬 많은 원주민들은 이렇게 말한다. "이 백인들은 만족이라는 것을 모른다! 이제 그들은 우리의 성스러운 전통까지 뺏어가려 한다!" 이들은 신성한 장소에 접근할 때 필요한, 가장 중요한 의례들을 알려주지 않으려 한다. 하지만 현명한 이들은 분노를 해결한 후라도 방문자가 반드시 그 장소로부터 초대를 받아야 한다는 사실을 알고 있다. 초대받지 못한 자가 신성한 장소의 문으로 들어가려 한다면 문은 그를 해악과 재해로 이끌 것이다.

6장에서 다룰 몇 가지 새로운 상황으로 인해, 유전적으로는 유럽인임에도 불구하고 다른 지역의 땅, 민족과 영적 관련이 있는 사람들이 있다. 만약 뛰어난 존경심과 인내심, 용기를 보일 수 있다면 이들은 자신의 출생지나 혈통과 완전히 동떨어진 곳에서 전통적인 순례자가 될 수도 있다.

물론 자신의 고향에서 그대로 살고 있는 유럽인들도 수백만 명이나 있다. 이들 역시 유럽의 순례지에 접근할 때 장애물을 마주하게 된다. 전통의 맥이 끊긴 지 오래되어 더 이상 의례나 절차를 제대로 아는 이가 남아 있지 않기 때문이다. 성스러운 지식을 회복하려는 여러 노력들이 있긴 했지만 기껏해야 불완전한 것들뿐이고, 대부분은 행복회로적인 생각들과 현대의 '뉴에이지식' 억측들로 혼탁해져버렸다. 하지만 좋은 소식도 있다. 이 글을 쓰는 현재, 전통을 되살리고 순례지를 다시 깨우기 위한 진정성 있는 프로젝트들이 일부나마 존재한다는 것이다. 이것은 특별하고 신성한 개입이 있어야만 가능한 일이지만 사람들이 성스러운 가르침 및 관습들을 잃었던 적은 과거에도 여러 차례 있었다. 그러나 사회가 일정 수준의 성숙을 이루면 신성은 언제나 잃어버린 것을 되찾을 길을 열어주었다.

이러한 위험들에도 불구하고, 아니 어쩌면 이런 위험들 때문에 순례는 인류에게 신성한 은총의 기회를 제공한다. 성지는 순례자를 변화시키고, 그가 영적 메디슨을 받아 그것을 간직할 수 있도록 만들어준다.

4장

|

메디슨과 꿈

　가장 생생하게 꿨던 꿈 하나를 떠올려보라. 그리고 그 꿈이 얼마나 현실적으로 느껴졌었는지 생각해보라. 꿈은 깨어 있을 때의 경험이 지닌 모든 특성들을 다 갖고 있다. 눈앞에 보이는 장면, 냄새, 소리, 촉감, 강렬한 감정… 심지어는 '현실' 세계에 영향을 미치는 능력까지 있다. 남성이 몽정을 하는 것은 드문 일이 아니며, 악몽을 꾸는 중에 심장마비로 사망하는 사람들도 존재한다. 어쩌면 꿈마다 적용되는 법칙이 약간씩 다를 수 있다. 하늘을 난다든지 현실에서는 불가능한 일을 해낸다든지 하는 식으로 말이다. 그럼에도 불구하고 꿈의 세계는 깨어 있는 세상과 마찬가지로 나름의 일관된 구조를 가지고 있다. 꿈의 세계와 깨어 있는 세계의 차이점을 명확하게 구분하기는 어렵다. 하지만 일반적으로 우리는 일상 속의 대상들을 '고체 물질'로 이루어진 '진짜'라고 받아들이는 반면, 꿈속의 대상은 '지어낸 것'이라고 생각한다. 이 점을 잘 보여주는, 부와 권세를 누리던 고대 인도의 어느 왕에 관한 이야기가 하나 있다.

어느 날 왕은 시종들의 부채질을 받으며 좋아하는 소파에 기대어 누워 있었고, 시녀가 왕의 발을 주물러주고 있었다. 그는 최고급 요리로 식사를 한 후였고, 음악가들과 아름다운 무희들이 진귀한 광경을 눈앞에 펼쳐내고 있음에도 졸음을 느끼고 잠에 빠져들었다.

선잠을 자던 그는 시골길을 헤매는 비참한 거지가 되는 꿈을 꿨다. 며칠째 아무것도 먹지 못한 채 길을 헤매던 그는 잘 익은 망고가 한가득 열린 나무를 발견했다. 유혹을 이기지 못하고 망고를 가방에 담으려던 그때, 막대기를 손에 든 농부가 나타나 거지를 매섭게 매질하기 시작했다. 거지는 등짝을 후려치는 고통에 울부짖었고, 바로 그 비명 소리에 잠에서 깨어났다. 그는 다시 궁전에서 온갖 사치를 누리는 왕이 되었다.

시종들의 위로를 받은 왕은 안정을 되찾고 다시 잠이 들었다. 그러자 또 배고픈 거지가 되어 망고를 훔치고, 농부에게 매타작을 당하고, 고통에 울부짖으며 잠에서 깨어났다. 이번에 왕은 매우 불안해졌고, 한참을 뒤척이다가 겨우 잠이 들었다. 하지만 세 번째로 잠이 들었을 때도 고통스러운 경험은 되풀이됐다.

이제 왕의 불안은 위로로 해결되는 것이 아니었다. 그가 외쳤다. "진짜 나는 누구인가? 거지인가, 왕인가? 이 두 세계 중 어느 것이 진짜인가?"

왕궁의 그 누구도 감히 이 질문에 대답할 엄두를 내지 못했다. 왕은 답답한 마음에 왕국의 모든 철학자들을 불러오라고 명령했다. 그의 질문에 답할 수 있는 자는 큰 상을 받을 것이지만, 그렇지 못한 자는 감옥에 갇히게 될 것이었다. 그렇게 하여 그 나라의 지식인 대부분이 왕궁의 지하 감옥에서 허송세월을 하고 있었는데, 마침내 한 현자가 왕의 질문에 답을 했다. 그는 흉측한 외모로 멸시받던 어린 소년이었다. 그가 왕에게 한 대답은 이랬다. "꿈도, 깨어 있는 경험도 모두 진짜가 아닙니다."

이처럼 시적인 방식으로는 아니어도, 현대 과학 역시 같은 주장을 하고 있다. 연구에 따르면 물질은 사실 대부분이 빈 공간이며, 그 안에는 아주 작은 입자들만이 존재한다. 그리고 그 입자들조차 에너지 현상일 뿐이다. 우주에 '물질(stuff)'이라는 것은 존재하지 않으며 모든 것이 에너지로 이루어져 있다.

양자 물리학이 에너지의 본질을 탐구하면서, 몇 가지 흥미로운 특성이 밝혀지기 시작했다. 예를 들어, '입자'를 관찰할 때 입자의 운동량과 위치를 동시에 측정하는 것은 불가능하다. 왜냐하면 어떤 특성을 관찰하는 행위 자체가 그 특성을 확률적인 상태에서 실제 상태로 도약하게끔 만들어버리기 때문이다. 그 순간 다른 모든 특성들은 여전히 확률에 불과하다. 달리 말하자면, 에너지에는 특정 성향들이 있다. 우리가 그중 한 성향을 관측하려는 순간, 그 성향이 나타나고 다른 모든 성향들은 잠재된 상태로 남아 있다. 이것은 마치 사람을 알아가는 것과도 비슷하다. 누군가의 분노를 자극하는 동시에 그 사람의 애정표현 성향을 관찰할 수는 없다. 어쩌면 에너지는 자신이 관찰되고 있다는 사실을 인지하고, 우리의 기대를 충족시키는 방식으로 행동하는 듯하다. 에너지는 우리에게 반응한다. 그것에는 의식이 있다.

현대 물리학에 따르면 우리 세계는 현실적이고 견고하게 보이지만 사실은 실체가 따로 없으며, 관찰자의 정신 상태에 따라 그 특성이 달라진다고 한다. 이 장의 첫 단락에서도 꿈의 세계를 같은 방식으로 이야기한 바 있다. 그러므로 어린 현자가 왕에게 한 말은 진실이었다. 화려한 궁전과 농부의 막대는 모두 환영이자 같은 '본질(stuff)'로 이루어진 것들이다. 많은 형태의 샤면 치유법에서는 샤먼이 꿈의 무시간성과 투과성을 이용해 병의 원인을 진단한다. 현대 과학과 고대의 지혜는 우리 세계를 꿈으로 묘사한다는 점에서 일치한다. 즉, 우리 세계가 에너지와 의식이 얽혀 만들어낸 현상 망(a tissue of appearances)일 뿐이라는 것이다.

깨어 있는 동안의 꿈은 밤에 꾸는 꿈보다 더 오래 지속되는 것처럼, 적어도 더 반복적인 것처럼 보인다. 하지만 사실 모든 꿈에는 시간의 제약이 없다. 나는 인류학과 학생이던 시절에 호주 원주민들과 상당한 시간을 보낸 민족지학자(ethnographer)의 이야기를 읽은 적이 있다. 그는 어느 사냥꾼의 추적 기술에 대한 이야기를 들었는데, 도무지 믿기지 않는 이야기라 그가 사기꾼일 거라고 생각했다. 결국 그는 사냥꾼을 만나게 되었고, 수년 전 자신이 다른 원주민과 함께했던 긴 여정의 흔적을 따라가볼 수 있겠냐고 물음으로써 그를 시험해보았다. 학자는 이렇게 오랜 시간 동안 흔적이 남아 있을 리 없다고 생각하면서 이것이 불가능한 일임을 확신했다. 하지만 사냥꾼은 기꺼이 그의 도전에 응했고, 흔적을 살피느라 멈추는 일 없이 출발 지점을 보여준 그 순간부터 거의 달리다시피 하여 여정의 전 구간을 정확히 따라갔다. 겸허해진 동시에 미안한 마음이 든 학자는 사냥꾼에게 어떻게 이런 일을 해낼 수 있었는지 물었다. 그러자 그가 대답했다. "쉬워요. 그저 당신이 여정을 떠났던 그 시간으로 돌아가 당신 옆에서 함께 달리면 되거든요."

이 일화는 꿈(깨어 있는 삶이라는 꿈까지 포함하여)이 시간의 흐름 바깥에 존재한다는 것을 보여주는 사례이다.

꿈의 또 다른 흥미로운 특징은 침투성과 중첩성이다. 하나의 꿈은 다른 꿈에 침투할 수 있고, 꿈꾸는 사람은 자신의 꿈과 다른 사람의 꿈 사이를 자유롭게 이동할 수 있다. 나는 최근에 세 딸을 둔 한 여성이 어느 날 두 딸과 똑같은 꿈을 꿨다는 이야기를 들었다. 그녀는 그 꿈이 인도에 있던 셋째 딸에게 닥친, 원인 불명의 심각한 병을 정확하게 예지했다고 내게 이야기해주었다.

내가 학생들과 즐겨 하는 게임 중 하나가 있다. 먼저, 한 학생이 자신이 가장 좋아하는 꿈속 장소를 묘사한다. 그런 뒤 자신이 묘사한 꿈속 장소로 들어가서 다른 학생들을 위한 깜짝 선물을 준비한다. 몇 분 후, 다른 학생들도 꿈의 세계로 들어가 첫 번째 학생을 찾아내고 거기서 깜짝 선물을 받는다. 그런 다음 모두가 일상적 현실로 돌아온다. 첫 번째 학생은 자신이 준비한 깜짝 선물에 대한 설명을 종이에 적고 그것을 아무도 볼 수 없게 접어서 잘 보관한다. 이제 학생들이 각자의 경험을 차례차례 이야기한다. 모든 이야기가 끝나면 첫 번째 학생이 종이를 펼쳐서 내용을 읽는다. 이 게임의 목적은, 우리가 다른 사람의 꿈에 들어갈 수 있다는 사실을 입증하는 것이다. 이 게임을 할 때 매번 모든 깜짝 선물을 맞추는 학생들이 몇 명 있고, 대부분은 몇 개 정도를 맞추며, 모두가 적어도 하나를 맞힌다.

나는 우주가 매우 복잡한 꿈이라고 확신한다. 드리머Dreamer, 즉 하느님은 우주라는 이 꿈을 창조하고 계속 유지하기 위해 수많은 하위 드리머들을 꿈꾼다. 이 하위 드리머들, 즉 신들은 각각 세상의 한 부분을 꿈꾸는 일을 담당한다. 예를 들어 돌의 신은 긴 꿈을 꾸어 돌들을 존재하게 하고, 비의 신은 소나기 꿈을 꾸어 비를 내린다. 그리고 이들의 꿈이 서로 겹치면서 돌이 비에 젖는다.

인간도 이러한 신들과 같다. 우리도 꿈을 꾸는 존재이기 때문이다. 시간이 흐를수록 우리는 자연의 꿈 안에서보다 우리 자신의 꿈 안에서 더 많이 살게 된다. 이를 자각하기란 쉽지 않은 일이다. 물고기가 물을 보지 못하고, 로스앤젤레스 사람이 스모그를 보지 못하는 것과 같다. 그럼에도 불구하고 인간의 꿈과 자연의 꿈 사이에 어떤 차이가 있는지 아는 것은 매우 중요하다. 이를 알지 못한다면 우리는 결코 메디슨을 이해하지 못할 것이다.

현대적 삶의 기반에는 정밀하고 균일한 단위의 시간, 기계적으로 흘러가는 시간이라는 꿈이 자리 잡고 있다. 이 꿈속에서는 알 수 없는 미래에서 찰나의 현재를 거쳐, 돌이킬 수 없는 과거의 문턱으로 1분 1초가 째깍째깍 줄지어 지나간다. 거의 모든 인류는 이 시간 개념에 동의하고 있으며 이를 통해 시, 분, 초라는 꿈이 없었던 과거에는 상상도 할 수 없었던 인간 활동의 규격화, 즉 시간에 따라 일하는 체제가 생겨났다. 공장이라는 개념은 바로 이 시계 시간에서 비롯된 것이다.

반면 호주 원주민들은 전통적으로 시계 시간이 아닌 '드림타임(Dreamtime)'에 따라 살아간다. 드림타임이란 선조들이 노래로 자연의 모든 존재를 창조해낸, 시간을 초월한 영역이다. 드림타임에 따라 사는 사람들에게 이 세상은 신성하고 불가침한 곳이므로 조약돌 하나라도 제자리에서 옮겨져서는 안된다. 드림타임에 따라 사는 사람들은 노트북을 만들어낼 수 없겠지만 생태 위기 또한 만들어내지 않는다.

서양의 시간 꿈은 존재의 그물망을 양립할 수 없는 두 부분, 즉 실재하는 현재와 실재하지 않는 비현재로 나눈다는 점에서 이원론적이다. 이 관점에 따르면 과거와 현재에서 동시에 사건이 일어날 수 없으므로 원주민 사냥꾼의 이야기는 불가능하고 터무니없는 것이다. 하지만 감사하게도, 사냥꾼과 인류학자는 진정 말도 안 되는 것이 무엇인지를 부드럽게 일깨워준다.

이원론은 모든 현대적 세계관과 시계 시간 아래 깔린 원초적 꿈이다. 이원론은 우주에 자아와 타자라는 두 가지 독립된 원칙이 존재한다는 착각이다. 이원론은 고립, 갈등, 끊임없는 대립을 의미한다. 따라서 이런 관점을 바탕으로 한 행동은 단순하고 공격적이며, 파괴적일 수밖에 없다.

예를 들어, 한 농부가 자신의 가축이 '자기'의 일부이고 포식 동물은 '타자'라는 꿈을 꾼다. 그러면 즉시 갈등이 발생하고, 이 갈등은 포식 동물을 없애야 한다는 단순하고 공격적인 해결책으로 이어진다. 인류가 지난 수천 년 동안 택해온 방식이 바로 이것이다. 그러나 이원론은 복잡성을 인식하지 못하기 때문에, 우리는 포식 동물을 없애는 과정에서 생태계를 교란시켜 비옥한 땅을 사막으로 바꿔버리는 결과를 초래했다는 사실조차 눈치채지 못한다.* 이원론적 꿈은 끝없는 갈등, 공격성, 파괴의 행렬을 낳는다. 왜냐하면 각 '해결책'이 없애버려야 할 새로운 문제를 만들어내기 때문이다. 이원론의 꿈속에 산다는 건 전쟁터에서 사는 것과 다름없으며, 도시 한복판을 걷기만 해도 이를 쉽게 알 수 있다.

신이 꾸는 자연의 꿈에는 이원성, 자아와 타자의 분리, 갈등, 공격, 파괴가 없다. 자연의 꿈에서는 포식 동물이 가축을 죽여 잡아먹는 상황이 '우리 대 그들'의 문제가 아니다. 자연에서는 모두가 '우리'다. 느리고, 병들고, 다친 개체가 포식 동

---

* 이를 깊이 탐구해보고 싶다면 앨런 세이버리Allan Savory의 훌륭하고 매혹적인 책 《전체론적 자원 관리》(Holistic Resource Management)를 참고하라. 저자 주.

물에게 잡아먹히는 것은 모두를 위한 일이다. 가축 무리는 건강하게 유지되고, 포식 동물은 사냥감으로 가족을 부양할 수 있으니 말이다. 자연의 꿈은 서로가 서로를 지지하는, 복잡한 상호성의 그물망이다.

이것이 인간의 꿈과 자연의 꿈의 가장 중요한 차이다. 자연은 합일과 행복의 꿈을 꾸는 반면, 인간은 고립과 폭력의 꿈을 꾼다. 그러나 인간의 영혼이 건강을 유지하기 위해서는 합일과 행복이 필요하다. 이원론적 꿈은 영혼을 굶주리게 하여 몸과 마음에 온갖 질병을 일으킨다. 따라서 메디슨의 역할은 사람들을 웰빙의 근원인 자연의 꿈으로 인도하여 그들의 영혼에 영양을 공급하는 것이다.

자연은 신들(gods)이 꾸는 꿈이고, 신들은 하느님(God)이 꾸는 꿈이다. 자연과의 교감은 신성과의 교감이므로, 치유는 치유자가 제사장이 되어 행하는 진정한 종교의식이라고 할 수 있다.

한 환자가 호흡기 감염 때문에 나를 찾아왔다고 해보자. 나는 그녀의 폐에 있는 미생물을 죽이려 들지 않는다. 사실, 나는 환자의 증상을 완전히 무시해버린다. 맞서 싸워야 할 '그들'이 없음을 알기 때문이다. 미생물을 포함한 '우리' 모두는 이 여성을 위해 무언가를 해결하려는 중이다.

우리 모두가 해결하려는 그것은 무엇일까? 나는 여성과 이야기를 나누면서 그녀가 동생의 죽음에 대한 슬픔을 억눌러 왔다는 것을 알게 되었다. 울음을 통해 배출되어야 할 것이 폐에 쌓여 감염에 취약한 상태가 된 것이다. 여성은 왜 슬픔을 억눌렀을까? 그녀는 자신이 나약하고 무가치하다는 착각에 시달리고 있었다. 또, 눈물을 흘리면 그 슬픔에 자신이 완전히 무너져내릴까 봐 우는 것을 무의식 중에 두려워하고 있었다.

돌은 돌의 신이, 비는 비의 신이 꿈꿔내듯, 식물 하나하나도 그 식물 종의 신 또는 정령이 꿈꿔낸 존재들이다. 나는 많은 식물의 꿈속을 들어가보았고, 이제는 내적 힘에 대한 꿈을 꾸는 한 식물을 선택한다. 나는 이 식물의 정령에게 내 환자를 당신의 꿈에 포함시켜달라고 부탁한다. 그러자 여성은 즉시 평화를 느끼는 동시에 형언할 수 없는 슬픔을 느낀다. 그녀는 이유도 모른 채 갑자기 울음을 터뜨린다.

치유 세션이 끝나고 집에 도착했을 때, 그녀는 걷잡을 수 없을 정도로 눈물을 쏟아냈다. 이 슬픔은 이틀 동안 계속되었고, 중간중간 격한 기침을 통해 끈적한 묵은 가래가 나왔다. 그리고 눈물이 좀 잦아들 즈음에 호흡기 감염은 완치되었다. 하지만 이보다 더 중요한 변화는, 그녀가 이제 자기 자신과 삶을 전혀 다른 시각으로 경험하기 시작했다는 점이다.

몇 년 전, 내 왼쪽 어깨 관절이 갑자기 딱딱하게 굳어버리더니 통증이 생겼다. 통증에 대한 뚜렷한 원인은 딱히 없었고, 여러 치유자들을 만나봐도 어깨는 도무지 낫질 않았다. 그러던 어느 날 저녁, 식물 정령 친구에게 이 증상에 대한 도움을 요청해야겠다는 생각이 들었다. 그런데 정령에게서 돌아온 대답은 이랬다. "산타바바라를 떠나야 합니다." 나는 산타바바라를 사랑했고 오랫동안 그곳에 터를 잡고 살았기 때문에 떠나고 싶지 않았다. 최소한 왜 그래야 하는지 설명이라도 듣고 싶어서 식물 정령과 실랑이를 벌였지만 그것도 아무 소용 없었다. 그래서 결국에는 한 수 접고 이사를 가겠다고 약속했고, 그 즉시 어깨 통증이 반으로 줄었다. 나는 이 일로 가족을 데리고 완전히 낯선 곳에서 새로운 삶을 시작해야겠다는 확신을 가지게 되었다.

이사를 완전히 마칠 때까지는 약 1년이 걸렸다. 그리고 우리 가족이 북부 캘리포니아로 이사한 직후, 아버지께서 시한부 판정을 받으셨다. 새집에서 아버지의 집까지 비교적 가까웠기 때문에 나는 아버지를 돌보고, 소원해진 관계를 회복하고, 아버지가 임종하실 때 곁을 지킬 수 있었다. 이뿐만이 아니었다. 우리가 산타바바라를 떠난 후 발생한 큰 산불이 시속 130킬로미터의 강풍을 타고 번지면서 우리가 원래 살던 집을 포함한 집 700채가 불에 타버렸다. 이 화재로 인해 한 사람이 목숨을 잃었는데, 그녀의 유해가 우리 집 옆 개울 바닥에서 발견되었다. 북쪽으로 이사하고 나서는 어깨가 완전히 나았지만 이건 그냥 미끼 같은 것이었다.

오십견이든 폐 감염이든 상관없이 모든 병은 언제나 다음과 같은 사실을 알려주고 있다. 그것은 바로, '무언가 유익한 일이 일어나려 하고 있다'는 사실이다. 여기에는 갈등도, 적도, 질병도 없다. 오직 누군가를 분열과 고통의 꿈에서 일체성의 꿈으로 이끌어줄 기회만 존재할 뿐이다.

일체성의 꿈에 들어가는 데 도움이 되는 메디슨은 많이 있다. 하나됨으로 들어가는 작업에는 식물이 딱 어울리긴 하지만 그렇다고 반드시 식물이어야 하는 것은 아니다. 메디슨에는 두 가지 필수조건이 있다. 첫째는 이원적이지 않은 메디슨이어야 한다는 것이고, 두 번째는 꿈의 힘을 지닌 메디슨이어야 한다는 것이다. 식물 정령 치유를 연습하는 이가 이러한 힘을 우연히 얻는 경우는 없다. 이 힘을 얻기 위해서는 고결하고 명확한 의도가 필요하며, 그 의도는 지식과 기술에 의해 뒷받침되어야 한다.

꿈의 세계에는 시공간의 제약이 없으며 특히 식물은 치유의 근원, 즉 자연의 신성한 꿈에 접근할 수 있다. 이러한 앎을 위해 우리는 책의 1부에서 식물, 정령, 메디슨, 꿈이라는 네 가지 요소를 중심으로 식물 정령의 메디슨 드림을 살펴보았다. 그리고 이 과정에서 샤머니즘, 순례, 아메리카 원주민과 호주 원주민의 철학 그리고 인간, 시간, 현실의 본질에 관해 탐구했다. 우리는 이러한 치유 방식의 목적이 무엇인지 알게 되었고, 그 목적을 달성하는 데 도움이 되는 방법이 있다는 것을 알게 되었다.

이 모든 과정을 거친 지금, 우리는 마침내 "다 내가 지어낸 거 아닐까?"라는 질문에 자신 있게 대답할 수 있다. "아니기도 하고 맞기도 하다." 나는 식물 정령들이 내게 주는 것들이나 그들이 내 환자들을 위해 해주는 것들을 지어내고 있지 않으므로 아니라고 대답한다. 그리고 나는 그 외의 내 삶 대부분을 지어내며 살아가고 있기에 맞다고도 대답한다.

5장

|

관점

모닥불 주위에 둘러앉아 여러 사람들과 대화를 나누고 있던 어느 밤, 처음 보는 한 남자가 이런 이야기를 들려주었다. 어느 날 그는 뒷마당에 있는 안락의자에 앉아 고대 경전을 읽고 있었다. 그런데 갑자기 급히 처리해야 할 일이 떠올라서 손상되기 쉬운 그 책을 의자에 올려놓고 시내로 차를 몰고 갔다.

그런데 그가 시내에 나가 있는 동안 갑자기 먹구름이 몰려왔다. 곧 비가 쏟아질 것이 분명했기에 그는 고대 경전이 비에 젖을까 걱정되었다. 그 순간 그는 내가 책에 적은, 비를 살아 있는 존재로 인식하게 된 나의 경험담을 떠올렸다. 그러다 마침내 폭풍우가 몰아쳤을 때, 그는 비에게 기도를 드렸다. 그 경전이 얼마나 소중한 것인지를 설명하면서 책이 손상되지 않게 해달라고 비에게 간구한 것이다. 집에 도착한 그는 뒷마당에 있는 '모든 것'이 폭우로 흠뻑 젖었는데도 오직 안락의자와 고대 경전만 젖지 않은 상태라는 것을 발견했다.

남성은 원래 서양의 이원론적 세계관에 깊이 물들어 있던 사람이었다. 하지만 그는 내 책 속 이야기에 공명되는 것을 느꼈고, 그것을 열린 마음으로 받아들였다. 남성은 당시에 이런 생각이 들었다고 했다. "엘리엇 말이 왠지 맞는 것 같아. 어쩌면 이 세상은 '나와 동떨어진 기계적인 것'이 아닐지도 몰라. 그렇다면 내 요청에 응답해줄 수도 있지 않을까? 바보 같은 짓일지도 모르지만 일단 한번 비에게 말을 걸어봐야겠어. 내가 걱정하고 있는 게 무엇인지 설명하면서 기도를 드린 다음 어떻게 되는지 지켜볼래." 그 결과, 일원적 관점이 옳았다는 것이 입증되었다.

만약 남성이 이원론적 관점으로 이 상황을 대했다면 그 역시 옳은 것으로 입증되었을 것이다. 왜냐하면 이원론은 자아(남성과 그의 책)와 타자(비) 사이의 영원한 갈등을 전제로 하고 있기 때문이다. 여기서 타자는 언제나 정복하거나 없애버려야 할 문제로 간주된다. 하지만 이원론은 갑자기 내리는 비를 정복하거나 없애버리는 방법을 아직 발견하지 못했기 때문에 이원론적 관점이 해줄 수 있는 말은 이것뿐이다. "봐, 내가 뭐랬어. 세상은 너의 적이라니까."

관점의 힘을 보여주는 또 다른 사례가 있다. 내가 식물의 정령과 처음 대화했을 때, 식물에게 치유와 지혜를 구하며 그들과 대화하는 서양인들이 나 말고도 열댓 명쯤 더 있었다. 내가 식물과 나눈 대화 주제는 고대 치유법의 재발견과 이를 서양에 재도입할 수 있는 방법의 개발이었다. 반면, 다른 이들은 내가 알기로 식물의 정령과 그저 재밌는 대화만을 나눴다. 나는 전통적이고 비이원적인 치유관을 바탕으로 대화를 나누었기 때문에 이것이 다른 사람들에게는 없는 나만의 장점이 되었다. 나는 10년 동안 이를 실제로 살아내고 또 성공적으로 작업해왔기 때문에, 이것은 단순히 이론적인 관점이 아니었다. 그렇기에 식물 세계는 자연스레 나의 관점을 받아들이고 그것을 확장시켜주면서 나의 언어로 응답해주었다.

고대 경전 이야기를 해준 남성 내면의 어떤 것이 내 책 속의 비이원적 관점을 읽고 공명했을까? 내 안의 어떤 것이 화, 토, 금, 수, 목에 관한 중국의 오행관에 공명했을까? 만일 우리 안에 그런 공명을 일으킬 무언가가 전혀 없었더라면 그는 비에게 기도하지 않았을 것이고, 나 또한 내가 지금까지 해온 작업들을 하지 않았을 것이다. 경전은 젖어서 망가졌을 것이고, 그는 계속해서 세상을 적으로 여겼을 것이다. 내가 식물 정령과 나눈 대화 역시 제대로 된 결실을 맺지 못했을 것이고, 나 또한 세상과 갈등을 겪었을 것이다. 나는 우리 마음에 공명을 일으킨 것이 자연적이고 선천적인 비이원적 관점이라고 말하고 싶다.

전통적인 지혜와 현대 과학 모두 우리가 세상을 어떻게 보느냐에 따라 세상이 달리 보인다고 말한다. 따라서 '관점'이란 무엇인지 진지하게 고찰해볼 필요가 있다. 먼저, 무엇이 관점이 '아닌지'에 대해 말해보자. 관점이란 찬반을 논할 수 있는 의견의 집합이 아니다. 신념 체계도 아니다. 책을 읽거나 공부한다고 해서 얻을 수 있는 것도 아니다. 관점은 생각으로 알 수 있는 것이 아닌, 뼛속 깊이 자리하고 있는 어떤 것이다. 우리는 그것 안에서 살아간다. 물고기에게 물이 그러하듯 대개의 경우 관점은 투명해서 잘 인식되지 않는다.

세상은 우리 관점에 따라 달리 나타난다. 하지만 생각을 바꿈으로써 우리가 원하는 것을 세상이 내놓게 할 수는 없다. 그렇게 하려는 시도 자체가 세상을 통제하거나 착취해야 할 타자로 간주하는 이원론적 관점의 산물이다. 관점은 생각이 아니며, 오히려 생각이라는 씨앗이 자라나는 모판과도 같은 것이다.

오늘날의 교육은 정보를 전달하는 것처럼 보이지만, 실제로는 아이들에게 이원론적 관점을 주입하는 데 목적을 둔다. 법으로 강제된 교육 환경에서 아이들은 경쟁에서 이기고 개인적 성취를 이룰 때 보상을 받는다. 협력과 공감을 표현하는 것은 바람직하지 않은 행동이며, 심지어는 이로 인해 처벌을 받기도 한다. 어린아이들은 이런 경험을 반복적으로 겪게 된다. 그러다 시간이 지나면 ‘세상에 맞서는 나’가 뼛속 깊이 스며든 ‘진실’이 되어버린다. “원하는 것을 얻는 것이 인생이고, 적에게 어떤 대가가 따르든 내 알 바 아니다.” 오늘날 대부분의 사람들이 세상을 이런 식으로 바라보기 때문에 실제로 세상도 그렇게 작동한다. 이 ‘진실’이 단지 자기 관점의 산물일 뿐이라는 사실을 깨닫는 이는 거의 없다. 사실, 대부분의 사람들은 자기에게 관점이 있다는 것조차 모른다.

서양의 관점은 어떤 면에서는 유용하다. 예를 들어 내가 자동차를 운전할 때는 시간과 공간에 대한 현대 서양식 관점이 요긴하게 쓰인다. 하지만 내가 치유 작업을 할 때는 위촐족과 중국의 전통적 치유관이 현대의 그것으로는 엄두도 낼 수 없는 수준의 결과를 만들어낸다. 식물 정령 치유자들과 위촐족 샤먼들은 서양 기준으로는 도저히 불가능한 일을 일상적으로 행한다. 이들은 그런 기준들에 전혀 개의치 않는다. 결과가 모든 것을 말해주기 때문이다. 이 모든 기적 같은 결과들은 세상이 우리의 관점에 따라 달리 움직인다는 것을 보여준다.

내가 아는 어떤 의사는 딸을 낳았는데, 딸에게 선천적으로 심각한 건강 문제 몇 가지가 있었다. 그래서 나는 나의 스승이자 위촐 샤먼인 돈 과달루페와 약속을 잡아주겠다고 제안하면서 그의 치유 방식이 전적으로 비침습적인 것임을 설명했다. 그는 그저 깃털 몇 개로 아이를 가볍게 쓸어내릴 것이었다. 그러자 의사의 어머니가 치료비를 지불하겠다고 말했고, 의사 역시 처음에는 꺼려했지만 결국에는 아이를 그에게 데려가겠다고 동의했다. 하지만 예약일 전날, 그는 나에게 전화를 걸어 "아내와 자신은 이런 쪽을 믿지 않기 때문에" 예약을 취소하겠다고 말했다. 아이는 얼마 후 세상을 떠났다.

물론 아이가 치유를 받았다면 어떻게 됐을지 알아낼 수 있는 방법은 없다. 내가 말하고 싶은 것은, 자신과 다른 관점을 거부한다면 그 관점이 줄 수 있는 이점까지도 얻을 수 없게 된다는 것이다. 세상에는 서양식 관점뿐 아니라 다양한 관점들이 존재한다. 각각의 관점은 유효하며, 고유한 기능을 지니고 있다. 자신의 관점만이 유일한 진실이라고 고집하는 행위는 그의 깊은 불안감을 드러내는 행위이기도 하다. 극단적인 경우, 이러한 불안감은 '진실'을 주장하는 자들이 다른 관점을 주장하는 사람들을 말살하게 만들기도 한다. 많은 원주민들이 이런 식으로 죽음을 맞이했고, 이들을 말살하려는 시도는 오늘날까지도 계속되고 있다.

다시 원래의 질문으로 돌아가보자. 관점이란 무엇일까?

우리가 세상을 살아가려면 팔, 다리, 입 등의 여러 기관들이 필요하다. 이 기관들은 우리가 직접 만들어내거나 학교에서 얻어낸 것이 아니라, 우리 선조들로부터 물려받은 것이다. 영적인 차원에서도 마찬가지다. 우리가 세상을 바라보고, 세상과 관계 맺고, 세상 속에서 행동하려면 관점이 필요하다. 신체와 마찬가지로, 관점 역시 선조들에게서 물려받는다. 관점은 기질이나 머리 색깔이 그러한 것처럼 우리 자신의 한 부분이며, 우리 영혼의 일부이기도 하다.

서로 다른 땅에서 수많은 민족이 비롯되었듯, 세상에는 다양한 조상적 관점들이 있으며 이 관점들 각각에는 고유한 가능성과 한계점이 존재한다. 그러나 이 모든 관점들에는 한 가지 공통점이 있으니, 바로 비이원성이다. 예컨대 고대 경전을 가지고 있었던 남자의 경우, 그가 조상으로부터 물려받은 영혼의 관점은 비의 신에 관한 나의 이야기와 공명되었다. 나의 영혼의 관점은 중국의 오행론과 공명되었으며, 이후에는 위출족의 관점과도 공명되었다.

그렇다면 현대의 이원론적 관점은 어떤가? 그것은 지속 불가능한 사회를 만들어냈다. 조상들의 삶이 지속 가능하지 않았다면 우리가 이 자리에 존재할 수 없기에, 이원론적 관점은 조상의 관점일 수 없다. 물론 인간에게는 언제나 어느 정도 이원적 경향이 있었겠지만, 그것은 극복해야 할 문제였지 삶의 기반이 되는 관점은 아니었다. 이원론은 삶을 지속시킬 수 없기에 그것에 과도하게 투자한 사회는 결국 붕괴할 수밖에 없다.

현대의 관점은 우리를 타고난 연결감에서 멀어지게 하므로 자연스러운 관점이 아니라 조건화된 관점이라고 할 수 있다. 어쩌면 이는 좋은 소식이다. 사람의 본성은 언제까지나 본성 그대로 남아 있을 것이며, 조건화된 것은 다시 탈조건화될 수 있으니 말이다.

식물 정령 치유를 공부하는 이들은 정보 습득이 중요하긴 하지만 부차적인 일임을 알게 된다. 이 길에서 가장 중요한 일은, 세상의 작동 방식에 대한 기존의 가정들을 해체하는 동시에 영혼이 지닌 조상적 관점을 일깨우고, 그것에 영양을 공급하고 강화해가는 것이다.

마음 깊은 곳에서, 이 사회가 주장하는 분리된 관점을 원하는 사람은 아무도 없다. 영혼은 자신의 팔다리와 목소리로 자신을 표현하기를 원한다. 영혼은 자기 눈으로 직접 보고 자기 귀로 직접 듣고 싶어한다. 영혼은 자신이 속한, 신비로 연결된 세상을 불러오고 싶어한다. 우리가 자기 자신을 진정으로 알게 되고, 인간 및 비인간 존재 모두와 좋은 관계를 맺을 수 있는 길은 이 길뿐이다. 분리감은 많은 질병과 고통을 낳고, 식물 정령들이 줄 수 있는 그 감각, 즉 집에 있는 느낌을 향한 깊은 갈망을 만들어낸다.

프레드는 인정 많고 착한 농부로, 현대적 관점을 적극적으로 받아들인 사람이었다. 따라서 그가 나를 찾아온 것이 조금 놀랍긴 했지만, 나는 질병이 뜻밖의 방식으로 우리 사고의 지평을 열어주기도 한다는 사실을 떠올렸다. 어쨌든 그에게는 확실히 기존 의학으로는 고칠 수 없는 병이 있었다. 호흡이 곤란했던 그는 아주 사소한 일 하나를 하더라도 엄청난 노력을 쏟아야만 했다. 나는 프레드를 총 세 번 치유했는데, 그는 치유가 끝날 때마다 할 수 있는 일이 더 많아졌다는 후기를 전하며 기뻐했다. 나는 프레드에게 이러한 차도를 유지하면서 몸이 더 좋아지기 위해서는 약간의 숙제를 해야 한다고 설명했다. "제가 말하는 숙제라는 게 좀 이상하게 보일 수도 있지만, 일단 한번 해보시고 효과가 있는지 없는지 직접 판단해보세요. 효과가 없다면 약간의 시간만 잃는 셈이지만, 효과가 있다면 아주 많은 것들을 얻게 될 테니까요."

이제 나는 프레드에게 다소 생소한 관점을 제안해야 했지만, 지금까지의 치료 결과가 좋았던 만큼 그가 이를 받아들일 수도 있겠다는 생각이 들었다. "이런 얘기 어떻게 생각하실지 모르겠지만, 어떤 사람들은 땅 자체와 그 땅에 사는 생물들에게도 감정이 있다고 말해요. 그리고 그들도 자기 집에서 벌어지는 일들에 대해 의견을 표현하고 싶어한대요. 이에 대해 어떻게 생각하세요?"

"글쎄요." 프레드가 대답했다. "그럴 수도 있겠네요."

“저는 이런 말이 꽤 그럴듯하다고 생각해요.” 내가 말했다.
“왜 지금까지 병원 치료로는 아무런 차도가 없었을까 생각해
봤는데, 제 생각에는 그게 이것과 관련이 있는 것 같아요.”

“무슨 뜻이죠?”

“음, 아무래도 당신의 건강 문제가 연못과 관련이 있는 것
같아요.” 내가 대답했다.

“연못이요?”

“네. 당신이 댐을 세워 연못을 만들려고 농장의 개울을 불
도저로 밀어버렸을 때, 이 문제에 대해 어떻게 생각하는지 개
울에게 물어보지 않아서 그의 기분이 상한 것 같아요. 아마
개울은 간단한 사과와 함께 평화의 뜻으로 바치는 약간의 공
물을 원할 것 같아요. 부부싸움을 하고 나서 아내에게 꽃을
사주는 것과 같은 거죠. 어때요, 해볼 의향이 있으신가요?”

“구체적으로 뭘 어떻게 해야 하는 거죠?” 프레드가 물었다.

나는 계절마다 개울을 찾아가 적절한 공물을 바치는 법을
간단히 설명해주었다.

“지금 상태로는 거기까지 걸어갈 수 없어요.” 프레드가 반
대했다.

“아드님이 트랙터로 데려다줄 수도 있잖아요.” 내가 대답했
다. “아까도 말씀드렸듯이, 그냥 한번 해보세요. 잃을 건 없지
만 얻을 건 많으니까요.”

“그게 제 호흡에 도움이 될까요?”

“그렇게 생각하지 않았다면 이런 말을 하지도 않았을 거예요.”

“좋아요, 한번 해볼게요!”

하지만 프레드는 그러지 않았다. 그는 아홉 달이 지나도록 개울을 찾지 않았고, 증상은 다시 악화되었으며, 자신이 어떤 도움을 받았다는 사실조차 잊었거나 부정하고 있었다. 조상적 관점이 실제로 효과가 있는지 없는지를 그저 한번 실험해 보는 것만 해도 그에게는 너무 큰 도약이었을지 모르겠다.

나의 다른 환자 도널드는 훨씬 젊은 사람이었고 호흡도 괜찮았지만 다리, 엉덩이, 허리 아래쪽의 알 수 없는 통증과 경직으로 인해 거의 불구가 된 사람이었다. 발병 전까지만 해도 그는 튼튼하고 운동도 잘하는 사람이었다. 그 역시 프레드와 마찬가지로 일반적인 병원 치료로는 효과를 보지 못했다. 또, 물과 관련된 문제로 곤경에 처해 있다는 점 역시 프레드와의 공통점이었다.

도널드는 온천 리조트에 약간의 투자를 한 적이 있었다. 처음에는 별거 아닌 줄 알았지만 어느 순간 그의 건강 문제가 그 직후부터 시작되었다는 것이 중요해 보였다. 조상의 관점으로 이 상황을 바라보니 실제로 투자가 건강 문제와 관계가 있다는 것을 알 수 있었다. 그 온천은 성스러운 장소였고, 상업적 리조트로 개발된 것에 대해 불쾌해하고 있었다. 그 샘에는 축복이 스며들어 있었고, 그 축복이 무시되거나 모욕당하길 원치 않았다. 프레드의 병을 포함한 다른 모든 병이 그렇듯, 이 젊은 남성의 통증 역시 자각을 촉구하는 부름이었다. 자연과 관계 맺고 화해하라는 초대를 받은 것이다.

내가 알고 있는 또 다른 성스러운 샘이 이 둘을 위한 중재자 역할을 맡겠다고 나섰고, 도널드는 중재자 역할을 맡은 이

샘으로 전통적 순례를 떠나 그곳에 기도와 신성한 공물을 바치고 와야 했다. 이 모든 것들이 순조롭게 진행된다면 온천은 이를 모든 샘에게 바치는 공물로서 받아들일 것이고, 도널드는 모든 샘들과 좋은 관계를 회복하게 될 터였다. 하지만 순례에는 철저한 준비와 길고 위험한 여정, 그리고 상당한 비용이 필요했다.

도널드는 형편이 넉넉지 않은 사람이었기 때문에 나는 비용 문제가 걸림돌이 될 수 있다고 생각했다. 그럼에도 나는 그에게 제안을 했고, 그는 몇 주간 숙고한 끝에 이를 받아들였다. 준비가 모두 끝났고, 비용이 치러졌으며, 공물이 바쳐졌다. 순례 여정이 끝난 후 며칠 만에 그의 통증은 사라졌다.

프레드와 마찬가지로 도널드도 "샘들은 살아 있고, 의식을 지니고 있으며, 우리와 관계를 맺고 있다"는 도전적인 명제를 마주한 사람이었다. 비록 이것이 자신의 '상식'에 반하는 것이긴 했지만, 도널드는 조상의 관점에 따라 행동할 용기를 냈고, 세상은 그에 응답했다.

6장

|

선조들

식물 정령 치유에 처음 발을 들였을 시기, 나는 아직 이 길을 안내해줄 원로들을 찾지 못한 상태였다. 그래서 궁금한 점이 참 많았다. "혹시 이에 대해 알고 있는 사람을 못 찾는 이유가, 내가 완전히 새로운 뭔가를 발견했기 때문인 걸까?"(그럴 가능성은 적어 보였다.) "내가 망상에 빠진 건가?"(아니다. 내 환자들은 정말로 차도를 보였다.) "그렇다면 이런 치유는 도대체 어디서 비롯된 걸까? 누가 이 일을 도와주고 있는 걸까?" 차츰차츰, 나는 눈에 보이지 않는 중요한 후원자들이 존재한다는 것을 깨닫기 시작했다. 그들의 정체는 바로, 우리 선조들이었다.

5장에서 살펴본 것처럼 모든 사람의 영혼에는 조상의 세계관이 새겨져 있다. 유전자가 그러하듯, 조상의 관점 역시 우리에게 전해져 내려온다. 선조들에게서 물려받은 영혼의 관점은 사람마다 다르지만 모든 것을 살아 있고 의식이 있는, 서로 연결된 것으로 바라본다는 점에서는 일맥상통한다. 전통적인 원주민은 식물을 바라볼 때 그것을 단순히 하나의 물체로 보지 않는다. 그는 식물의 형태, 생명 주기, 주변 모든 것과의 상호작용을 통해 자신을 표현하고 있는 한 영혼을 본다. 치유를 위해 식물을 사용할 때, 그는 자신이 영적인 존재를 부르고 있음을 알고 있다. 선조들의 눈에는 모든 식물성 약이 곧 식물 정령의 메디슨이다.

몇 년 전에 나는 카샤야 포모족* 치유자이자 의례 지도자인 로린 스미스Lorin Smith에 관한 기사를 읽은 적이 있다. 캘리포니아의 평범한 청년으로 살던 시절, 그는 선조들의 방식보다는 파티에 더 큰 흥미를 느끼는 사람이었다. 그러나 어느 날, 그는 놀랍게도 오래전에 죽은 친척이자 존경받는 메디슨맨**이었던 톰 스미스Tom Smith를 꿈속에서 만나 가르침을 받기 시작했다. 로린은 한 번도 만난 적 없는 이 조상의 안내에 따라 스스로 샤먼이 되어 선조들의 전통을 자기 부족 안으로 다시 들여올 수 있었다. 이 이야기는 육신이 죽었다고 해서 선조들이 영영 사라지는 것은 아님을 시사하는 듯했다. 분명 그들은 살아 있는 사람들에게 안내와 도움을 주며 그들 곁에 남아 있었다.

---

* Kashaya Pomo. 미국 캘리포니아 북부 지역에 거주해온 포모 원주민 부족 중 하나.
** medicine man. 자연의 신성한 힘(Medicine)과 교감하는 사람. 이들은 질병 치료뿐 아니라 공동체의 영적 균형을 유지하는 중재자이자 예언자적 인물로 여겨졌다. 의례, 노래, 기도, 약초 등을 통해 치유하는 역할을 했다.

결국 나는 로린이 주재하는 의례에 참여하게 되었다. 나는 그의 원형 오두막(roundhouse)에 약속 시간보다 일찍 도착했고, 그는 전통 노래를 천 곡 이상 알고 있는 친절한 중년 남성을 소개해주었다. 우리는 대화를 나누기 시작했다. 노래 전수자는 인근 고등학교에서 경비원으로 일한다고 했다. 나는 무슨 일을 한다고 해야 하나?

이때까지만 해도 내가 하는 이런 일에 대해 아는 사람을 만나본 적이 한 번도 없었기 때문에 이렇게 대단한 전통 전수자가 나를 몽상가나 허황된 사람이라고 생각하면 어쩌나 싶은 걱정이 들었다. 그러나 동시에, 나는 아무것도 숨기고 싶지 않았다.

"저는 식물 정령 치유를 하고 있고 다른 사람들에게도 이를 가르치고 있습니다." 내가 말했다.

"그렇군요. 좋은 일이죠." 그는 전혀 이상할 게 없다는 듯 대답했다.

"혹시 알고 계신 식물 노래가 있나요?" 내가 물었다.

"예, 많이 알지요. 뭐가 있더라… 아, 월계수 나무에 대한 노래가 많이 있네요. 월계수는 우리에게 신성한 것이라서 의례와 치유에 쓰지요. 멘지스딸기나무(Madrone)도요. 하지만 지금은 그 노래들을 부를 수 없어요. 이미 알고 계시겠지만, 특정한 때에만 부르는 노래들이니까요."

적절한 때와 장소가 아니면 신성한 노래를 부를 수 없다는 이 남자의 모습을 보고 있자니 포모족이 그들 땅에 사는 식물 정령들과 맺은 아름다운 관계가 느껴졌다. 그 관계가 수많은 조상 세대들에 의해 구축되고 가꿔졌음을 어렴풋이 알 수 있었다. 나는 그 조상들의 존재를 느낄 수 있었다. 그들은 여전히 후손들을 지켜보고 있었고, 먼 옛날의 그들에게 풍요로운 삶을 안겨주었던 그 길을 보존할 수 있도록 돕고 있었다.

원형 오두막 안에서, 나는 식물 정령 치유를 후원해주는 이들이 누구인지를 깨닫기 시작했다. 그것은 식물 정령이 주는 치유의 선물에 경의를 표하는, 모든 민족의 선조들이었다. 내가 정중하게 정령들에게 다가갔을 때, 선조들은 나를 돕고 싶어했다. 이에 더해, 내가 다른 사람들과 기꺼이 이 메디슨을 나누려 하자 그들은 내게 더 큰 관심을 보였다. 사실 선조들은 식물 정령 치유를 실천하는 모든 이들을 도와준다. 그들은 이 작업을 중요한 유익으로 여기며, 지원할 만한 가치가 있는 일이라고 생각하는 듯하다.

인간과 식물은 오랜 시간 함께 살아왔다. 여기서 내가 말하는 '오랜 시간'이란, 우리가 식물을 무시하고 멸시해온 최근 몇백 년 혹은 몇천 년보다 훨씬 더 오랜 시간을 말한다. 우리 선조들이 식물과 맺어온 관계는 여전히 가능성의 장(a field of potential)으로서 이 땅 위에 존재한다. 알고 하든 모르고 하든, 식물 정령 치유자는 환자를 그 장 안으로 데려간다. 치유자는 식물과 개인적인 관계를 맺지만 그 자체만으로는 완전한 효과를 얻을 수 없다. 개인적인 관계는 선조들의 장(ancestral field) 안으로 들어가는 문을 열어주는 역할만 할 뿐이며, 선조들의 장은 그 어떤 개인적 관계보다도 훨씬 큰 능력을 지니고 있다. 나는 등골나물(Joe Pye weed)과 함께 작업하면서 이 사실을 깨달았다.

등골나물은 미국 동부와 중부의 습지 혹은 늪지에서 볼 수 있는 대표적인 식물이다. 어떤 사람들은 조 파이Joe Pye라는 이 이름이 등골나물 하나를 가지고 다양한 질병을 치료하는 것으로 유명했던 어느 아메리카 원주민 치유자의 이름이었다고 말하기도 한다. 등골나물의 전설과 아름다움에 매료된 나는 그 식물에게 다가가 나를 소개하고 담뱃잎을 바치며 그것이 지닌 메디슨이 무엇인지 물어보았다. 등골나물은 나에게 자신이 '불 원소'와 관련이 있다고 말해준 것 같았는데, 그 꿈이 워낙 모호하고 만족스럽지 못해서 나는 몇 년 동안 이 식물을 부르지 않았다. 비가 일종의 신임을 깨닫게 되었던 그 사건처럼, 시간이 흐르면서 다른 자연적 힘들 역시 스스로를 신의 모습으로서 드러냈다. 불은 나의 주된 스승이 되었는데, 나의 혼란을 일소시켜주고 등골나물의 꿈을 선조들의 장과 연결해준 것 역시 불의 신이었다.

불의 신의 성스러운 이름은 많은 민족들 사이에서 매우 귀한 것으로 여겨졌다. 이들은 마치 일생 동안 그 이름을 발음할 수 있는 횟수가 정해져 있다는 듯, 특정한 의례 중에만 그 이름을 입 밖으로 꺼냈다. 그래서 누군가가 이 신에 대해 말하고 싶을 때는 불의 메디슨을 지닌 샤먼의 이름으로 신의 이름을 대신 표현했다. 조 파이가 바로 그런 샤먼이었다. 다시 말해, '조 파이'라는 이름은 '불'을 정중하고 조심스럽게 언급하는 방식이었다.

불은 우리를 관계로 이끌고, 관계에서는 메시지 교환이 이루어진다. 우리는 고개 끄덕이기, 찡그리기, 손 흔들기 등의 몸짓 메신저와 "9시에 문을 열어요", "바나나 좀 전해주세요", "사랑해요" 등의 말 메신저를 통해 서로에게 메시지를 보낸다. 목소리 톤도 많은 메시지를 함축할 수 있는데, 특정한 톤으로 말하는 "사랑해"는 실제로는 "나 너한테 화났어"라는 뜻이 될 수 있다. 그중에서 문자는 종이 위에 쓰인 것이든 화면 위에 뜬 것이든 상관없이 가장 건조한 메신저라고 할 수 있다.

등골나물은 식물 정령 치유의 세계에서 메신저 역할을 한다. 대략 이런 식이다.

From: 치유자

To: 나와 관계를 맺고 있는 식물 정령에게

메신저: 등골나물

메시지: 지금 오셔서 이 사람을 도와주세요. 감사하고 사랑합니다. 치유자가.

아마 사람들이 보기에는 실존 인물이었던 조 파이가 정말로 '한 종류'의 식물로만 많은 고통을 치유한 것처럼 보였을 것이다.

나는 이미 식물 메신저를 사용하여 정령들을 소환하고 있었고, 이것이 나만의 혁신적인 발견이라고 생각했다. 하지만 알고 보니 이는 전혀 새로운 것이 아니었다. 식물 메신저는 오래전부터 조상과 식물들 사이에 맺어진 약속 덕분에 이미 가능성의 장 안에 존재하는 것이었다.

몇 해가 지나, 원형 오두막에서 마지막으로 보았던 로린 스미스를 다시 찾을 일이 생겼다. 여전히 조상들에 대해 배우는 중이었던 나는 다음의 사건을 통해 이들의 은총이 얼마나 무시무시해질 수 있는지를 배울 수 있었다.

이 일은 러네이라는 한 젊은 여성이 내게 상담을 요청하면서 시작되었다. 러네이는 자신의 어머니가 다리와 엉덩이에 통증이 생기고 마비가 오는 어떤 병을 앓았었다고 설명했다. 온갖 전문가들에게 진찰을 다 받아봐도 뚜렷한 병명과 치료법을 말해주는 사람은 단 한 명도 없었다고 했다. 어머니의 병은 그렇게 서서히 진행되다가 결국 그녀의 목숨을 앗아갔다.

그런데 지난 몇 달 전부터 러네이 역시 어머니와 똑같은 증상을 겪기 시작했고, 의사들은 여전히 도움이 되지 않았다. 과연 그녀도 어머니와 같은 운명을 따를 수밖에 없는 걸까? 나는 선조들의 눈으로 최선을 다해 상황을 살펴보았고 마침내 러네이가 지금 살고 있는 집, 즉 어머니가 살다가 돌아가신 바로 그 집이 원주민의 무덤 위에 지어졌다는 사실을 알게 되었다. 선조들은 이를 불경스럽고 위험한 일로 여겼기에 어머니에게 계속해서 이러한 잘못을 바로잡으라는 메시지를 보냈다. 그러나 어머니는 그러한 메시지를 이해할 수 없었고, 메시지가 한 번 무시당할 때마다 다음 메시지는 더 강해져서 돌아왔다. 그러다 마침내, 선조들은 그녀가 현대 문화에 의해 이러한 메시지를 전혀 이해할 수 없는 상태가 되었다고 판단했다. 선조들이 그녀를 자신들의 영역으로 데려오지 않는 한, 그녀는 결코 그들의 말을 들을 수 없었다. 러네이의 어머니는 사후 세계에서 선조들을 존중하는 법을 배우게 될 것이며, 이러한 배움을 다음 생으로 가져가게 될 것이다. 그녀는 자신이 배운 것을 미래의 자녀들에게 가르치게 될 것이며, 그 자녀들은 다시 자신의 자녀들을 가르칠 것이다. 이렇게 하여 이어지는 세대들은 선조들의 말에 귀를 기울이고, 그럼으로써 땅과 조화롭게 살아갈 수 있는 지혜를 얻게 될 것이다.

나는 러네이가 선조들에게 충분한 존경심을 보여야 그녀의 치유가 가능하다고 확신했다. 그녀의 집이 본래 포모족의 영토였던 곳에 지어져 있었기 때문에, 나는 러네이에게 로린의 연락처를 알려주었다. 그리고 그에게 전화를 걸어 나의 진단 내용을 설명한 뒤, 그의 선조들에게 적절한 메시지를 전할 수 있는 공물을 제안해줄 수 있냐고 물어보라고 했다. 러네이의 집을 직접 방문한 로린 역시 나의 의견에 동의했다. 그는 네 계절마다 바쳐야 하는 일련의 공물들을 알려주었다. 대부분의 공물은 식물성이었다.

3년 후, 러네이가 내게 연락을 해왔다. 그녀는 공물을 바친 뒤 그 집을 떠나 자기 인생을 잘 살아가고 있었다. 그녀는 이제 건강했다.

7장

|

감정

여기, 인기 있는 영화 테마 세 가지가 있다.

1. 결승전 경기가 한창이다. 우리 팀이 1점 차로 뒤지고 있는데 경기 시간은 1분밖에 남지 않았다!

2. 아름답고 착한 여성과 섹시하지만 여자 마음을 잘 모르는 남자가 있다! 둘은 잠시 짧은 연애를 즐기고, 여성은 그에게 빠져든다. 그러나 여성은 곧 그의 무심함에 상처를 받고 마음을 정리한다. 그녀는 그 없는 새로운 삶을 시작하기 위해 먼 나라로 떠날 비행기표를 예매한 뒤 짐을 싼다. 한편, 남성은 뒤늦게 자신이 그녀를 사랑하고 있으며 그녀가 필요하다는 것을 깨닫게 된다. 과연 그는 달라질 수 있을까? 그리고 너무 늦기 전에 그녀를 되찾을 수 있을까?

3. 적군은 강력한 비밀 병기를 가지고 있다. 용감한 테인이 이끄는 특공대는 적의 요새에 몰래 침입해 그 사악한 무기를 가지고 급히 떠나려 하고 있다. 하지만 요새 내부에서 탈출할 방법을 찾고 있던 그때, 테인이 재채기를 하는 바람에 개가 짖기 시작하고, 경비병이 경보를 울린다. 대원들이 잡히면 모든 것이 끝장이다!

영화의 묘미는 추격에 있다. 주인공들이 스포츠 경기 우승을 좇든 사랑을 좇든 혹은 악으로부터의 승리를 좇든, 손에 땀을 쥐게 하는 멋진 추격 장면은 언제나 흥미진진한 법이다. 이렇게 보면 두려움도 재미있을 수 있다!

영화를 볼 때는 악당들을 향해 느끼는 분노도 일종의 재미 요소가 될 수 있다. 영화 속에서 선한 주인공이 이기면 우리는 기쁨에 전율한다. 반면에 주인공이 질 때면 슬픔 또는 연민이 주는 특유의 여운을 입안에서 오래도록 굴려본다. 우리는 두려움, 분노, 행복, 슬픔, 연민, 비탄 등의 감정을 맛보기 위해 영화를 보러 간다.[*] 사람들은 좋아하는 영화에 관해 이야기하기만 해도 감정이 되살아나 얼굴이 환해지는데, 이는 감정을 느낀다는 것이 곧 '생생히 살아 있다'는 것과 같은 말이기 때문이다.

삶을 살아가려면 이런저런 상황에 반응해야만 한다. 어떤

---

[*] 오행의 관점에서 보면 연민(sympathy)은 그 자체로 하나의 감정이다. 연민은 다른 사람의 불편과 고통을 덜어주고 위안을 전해주려는 욕구가 타인의 느낌을 함께 느끼는 능력인 공감(empathy)과 결합된 것이라고 할 수 있다. 저자 주.

감정이 올라오고, 그 감정에 따라 우리는 여러 가지 다양한 반응을 보이게 된다. 예컨대 사무실에 불이 났다면 우리는 겁에 질려 소화기를 집어 들거나, 화재경보기를 누르거나, 건물을 탈출하거나, 엎드려서 바닥을 뒹군다. 아니면 공황 상태에 빠져 얼어붙을 수도 있다.

동시에, 겁에 질린 상황에서 할 수 없는 일도 존재한다. 당신이 아내와 함께 캠핑을 떠난 남성이라고 쳐보자. 달빛이 환히 비치는 밤이다. 주변에는 아무도 없고 둘은 행복하게 사랑을 나누고 있다. 그런데 갑자기 어미 곰 한 마리가 새끼들과 함께 나타난다. 어미 곰은 위협적인 태도를 보이며 두 발로 일어선다. 곰은 다시 몸을 낮추더니 으르렁거리며 이를 드러내다가 돌연 발톱으로 텐트를 찢기 시작한다. 겁에 질리니 행복한 기분은 온데간데없이 사라지고, 발기가 풀린다. 대신 이제는 생존 본능이 극대화된다.

꼭 극적인 상황이 아니더라도 감정은 언제나 존재하며, 때에 따라 오르락내리락하는 여러 감정들은 우리가 세상에 반응하도록 이끈다. 사실, 감정이 아니라면 우리는 행동하지 않는다. 우리가 하는 모든 행동은 감정이라는 동기에 의한 것이다. 그렇다면 우리는 왜 그렇게 많은 시간과 돈을 들여 감정을 자극하는 영화를 보는 걸까? 또, 우리의 어떤 행동들은 충동적인 감정보다는 이성과 논리라는 동기에 의한 것 아닐까? 무감각해서 아무 감정도 느껴지지 않을 때, 도대체 어떤 감정이 존재한다는 걸까? 이 모든 질문들에 대한 답은 두려움과 관련이 있다.

건전한 두려움에는 보호 기능이 있다. 위험에 직면했을 때 (성난 어미 곰이 텐트를 찢고 들어오려는 상황) 두려움은 위협 요소를 제압하거나(곰을 총으로 쏘거나) 도망칠 수 있도록 해준다. 그러나 현대인들은 실존하는 명백한 위험이 없어도 만성적인 스트레스, 불안, 걱정, 심지어 공황에 시달리며 살아간다. 이렇게 불건전하고 비생산적인 두려움은 에고라고도 불리는 우리 마음(mind)에서 비롯된다.

마음은 그 자체가 정교화된 두려움이다. 지성을 우상화하는 우리 사회에서는 이것이 터무니없는 주장으로 보일 수 있지만, 인간이 다른 동물처럼 부리, 날개, 송곳니, 발톱 등을 통해 스스로 생존할 수 없다는 점을 생각해보라. 우리에게는 우리만의 특별한 기관이 있다. 다른 동물과는 달리, 인간은 창의력과 적응력을 활용해 음식을 구하고 자신을 보호할 전략을 세운다. 뾰족한 막대를 만드는 일부터 현대 도시의 정교한 인프라에 이르기까지, 이 모든 것은 죽음이나 그 외의 어떤 손실도 피하려는 마음의 우려에서 비롯된 것이다. 생존에 대한 걱정을 불러일으키는 감정적 에너지는 두려움이다. 고대 중국의 현자들이 물의 원소가 두려움이라는 감정으로 표현되며, 이것이 '영리함' 또는 우리가 말하는 '지성'을 낳는다고 본 것은 우연이 아니다.[*]

---

[*] 중국의 오행 이론에 따르면 수水는 깊고 어두운 곳으로 흐르며, 아래로 내려가는 성질을 갖고 있다. 이는 감정적으로 무의식, 은폐된 것, 본능적 공포와 연결된다. 또한 수는 만물이 숨고 움츠러드는 겨울과도 연결되는데, 이 역시 두려움과 유사한 에너지 상태를 나타낸다. 하지만 수는 그릇에 따라 형태를 바꾸고, 장애물이 있으면 우회해서 흐르는데, 이러한 특성은 지혜로운 처세와 판단력의 상징이다. 또한 수에는 다른 오행보다 깊고, 조용하고, 은밀한 힘이 있어 표면에 드러나지 않는 내적 직관과 지혜, 사려 깊은 통찰을 품고 있다.

　이렇게나 영리함에도 불구하고 마음에는 단 하나의 목표밖에 없다. 바로 상실의 가능성으로부터 자신을 보호하는 것이다. 물론 상실은 피할 수 없기에 이는 이뤄질 수 없는 목표다. 당신은 다른 사람들과 마찬가지로 사랑하는 사람들을 잃고 여러 기회들을 놓치게 될 것이며, 마침내는 당신의 목숨까지 잃게 될 것이다. 삶에는 상실뿐만 아니라 사랑과 웃음, 연민과 분노 그리고 온갖 값진 경험들이 존재한다. 하지만 이런 자명한 진실도 마음을 단념시키지는 못한다. 마음은 모든 상황 속에서 달려드는 곰을 보기 때문에, 두려움이 제공할 수 있는 유일한 해결책인 '투쟁-도피 반응'**을 택한다. 마음은 상실을 피한다는 명목으로 손에 넣을 수 있는 모든 무기를 동원해 있지도 않은 곰을 통제하려 한다.

　우리 사회는 존재하지도 않는 대량 살상 무기, 즉 가상의 곰으로부터 자신을 보호하기 위해 수만 명의 남성, 여성, 어린이를 죽이는 것이 정당하다고 생각한다. 이 사회는 바다 건너 새로운 땅에 발을 디딘 뒤 그 땅의 원시림, 기름진 토양, 풍부한 야생동물, 맑은 물을 보고는 '이곳 원주민들을 몰아내고 물질적 이득을 뽑아내야겠다'는 생각만 했던 사람들로부터 시작된 사회다. 자연이 우리 생명을 유지시켜주고 있음에도 불구하고, 오늘날의 우리는 바로 그 자연으로부터 자신을 보호하기 위한 과도한 사회 기반 시설을 만들고 이를 유지하

** fight or flight. 생존을 위협하는 상황에 직면했을 때 신체가 자동적으로 활성화하는 스트레스 반응 체계로, 교감신경계의 작용에 의해 싸우거나(fight) 도망치려는(flight) 행동을 준비하는 생리적 변화가 일어난다.

고 있다. 그로 인해 자연환경이나 후손들에게 어떤 대가가 따르는지는 전혀 고려하지 않은 채 말이다. 이 사회는 두려움에 깊이 빠져 있으며, 위태로울 정도로 균형을 잃어버렸다.

개인적인 차원에서도 현실과 싸움을 벌이는 우리 마음은 비슷한 혼란을 일으킨다. 감정이 올라오는 순간, 마음은 통제력을 잃을까 두려워한다. 그래서 감정 표현을 억제하는 방식으로 대응한다. 그러나 각각의 감정은 삶의 여러 상황에 효과적으로 대응하기 위해 올라오는 것이다. 감정은 그 자체로 상황을 변화시키도록 되어 있고, 그에 반응하여 또 다른 감정이 일어난다. 즉, 감정은 본래 물 흐르듯 자연스럽게 움직이고 흘러간다. 마음이 이 흐름을 막아버리는 것은 강에 댐을 건설하는 것과도 같다. 상류에 표현되지 못한 감정의 물이 차오르면 막힘없이 흐르도록 내버려두었을 때보다 훨씬 더 크고 오래가는 감정이 된다. 감정은 흐르기를 원하기 때문에, 이를 억제할 수 있는 유일한 방법은 감정을 경험하거나 느끼지 않도록 노력하는 것뿐이다.

식물 정령 치유를 하다 보면 환자들에게서 이러한 감정의 댐 또는 블록block을 발견할 때가 종종 있다. 감정 에너지가 쌓이면 신체 증상이 나타날 뿐 아니라, 심각한 정서적 장애도 언제나 함께 일어난다. 내가 '심각한 장애'라고 표현한 이유는 우리가 감정을 통해서만 세상과 관계를 맺을 수 있기 때문이다. 감정이 불균형하면 관계와 행동 또한 불균형해진다. 어느 한 지점에 막힘이 존재하면 모든 흐름이 멈춰버리기 때문에, 감정적 블록이 있는 사람은 건강하게 잘 살 수가 없다.

이런 일이 어떤 식으로 일어나는지 설명하기 위해 쓸개 부위에 통증이 있는 앤이라는 가상의 여성을 예로 들어보겠다. 그녀는 자신이 남편과 아이들에게 짜증을 잘 내며 속에 화가 많다고 했다. 5년 전, 그녀의 아버지와 두 명의 오빠가 사망한 사건이 있었다. 그로부터 2년 뒤에는 사랑하는 고양이도 세상을 떠났다. 그녀는 사랑하는 이들을 잃었다고 해서 눈물을 흘린 적은 없지만 아직도 매일 아침 죽은 고양이의 밥그릇에 사료를 주고 있다. 비통한 감정을 느끼는 것에 대한 그녀의 두려움은 감정적 블록을 만들었고, 표현되지 못한 감정 에너지가 쌓여 분노와 복통이 일어났다. 식물 정령이 막힌 부분을 풀어주기 위해 찾아왔고, 앤은 깊이 흐느끼기 시작한다. 다음 치유 세션에서, 그녀는 가족들과 훨씬 잘 지내고 있으며 통증도 거의 사라졌다고 말한다.

두려움이 표현된 것이 곧 마음이라고 했으니, 두려움과 우리 마음은 사이가 좋아야 하는 거 아닐까? 하지만 사실 마음은 두려움조차 두려워하기 때문에 투쟁-도피 반응에서의 '도피' 부분을 만들어냈다. 마음은 끔찍한 상실이 일어나지 않도록 통제하고 싶어한다. 마음에게 있어 가장 끔찍한 상실은, 바로 자기 자신을 있는 그대로 보는 것이다. 즉, 마음이란 단지 두려움의 한 표현이며, 중요하긴 하지만 언제나 유용하지만은 않다는 사실을 인정하는 것. 자기 중요성의 상실은 모든 구도자들이 추구하는 목표지만 마음은 두려움을 피해 달아나고 숨는다. 마음은 자기 자신으로부터 숨어버린다.

마음은 어디로 도망가고, 또 어디에 숨는 걸까? 마음은 '생각'이라는, 고립되어 있는 상상의 나라로 도망간다. 마음은 생각에는 감정이 없다고 주장하지만 이러한 주장은 거짓이다. '머릿속'에 있다는 것은 자신의 감정과 단절되었다는 뜻이고, 감정과 단절되었다는 것은 곧 다른 존재들, 세상과도 단절되었다는 뜻이다. 생각은 감정 없음이 아닌, 자신의 두려움을 직면하는 것이 무서워서 도망치는 마음이다.

또한 마음은 감정적 무감각, 즉 아무것도 느끼지 못하는 상태로도 도망칠 수 있다. 이러한 분리 전략은 앞서 말했던 생각과 매우 유사하다. 무감각도 생각과 마찬가지로 중립적이거나 감정이 없는 상태가 아니다. 감정적 무감각은 인식되지 못한 두려움이다.

직접적인 감정 경험은 설명할 수 있거나 지적으로 이해할 수 있는 어떤 것이 아니다. 감정에는 과거도, 미래도, 의미도 없다. 예측 불가능하며 통제할 수도 없다. 그래서 마음은 감정을 두려워한다.

이제 우리는 앞서 나왔던 "감정이 항상 존재한다면 우리는 왜 그렇게 많은 시간과 돈을 들여 감정을 자극하는 영화를 보는 걸까?"라는 질문에 답할 수 있다. 감정이 항상 존재하긴 해도, 마음에 의해 심하게 억압되어 있기 때문이다. 우리 안의 무언가는 살아 있음을 느끼길 원하고, 좋은 영화는 적어도 잠시 동안은 그 욕구를 채워줄 수 있다. 영화 속 공격성과 폭력성, 성과 공포의 자극적인 활용은 우리 감정이 얼마나 많이 억압되고 왜곡되었는지, 그리하여 그것이 얼마나 불어나게 되었는지를 보여준다.

이어서 나왔던 다음 질문 "우리의 어떤 행동들은 충동적인 감정보다는 이성과 논리라는 동기에 의한 것 아닐까?"에 대한 답은, 이성과 논리는 감정과 분리된 것이 아니라 두려움의 위장된 형태라는 것이다.

마지막 세 번째 질문 "무감각해서 아무 감정도 느껴지지 않을 때, 도대체 어떤 감정이 존재한다는 걸까?"에도 같은 방식으로 답할 수 있다. 무감각은 약간 다른 형태의 위장을 하고 숨어 있는 두려움일 뿐이므로 그 안에도 감정이 존재한다.

두려움에 대한 이런 얘기들이 암울하게 느껴진다면, 이제 인간의 가슴에는 밝고 따뜻한 불도 있다는 좋은 소식을 들을 차례다. 연결, 관계, 사랑, 안내, 앎, 변화 등은 가슴의 불이 지닌 여러 측면들인데, 여기서는 그중에서도 행복과 기쁨이라는 불의 감정에 초점을 맞춰볼 것이다.

행복은 필요나 욕구가 충족될 때 생겨난다. 예를 들어, 당신은 길을 걸으면서 중국 요리를 먹고 싶다고 생각한다. 그러다 매력적인 중식당이 눈에 들어와 거기로 들어간다. 먹고 싶은 음식을 주문한 당신 앞에 곧 음식이 차려진다. 아주 맛있고 만족스러운 식사다. 필요와 욕구가 충족되었고, 당신은 행복을 느낀다. 그러나 다시 배가 고파지면 그 행복은 사라진다. 행복은 외부 환경에 의존한다. 그리고 환경은 빠르게 변하기 때문에 행복은 다른 모든 감정과 마찬가지로 빠르게 왔다가 사라진다.

반면, 내가 '기쁨'이라고 부르는 감정은 외부 환경에 의존하지 않는다. 태양의 본질이 빛을 비추는 것이듯, 가슴의 불의 본질은 기쁨이다. 이 기쁨은 어떤 것으로도 더해지거나 줄어들지 않는다. 기쁨은 모든 것을 포용하는, 흔들림 없는 초감정(meta-emotion)이다. 마치 바다처럼, 기쁨은 표면 위로 솟아올랐다 사라지는 감정의 파도에 영향을 받지 않는다.

혹시 이러한 설명 때문에 기쁨이 환상 또는 닿을 수 어떤 것처럼 느껴진다면 영화를 관람할 때를 떠올려보라. 당신도 웃음과 눈물, 공포와 분노, 연민과 비탄을 고루 느끼는 그 경험 속에서 기쁨을 발견한 적이 있을 것이다. 우리가 영화를 즐기는 것처럼 인생을 즐기지 못하는 유일한 이유는, 실제 삶에서는 영화 관람 때처럼 실시간으로 감정을 느끼는 것에 저항이 크기 때문이다. 식물 정령들의 메디슨은 이러한 저항을 부드럽게 풀어준다.

우리 대부분은 행복을 바람직한 감정으로 여긴다. 그리고 가끔은 인생의 목표가 '계속해서 행복을 느끼는 것'이라고 생각하기도 한다. 하지만 행복하기만 하다면 자신만의 경계를 세울 수도, 그것을 유지할 수도 없다. 성장은 삶의 일부이며 성장한다는 것은 곧 자신의 경계를 확장해나간다는 의미다. 묘목의 경계는 좁고 다 자란 나무의 경계는 훨씬 더 넓다. 인간의 삶도 마찬가지다. 어른은 유아보다 더 넓은 경계를 가지고 있다. 우리의 가장 분명한 신체적 경계는 피부다. 이 경계를 침범당했을 때, 우리 안에서는 이를 회복하려는 감정이 일어난다.

슈퍼마켓에서 줄을 서 있는데 누군가 당신의 발을 밟았다고 해보자. 상대가 당신의 경계를 의도적으로 침범하지 않았다는 사실을 인지했다면 당신이 느끼는 감정은 그리 강렬하지 않을 것이다. 당신은 그저 "저기, 지금 제 발 밟으셨어요"라고 말함으로써 간단한 대응을 할 뿐이다. 이런 상황에서는 비교적 가벼운 감정 표현만으로도 쉽게 신체적 경계를 회복할 수 있다.

그러나 이보다 더 심한 침범을 당했을 때는 더 강한 표현이 나오기 마련이다. 상대방이 나를 괴롭히거나 다치게 하려고 일부러 내 발을 밟았다고 생각해보자. 이런 상황에서는 훨씬 더 강렬한 감정이 올라오고 대응도 더 강력해진다. "당신 지금 뭐 하는 거야!"라고 말하며 상대를 밀쳐낼지도 모른다. 표현이 부드럽든, 적당하든 아니면 강하든 상관없이 우리의 경계를 유지하고 회복시켜주는 감정은 모두 분노라는 한 가지 감정이다.

경계라고 해서 꼭 신체적인 경계만 있는 것은 아니다. 예를 들어 당신이 어떤 장치 제조업자인데, 4월 12일까지 장치 1만 개를 고객사에 납품하기로 계약했다. 당신은 이 계약을 지키기 위해 스위치 공급업체에 3월 15일까지 스위치 1만 개를 배송해달라는 계약을 맺었고, 이로써 납품할 장치에 스위치를 달 수 있는 충분한 시간을 확보했다. 하지만 4월 12일이 될 때까지 스위치는 배송되지 않았다. 결국 주문한 장치를 납품할 수 없게 되자 고객사는 주문을 취소했다. 당신은 해당 고객사와 다른 잠재적 고객들의 신뢰를 잃어버렸고, 이 거래에서 얻을 수 있었던 20만 달러의 수익까지 잃게 되었다. 스위치 공급업체가 계약이라는 경계를 위반했으므로 당신은 매우 화가 났다. 이 감정, 즉 분노는 침범당한 경계를 회복시킬 동기가 되어주고, 당신은 손해배상을 받기 위해 계약 위반으로 소송을 청구한다.

분노는 적절한 경계를 설정하게끔 동기를 부여하므로 우리에게 꼭 필요한 감정이자 좋은 감정이다. 분노가 문제가 될 때는 오직 두려움에 의해 그것이 억압되었을 때뿐이다.

내 주변 사람들은 내가 커피를 마시지 않는다는 것을 알기 때문에 일부러 귀찮게 굴려는 것이 아닌 이상 커피를 권하지 않는다. 만약 누군가가 이를 모르고 커피 한잔하겠냐고 물어보면 나는 "아뇨, 괜찮습니다"라고 대답한다. 이는 매우 부드러운 경계 표현이다. 이런 표현 안에 공격성은 전혀 없지만, 엄밀히 말하면 분노라고 볼 수도 있다. 커피를 거절하는 것이 두려워서 누군가가 커피를 권할 때마다 웃으며 마신다면 내면에 억압된 에너지가 쌓여 마침내 감정적 균형을 잃게 될 것이다. 그러면 결국 누군가가 선의로 한 제안에 심한 적대감으로 반응할 수 있고, 더 심하게는 나 자신을 향한 분노와 원망을 느낄 수 있다. 이런 상태가 오래 지속된다면 마음의 평화는 무너지고 신체적 질병까지 나타날 수 있다.

우리 사회는 분노를 부정적인 감정으로 분류한다. 그래서 영화에서는 분노를 즐기지만 현실에서는 그것을 두려워한다. 하지만 부정적인 감정이라는 것은 존재하지 않는다. 존재하는 건 오직 자연스러운 감정뿐인데, 이것이 억압을 통해 증폭되고 왜곡되면 건강하고 유익한 경계 설정이 아닌 공격성, 증오, 질병으로 나타날 뿐이다.

부정적인 감정, 멀리해야 할 감정으로 분류되는 것은 분노뿐만이 아니다. 나는 친구에게서 최근에 심리치료 전문가들이 비통(grief)을 병리 현상으로 분류했다는 소식을 듣게 되었다. 이것은 정말로 비극적인 일이다. 비통은 이겨내야 할 질병이 전혀 아니며 오히려 깊은 존중으로 맞이해야 할, 느릿하고 위대한 치유자다.

누군가를 잃게 된 당신의 집에 비통이라는 의사(Doctor Grief)가 찾아와 문과 창문을 닫는다. 그러고는 침대 모서리에 앉아 어려운 질문을 던진다. "당신에게 정말로 중요한 게 뭐죠?"

그는 당신의 울음 속에서 대답을 듣는다.

그가 다시 질문한다. "당신의 힘은 어디에 있죠?"

그는 당신의 눈물 속에서 당신의 힘을 보고, 더 많은 눈물을 흘려야 한다고 말한다. 그는 계속해서 말한다. "더 우세요."

그는 당신의 눈물로 몇 번이고 당신을 씻어낸다.

"이 슬픔이 끝나긴 할까?" 당신은 속으로 묻는다.

그러나 비통이라는 의사는 큰 인내심과 끈기를 가지고 당신의 슬픔을 정화해준다.

끝이 없을 것만 같던 시간이 다 지나고, 그는 일어나 고개를 숙임으로써 엄숙하게 존경을 표한다. 그는 문을 살짝 열어둔 채 문밖으로 천천히 걸어 나간다. 현관에는 당신의 이름이 적힌 예쁜 선물 상자와 함께 꽃이 놓여 있다.

우는 아기를 가슴에 품어 안는 엄마, 고민을 넓은 마음으로 들어주는 친구, 노숙자 가족을 돕는 마음 따뜻한 사람, 남편을 잃은 지 얼마 되지 않은 여성에게 따뜻한 식사를 가져다주는 이웃, 식물·동물·바위·물이 개발 사업에 대해 어떻게 느끼고 있는지 들어보려는 사람, 일곱 세대 후의 사람들에게 미칠 영향을 고려하여 결정을 내리는 지도자들…. 이들에게서 우리는 연민을 엿볼 수 있다. 연민은 애정 어린 돌봄과 배려로 향하는 문이다.

연민은 고귀한 감정이며, 사회적으로도 그렇게 여겨지기 때문에 비통, 두려움, 분노처럼 나쁜 평가를 받지 않는다. 하지만 다른 감정들과 마찬가지로 연민 또한 움직이고 흘러야 한다. 두려움이 자유로운 표현을 막으면 연민도 균형을 잃고 문제를 일으킨다.

두려움은 이렇게 말한다. "나처럼 똑똑한 사람들은 파이가 충분하지 않다는 것을 알기 때문에 자기 몫에만 신경을 쓴다고. 다른 멍청한 놈들이 힘들든 말든 그건 걔네 문제지 내 알 바 아니야." 두려움은 연민이 그것을 받는 사람뿐 아니라 주는 사람의 배까지 두둑이 채워준다는 사실을 알지 못한다. 연민의 억압은 오히려 당신을 더 굶주리게 하고, 경쟁적으로 만들며, 자신의 안위를 위한 일이라면 수단과 방법을 가리지 않게 만든다. 이것이 오늘날 대부분의 사람들이 직장에서 느끼는 감정이다.

남성이 특히 이런 상태에 빠지기 쉽지만 여성이라고 해서 예외는 아니다. 여성은 자신을 제외한 모든 사람을 돌보는 경향이 조금 더 높다. 이 또한 두려움이 만들어낸 왜곡, 즉 자신이 돌봄받을 자격이 없다는 두려움 때문이다. 그 결과, 사람들은 지나친 돌봄에 숨 막히는 기분과 죄책감을 느끼게 되고, 여성 자신도 돌봄받지 못한 채 굶주리게 된다.

우리의 삶은 감정의 흐름 속에 놓여 있다. 이 흐름이 자유로울수록 인간관계가 좋아지고 효과적으로 행동하게 되며, 건강도 유지된다. 그리고 이러한 흐름 속에는 우리 인간만 사는 것이 아니라 식물들도 살고 있다. 식물들은 기쁘게 흐름을 따르고 있으며, 우리 인간들도 그렇게 할 수 있도록 도와준다.

8장

|

장소

오래전, 모호크^{Mohawk}족과 오나이다^{Oneida}족의 몇몇 가족들이 현재의 뉴욕 주 마거릿빌 근처에 있는 델라웨어 강 동쪽 지류의 넓은 계곡에 여름 사냥과 채집을 위한 임시 주둔지를 만들었다.

어느 날, 이들과 관계없는 또 다른 무리가 이 임시 주둔지를 지나갔고, 곧 두 그룹 사이에 영토를 둘러싼 분쟁이 일어났다. 그리고 얼마 뒤에는 젊은 전사 한 명이 살해된 채 발견되었다. 누가 그를 살해한 걸까? 한 무리는 다른 무리를 비난했고, 다른 쪽은 다시 처음 무리를 비난했으며, 양측 모두가 세 번째 무리를 의심했다. 비난과 반박이 오갔고, 긴장과 혼란이 고조되었다. 모두가 분노에 차 있었고 전쟁 직전의 상황까지 갔으나, 짧은 여름을 전쟁으로 보내버리면 긴 겨울을 나기 위한 사냥과 채집을 할 수 없기 때문에 이들 모두는 잠시 멈칫했다.

마침 평의회 불의 수호자들[*]로 알려져 있는 오논다가 Onon-daga족이 서쪽의 이웃 부족이었고, 사람들은 오논다가족의 메디슨 맨을 찾아가 평화를 되찾을 수 있게 도와달라고 간청하기로 했다.

당시 오논다가족도 사냥과 채집으로 부재중이었기 때문에 그들을 찾기란 쉽지 않았지만, 마침내 애디론댁 Adirondack 산 북쪽에서 순례를 마치고 돌아오던 메디슨 맨 테사콰나치 Tesakwanachee를 만날 수 있었다. 테사콰나치는 젊었지만 평판이 좋았기 때문에 이들은 자신들의 상황을 설명한 뒤 임시 주둔지로 와달라고 요청했고, 그는 이에 흔쾌히 동의했다.

그가 도착했을 때, 모호크족은 임시 주둔지가 자신들의 영토라고 주장하며 모호크족 방식대로 평의회의 불을 피우기를 원하고 있었다. 반면 오나이다족은 자신들의 규칙과 권위를 내세우면서 이에 맞서고 있었다. 두 부족은 심지어 모닥불 주위에 어떤 식으로 둘러앉아 대화할지조차 합의하지 못하고 있었다.

메디슨 맨은 임시 주둔지를 떠나 근처의 숲과 산, 물가에 가서 이들과 의논했다. 그는 서쪽으로 걸어가다가 북쪽

---

[*] keepers of the council fires. 북미 원주민 사회에서는 중요한 결정을 내릴 때 부족 대표들이 한 자리에 모여 의제를 평화롭게 논의했고, 이 평의회가 이루어지는 장소에는 언제나 신성한 불이 피워졌다. 오논다가족은 평의회를 주관하던 부족이었기 때문에 갈등을 중재하는 역할을 맡을 수 있었다.

으로 꺾어지는 첫 번째 계곡으로 들어가라는 지시를 받았다. 그곳에서 사스카위히위네Saskawhihiwine 개울을 따라 걸으면 물속에서 어떤 징조를 볼 것인데, 그 징조가 나타나는 곳이 바로 땅의 정령이 분쟁을 해결하여 사람들을 단합시켜줄 신성한 장소라는 것이 지시 내용이었다.

그는 지시에 따라 길을 걸었다. 테사콰나치는 사스카위히위네와 델라웨어 강의 합류 지점에서 약 1마일 정도 떨어진 곳에 있는 한 웅덩이에서 완벽한 원의 형상을 발견했다. 바로 이것이 지시에서 말한 징조였다.

그는 임시 주둔지로 돌아와 원이 나타난 곳으로 함께 가자고 사람들을 설득했다. 그는 그곳을 오논다가족 규약에 따라 중립 구역으로 지정했다. 평의회의 불이 피워졌고, 불화가 치유되었으며, 다시 평화가 찾아왔다.

원 모양이 나타난 자리에 세워진 평의회 건물은 그 후로도 오랫동안 갈등을 해결하고 치유하는 특별한 장소로 사용되었다. 나중에 건물이 허물어졌을 때도 그곳을 지나가는 이들은 발길을 멈추고 특별한 공물을 바치며 이 장소에 대한 경의를 표했다.

그러다 유럽인들이 원주민들을 밀어내면서 이곳은 긴 잠에 빠졌다. 그러나 수백 년 후, 이곳은 다시 깨어나 식물 정령 치유의 중심지이자 블루 디어 센터가 되었다. 센터가 설립된 지 몇 달 지나지 않았을 때, 사스카위히위네에 낀 얇은 살얼음 위에는 다시 원 모양이 나타났다.

이 성스러운 이야기 속 메디슨 맨은 평화와 치유가 일어날 수 있는 장소가 어딘지를 땅에게 물어보았다. 그는 '장소'가 단순한 배경 같은 것이 아니며 각 장소마다 영혼과 개성, 신성한 목적이 부여되어 있음을 알고 있었다. 장소는 모든 드라마의 주연 배우와도 같고, 주연 배우 없이는 드라마가 이어질 수 없다.

선조들은 어떤 장소는 분쟁을 일으키고 어떤 장소는 평화를 가져온다는 것을 알고 있었다. 어떤 곳은 사냥하기에 좋은 곳이고 어떤 곳은 농사를 짓기에 좋은 곳이다. 어떤 곳은 아이를 낳기에 좋고, 어떤 곳은 죽은 이를 묻기에 알맞다. 어떤 곳에서는 부락이 번성하는 반면, 어떤 곳은 기도와 은거 수행을 위한 성지가 되기도 한다.

현대의 관점은 이와 매우 다르다. 우리는 장소를 부동산, 즉 사고팔 수 있는 하나의 상품으로 취급하며 소유주가 원하는 그 어떤 용도로도 쓸 수 있다고 생각한다. 그러나 소유주의 욕망이 그 장소에 깃든 정령과 부합하지 않을 때, 그 결과는 사업 실패, 질병, 심지어는 죽음으로까지 이어질 수 있다.

식물 정령 치유에서도 이와 비슷한 관점 차이가 존재한다. 오늘날에는 식물 역시 상품으로 취급되며, 자라야 할 곳이 아닌 곳에서 억지로 재배되는 경우가 많다. 허브 팅크와 캡슐에 유익한 식물성 화학물질이 들어 있을 수는 있지만, 거기에는 식물의 원한 또한 함께 담겨 있을 수 있다.

선조들의 지혜에 따르면 '약초가 자라는 땅'은 그 약초의 일부이다. 식물은 뿌리를 내리는 존재이고, 그렇기에 자신이 자연스럽게 돋아날 수 있는 땅에 속한 존재다. 식물은 미네랄과 식물, 동물, 인간의 잔해들을 먹고 자라는 동시에 자신이 뿌리내린 땅의 기운과 목적을 먹고 자란다. 식물은 '장소의 메디슨'을 체현하고 이를 공유한다.

9장

|

신성한 식물 스승들

보츠와나 출신의 상고마[*]인 콜린 캠벨Colin Campbell은 자국의
한 마을 주민이 중병에 걸려 지역 전통 치유자를 부른 이야기
를 들려준다. 치유자는 환자를 진찰한 후 그 지역의 산과 물,
동물, 식물들과 소통하기 위해 길을 나섰다. 며칠 후 돌아온
그는 누군가가 나무의 정령에게 허락을 구하지 않고 나무를
베어냈기 때문에 병이 생겼다는 진단을 내렸다. 어떤 한 사람
의 불경스러운 행위가 균형을 깨뜨렸고, 이것이 다른 누군가
의 병으로 나타났다는 것이다. 마을 주민들은 나무들과의 관
계가 회복되지 않으면 모두에게 좋지 않은 결과가 있을 것임

---

[*] sangoma. 남아프리카 지역의 전통 치유자이자 영매. 질병, 불행, 정신적 혼란의 원인을
조상령(ancestral spirits)이나 초자연적 요인에서 진단하며 점술, 의례, 약초 요법 등의 통합적
인 방식으로 치유를 수행한다.

을 잘 알고 있었다. 치유자는 잘못을 바로잡기 위한 의례를 진행했고, 마을 전체가 이 의례에 참여했다. 그 결과 환자와 공동체 전체는 건강을 되찾았다.

이 이야기는 사람들에게 벌을 내리는 사악한 악령에 관한 이야기가 아니다. 식물 정령들은 사랑과 존중, 주고받음으로 엮여 있는 거대한 그물망의 일부이며 우리 인간도 그것의 일부이다. 우리가 이 그물망을 찢으면 마을로 전령이 찾아온다. 전령은 '불행'이라는 글씨가 적힌 가방을 들고 와서 우리가 그의 메시지를 가슴 깊이 새길 수밖에 없게끔 만든다.

전령은 이렇게 말한다. "모든 창조물들을 위해 그물망을 복원하라. 당신과 타인을 포함한 모든 존재들의 생명은 사랑과 존중, 주고받음을 통해 유지되고 있으니 그것으로 돌아가라."

식물과 상호작용할 때는 반드시 이 이야기를 잊지 말아야 한다. 특히 페요테peyote, 아야후아스카ayahuasca 또는 환각 버섯*과 같은 신성한 식물 스승들과 교류하고 싶다면 이 이야기에 자신의 목숨이 걸려 있다고 생각하고 잘 기억해야 한다. 이

---

* 페요테는 작은 선인장으로, 주로 멕시코 북부와 미국 남서부 사막 지역에 자생한다. 이 식물은 메스칼린mescaline이라는 강력한 환각 성분을 함유하고 있으며 수천 년 전부터 아메리카 원주민들이 영적 의례, 예언, 치유 목적으로 사용해왔다.
아야후아스카는 아마존의 샤먼 전통에서 유래한 신성한 식물 혼합물로, 바니스테리옵시스 카아피Banisteriopsis caapi 덩굴과 프시코트리아 위리디스Psychotria viridis 잎이 주성분이다. 전자는 MAO 억제제를, 후자는 DMT라는 강력한 환각 물질을 포함하고 있어 두 식물이 함께 조합되면 체내에서 환각 효과를 일으킨다. 아야후아스카는 비전적 통찰, 트라우마 해소, 영적 치유 등의 목적으로 수천 년 동안 사용되어 왔으며, 최근에는 서구의 심리학적 · 영적 치유 영역에서도 주목받고 있다.
환각 버섯에는 여러 종류가 있으며 주요 활성 성분은 실로시빈psilocybin과 실로신psilocin이다. 이들은 고대 마야, 아즈텍 문명에서도 신비 체험과 신과의 소통을 위한 신성한 식물로 여겨졌으며, 현재는 의식 확장, 내면 탐색, 우울증 및 PTSD 치료 등 다양한 심리적 · 정신적 활용 가능성에 대한 연구가 진행 중이다.

식물들의 힘은 상상을 초월한다. 당신은 '그들'의 메신저가 가방을 들고 찾아오는 모습을 절대 보고 싶지 않을 것이다.

어떤 사람들은 "나는 좋은 의도를 가지고 있고 이 식물을 존중하니까 별문제 없을 거야"라고 생각한다. 이는 참으로 순진한 생각이다. 물론 때로는 순진하게 접근해도 아무 문제가 없을 때도 있지만 그렇지 않은 경우도 있다. 만약 당신이 지식, 지혜 또는 치유의 축복을 원한다면 식물에게 그 대가로 무엇을 줘야 할까? 당신이 그 식물을 존중한다는 것을 어떤 식으로 나타내야 할까? 이는 식물의 정령이 결정할 사항이기 때문에 우리가 왈가왈부할 수 있는 것이 아니다.

이 위대한 스승들과의 존중 어린 관계를 이해하려면 신들이 위대한 이야기, 즉 세상의 이야기를 노래하던 시절로 돌아가야 한다. 신들의 노래는 이 세상 그리고 인간을 포함한 모든 존재들을 창조했다.

다윈주의자들은 이 문제에 관해 최선의 추측을 하긴 했지만, 원주민의 지혜를 전수받은 이들에 따르면 그들도 정확히 맞추지는 못했다. 이 세상에 존재하는 다양한 민족들은 공통의 조상으로부터 진화한 것이 아니라 각자의 고향이라는 자궁에서 태어났다. 인류는 세계의 여러 지역에서 동시다발적으로 등장했다. 각 집단은 해당 지역의 동식물들과 마찬가지로 그곳 생태계의 일부였다.

북극 버드나무(Arctic willow)와 바나나 나무는 뿌리가 있고, 잎이 있고, 광합성을 한다는 공통점이 있다. 그러나 이 둘은 서로 다른 환경의 일부이며, 생존하고 번성하기 위해서는 서로 다른 조건을 필요로 한다. 이누이트와 아마존 원주민은 북극 버드나무와 바나나 나무처럼 비슷하면서도 다르다. 모든 동물은 노래를 통해 이 세상에 나올 때 각자 필요한 것들을 받았다. 날개, 아가미, 털, 날카로운 부리 또는 구부러진 부리, 발톱, 빠른 다리, 예민한 후각이나 청각 등. 우리 인간에게 주어진 특별한 기관은 인간적인 마음이다. 마음은 "이것은 나이고 나머지는 내가 아니다"라는 분리감을 만들어내는 독특한 능력을 지니고 있다. 마음은 이 원초적인 분리에서 더 나아가 "이것은 바위다. 저것은 식물이다. 저것은 막대기다" 하는 식으로 더 많은 구분과 차이를 만들어낸다.

생존에 대한 두려움으로 움직이는 우리 마음은 창의적인 해결책을 생각해낸다. "배가 고픈데 사슴은 나보다 빠르네. 돌을 깨서 만든 뾰족한 날을 식물의 줄기로 막대기에 묶은 다음 그걸 던져서 사슴을 잡을래. 그러면 배를 채울 수 있을 거야."

이 모든 게 다 괜찮다. 하지만 문제는 우리가 마음에 너무 깊이 빠져들 때 발생한다. 마음은 분리된 자아라는 환상을 만들어내고, 그 자아를 보호하기 위한 행동을 모두 정당화한다. 자기 이익을 위해 정령에게 묻지도 않고 나무를 베어버린 사람처럼, 우리는 관계의 그물망을 찢어버린다. 이로 인해 질병, 고립, 끝없는 두려움, 개인적 · 환경적 재앙 등의 수많은 불행이 뒤따른다.

인간의 지성은 기억상실증에 걸려 우리가 존재의 그물망의 일부임을 잊어버렸고, 이러한 망각은 질병과 고통의 근원이 되었다. 바로 이러한 이유로, 우리는 문제의 소지가 있는 이 선물, 즉 마음을 받았을 때 이것이 삶 전체를 잠식하지 않도록 균형을 잡을 수 있는 방법들도 함께 받았다. 모든 원시 부족에게는 우리가 존재의 그물망의 일부임을 상기시켜주는 가르침과 풍습이 주어져 있다. '기억하기(Remembering)'는 치유와 지혜를 낳고, 자연이 풍성하게 자라나도록 하며, 지속 가능한 삶의 방식을 가능케 한다.

어떤 부족에게는 기억의 회복을 도와주는 신성한 식물 스승들이 주어졌다. 이러한 식물들은 지식, 지혜, 치유가 존재하는 신성한 영역으로 들어가는 문이 된다. 어떤 것은 페요테처럼 직접 먹기도 하고, 다른 어떤 것은 바람나무처럼 섭취하지 않기도 한다. 하지만 이 모두는 일부 지역에서만 자생한다는 공통점이 있다. 이는 우리가 앞서 본 것처럼 부족이 서로 다르기 때문이다. 이누이트와 아마존 원주민, 호주 원주민과 켈트족*, 줄루족**과 몽골인들은 각기 다른 필요를 가지고 있다. 이들의 영혼은 각자의 고향 땅에 살던 조상들이 물려준 것들로 이루어져 있다. 그러니 기억하기의 방식 역시 각자 다를 수밖에 없다. 신성한 식물 스승들이라고 해서 그것이 모든 사람에게 다 잘 맞지는 않는다.

옛날에는 신성한 식물 스승으로부터 도움을 받을 수 있는 사람이 누구인지 명확하게 알 수 있었다. 예를 들어 아야후아

---

* Celt. 기원전 1천 년경부터 유럽 중서부와 브리튼 섬, 아일랜드 등지에 거주했던 인도유럽계 민족 집단. 자연과 조화를 이룬 삶, 주술적 세계관, 다신 신앙 등이 특징이다. 오늘날 아일랜드, 스코틀랜드, 웨일스 등지에 그 전통이 남아 있다.
** Zulu. 남아프리카에 거주하는 부족. 전통적으로 구술문화와 조상 숭배, 공동체 중심의 생활방식을 중시한다.

스카 덩굴이 자라는 지역에서 수없이 많은 생과 사를 거친 부족의 일원이라면 아야후아스카가 그에게 잘 맞는 식물이 되겠지만, 타지 사람에게는 그것이 적합하지 않을 것이다.

그러나 요즘에는 자신과 맞는 식물이 어떤 것인지 알기 어려워졌다. 적절한 장례 의례가 사라지면서 많은 영혼들이 죽은 후 이곳저곳을 떠돌다 타지의 조상 영역으로 넘어가게 되었고, 이로 인해 조상 에너지의 저장소에는 다양한 에너지가 섞이게 되었다. 인간의 영혼은 선조들의 에너지로 구성되어 있기 때문에 우리 자신도 일종의 잡종 영혼(soul mutt)이 되었다. 다시 말해, 당신의 혈통과 고향은 더 이상 당신의 영혼이 무엇으로 구성되어 있는지 알려줄 수 있는 확실한 정보가 될 수 없다는 뜻이다. 예를 들어, 당신이 나처럼 시카고에 있는 어느 동유럽 유대인 가정에서 태어났다고 쳐보자. 그런데도 당신의 영혼은 나의 영혼이 그러하듯 대부분이 위촐족 조상의 에너지로 이루어져 있을 수도 있다. 그리고 이런 상황이라면 당신 또한 나처럼 페요테에게서 도움을 받을 수 있다. 하지만 당신은 정말로 자신의 영혼이 어떤 구조를 가지고 있는지 알고 있는가? 이 시대에는 이를 확실히 아는 사람이 거의 없다.

신성한 식물 스승과 함께 일하고자 할 때, 그 식물이 당신을 자기 사람(즉, 자신이 세상에 내려와 돕고자 한 사람들)으로 여겨주는지를 신경 쓰는가? 아니면 오직 '당신'이 원하는 것만 생각하고 있는가? 만약 당신의 머릿속에 든 게 온통 '자기 자신'에 관한 것들뿐이라면 식물 스승은 당신을 불경스러운 사람으로

볼 것이다. 식물은 당신을 무시할 수도 있고, 작은 장난을 칠 수도 있으며, 불행 가방을 든 메신저를 보낼 수도 있다.

요즘에는 당신의 영혼을 들여다봄으로써 특정한 식물 스승이 당신 영혼의 동반자가 맞는지를 확인해주고, 당신이 식물의 길을 걸을 수 있도록 도와줄 수 있는 믿을 만한 안내자의 도움이 반드시 필요하다. 사실, 신성한 식물들이 이 부분을 굉장히 강조한다. 식물들은 우리를 돕기 위해 이 세상에 태어났다. 그들은 우리 자신만의 힘으로는 탐험할 수 없는 광대한 세계로 우리를 안내한다. 이러한 영역을 혼자 탐험하다가는 길을 잃기 쉽다. 길을 잃은 사람은 자신이나 타인에게 아무런 도움이 되지 않으며 그저 반면교사가 될 뿐이다.

좋은 안내자는 그 자신도 훌륭한 안내자 밑에서 배운 경험이 있는 사람이다. 그는 이전부터 식물의 길을 걸어왔으며 지금도 여전히 그 길을 걷고 있다. 그는 어느 방향으로 가야 하는지를 알고 있으며, 길의 마디마디를 꿰뚫고 있다. 그는 이 치유의 길에 속한 사람과 그렇지 않은 사람을 구분할 줄 안다. 그는 축복을 받은 많은 사람들 그리고 불행을 겪은 일부 사람들을 목격해왔다. 성공한 이들은 그와 같이 식물이 전해준 전통을 충실히 지키면서 선조들이 수 세대에 걸쳐 이어온 방식을 따랐다. 반면, 실패한 이들은 '자기 방식대로' 하고 싶어했다.

위촐 전통에 따라 페요테 안내자가 되기 위해서는 다음과 같은 과정을 거쳐야 한다. 먼저, 강경하고 엄격한 샤먼의 지도하에 최소 5년간의 혹독한 견습 기간을 거쳐야 한다. 이 기간이 끝나면 위험한 입문식을 치른다. 입문식을 성공적으로 통과한 견습생은 샤먼이 되고, 공동체를 위해 봉사하는 삶을 살게 된다. 하지만 이때도 다른 사람을 안내할 자격은 갖춰지지 않은 상태다. 그는 샤먼으로서 5년 더 일하면서 사람들의 복리에 힘쓰는 유능한 치유자로 인정받아야 하고, 그렇게 될 때만 첫 번째보다 더 위험한 두 번째 입문식을 요청할 수 있다. 이 호된 과정을 모두 거친 후에야 그는 페요테의 안내자가 되는 세 번째 입문을 진행할 수 있다. 이 마지막 입문식에서 선조들, 신들 그리고 페요테는 마침내 샤먼이 이 신성한 식물 스승에게 도움을 요청하는 이들을 도울 준비가 되었다고 선언한다.

신성한 식물과 민족에 따라 훈련과 입문식의 형태는 다르겠지만 안내자가 되기 위한 준비에는 항상 막중한 책임이 따른다. 전통을 무시하거나, 지름길을 찾거나, 준비가 되지 않았는데도 자기 스스로를 안내자로 칭하는 사람은 위험한 바보라고 할 수 있다. 요즘에는 스스로를 안내자로 칭하는 별별 사람들이 많다. 그중에는 진정성 있는 사람도 있고 망상에 빠진 이도 있으며 돈, 성, 권력을 추구하는 이도 있다. 당신의 안내자가 적절한 입문 과정을 거쳤는지, 진심으로 당신을 위하는 사람인지를 반드시 확인하라.

신성한 식물 스승의 메디슨을 청하는 순간이 다가오면 다음의 질문들을 자문해보라. 지금 이 상황은 신성한 식물 스승을 초대하기에 적절한 상황인가? 그 식물이 바라는 바와 같이 의례를 위한 공간이나 분위기가 잘 잡혀 있고, 존중 가득하며 안전한 상황인가? 아니면 산만하고 이기심으로 똘똘 뭉쳐 있어 불행을 초래할 만한 상황인가? 믿을 만한 안내자는 선조들에게서 전승받은 지침에 따라 적절한 의례의 장을 형성하며, 지금 어떤 것이 조정되어야 할 필요가 있는지를 그때그때 귀 기울여 들을 수 있다.

식물과의 관계 의례는 어떤 한 개인이 발명해낸 것이 아니며, 심지어 어떤 문화가 발명해낸 것도 아니다. 이러한 의례는 식물이 존재했을 때부터 민족들에게 주어진 것이며, 사실상 신성한 식물 존재의 일부라고 할 수 있다.

페요테의 민족인 위촐족은 신성한 식물 스승에게 특별한 선물을 요청할 때 극진한 정성을 들여 의례를 준비한다. 먼저, 안내자는 민족 전통의 발상지로 향하는 순례 날짜를 정한다. 그다음 한 달간은 준비 기간으로, 성생활과 소금, 목욕을 금한다. 사슴 한 마리를 적절한 기도와 존경을 담아 사냥해 죽이고, 황소도 한 마리 사서 예법에 맞게 제물로 바친다. 특별한 공물들을 만들고, 사랑과 정성으로 기도한다. 나중에 이 공물들은 성지에 두고 온다. 위촐족의 마을에서 민족 전통의 발상지로 향하는 여정은 길고 고되다. (불과 몇 년 전까지만 해도 한 달 동안 걸어서 갔다.) 요즘은 트럭이나 버스를 대여할 수도 있지만 비용이 많이 들기 때문에 자금난으로 순례가 미뤄지기도 한다. 이 긴 여정 중에도 따라야 할 절차와 예법이 많은데, 단식 중인 순례자들을 어린아이처럼 순수하게 만들어주는 성지 입구에서의 특정한 정화 의례가 그 정점이라 할 수 있다. 순례 중에는 움직여야 할 때와 멈춰야 할 때, 말해야 할 때와 침묵해야 할 때가 있다. 불이 지펴지고 축성되며, 꺼지지 않게 지극정성으로 지켜진다. 제단을 세우고, 그것을 공물로 장식하고, 사슴과 소의 피를 성유聖油처럼 바른다. 신성한 영약(페요테)에 기도를 올린 뒤 그것을 찾으러 다니고, 찾으면 다시 기도하고 또 기도하고, 마침내 이 영약이 의례에 참여한 샤먼에 의해 축성되면 그제야 섭취할 수 있다. 기도, 공물, 제단 준비 등 이 모든 것은 태초에 선조들에게 주어진 지침 그대로 정확하게 이루어지며, 이 과정에 굉장한 정성이 들어간다. 순례자들은 밤새 경건히 깨어 있다가 새벽이 되면 전통적인 감사 기도를 노래하고 다시 마을로 돌아가는 긴 여정을 떠난다.

전통적인 원주민들은 이러한 관습을 이해하며 의례의 실용적 가치를 알고 있기 때문에 이것에 신경을 많이 쓴다. 반면 현대 서양인들은 이러한 것들을 고리타분하고 시대에 뒤떨어진 것으로 느끼곤 한다. 하지만 우리가 정말 '고도로 진화된' 접근 방식으로 유익을 얻고 있을까? 나는 전통 사회 사람들(현실적이고 실용적이며 유능한 공동체 지도자, 농부, 치유자, 예술가들)을 많이 알고 있는데, 이들은 신성한 식물들에게서 받은 선물을 세상에 나누면서 훌륭한 기여를 하고 있다. 그러나 신성한 식물 스승과 관계를 맺음으로써 다른 사람들에게 축복을 주는 서양인을 당신은 몇 명이나 알고 있는가?

대마초와 담배는 신성한 식물들 가운데 특히 인기가 많으니 이쯤에서 꼭 언급하고 넘어가야 할 것 같다. 먼저 대마초에 대해 살펴보자. 대마초의 원산지는 중앙아시아다. 따라서 서양에서 중앙아시아 땅과 그곳 식물과의 깊은 영적 연결을 가진 사람을 찾아보기란 쉽지 않다. 중앙아시아 토착민들의 예법에 따라 입문식을 치른 사람은 이보다 더 드물고, 다른 사람들을 가르치려는 의향이 있으면서도 적절한 입문을 거친 안내자를 찾기는 이보다 더더욱 힘들다. 대마초는 사람들이 그 식물을 통해 유익을 얻고 있다고 착각하게끔 만든다. 신성한 의례를 벗어난 지대에서 만난 신성한 식물 스승은 빨리 열어보고 싶을 정도로 멋지게 꾸며진 가방을 든 사기꾼으로 변모한다.

담배는 대마초보다 영적 관련이 있는 사람의 수가 훨씬 더 많지만, 그것의 신성함을 인식하고 존중하는 사람은 거의 없다. 요즘 담배는 독으로 여겨져 두려움과 비난의 대상이 되고 있으며 흡연 관련 사망과 질병 통계 수치는 이러한 인식을 뒷받침해주는 듯 보인다. 그러나 다른 모든 신성한 식물과 마찬가지로, 담배 역시 존중 없이 다뤄질 때만 파괴적인 식물이 된다. 통계 수치는 담배의 해악을 보여준다기보다는 그것이 광범위하게 오용되고 있다는 사실만을 보여줄 뿐이다.

현대 사회에서 위험과 질병을 초래하는 이 식물은 원주민 사회에서는 치유와 보호에 쓰인다. 담배는 아메리카 대륙이 원산지고, 이 대륙의 어디를 가더라도 원주민들의 영적 수행에서 담배가 빠지는 경우는 없다. 이 식물은 사람들이 마음의 귀를 열 수 있도록 도와주기 때문에 기도할 때 특별한 보조 수단으로 쓰이며, 많은 축복의 원천이기도 하다. 대부분의 문화에서는 담배를 피울 때 복잡한 의례나 형식을 거치지 않지만 변함없는 감사와 존중은 반드시 필요하다.

최소한의 의례적 형식이라도 지킨다면 사용자가 자신의 의도를 명확하고 진실하게 유지하는 데 도움이 된다. 혹시 이 신성한 식물 스승들이 오늘날의 '현실 세계'와 아무 관련 없다는 생각이 든다면 이 이야기를 들려주고 싶다. 몇 년 전, 나는 위촐족 지인과 대화를 나누고 있었다. 그는 위촐족 기준으로는 매우 부유한 사람이었고, 그 지역의 전통적인 지도자로서 무급 사회봉사 기간을 보내고 있었다. 그는 교육 수준이 높은 사람들이나 쓰는 멕시코식 스페인어를 유창하게 구사했다. 나는 그와의 대화를 이어가기 위해 "근처에 있는 가톨릭 선교 학교에 다니셨었나요?" 하고 물었다. 그와 같은 세대인 많은 이들이 그곳에서 스페인어를 배웠다고 들었기 때문이다.

"아니요. 저는 학교에 다닌 적이 없어요. 읽거나 쓰지도 못하고요." 그가 말했다.

놀란 내가 물었다. "그럼 어떻게 그렇게 스페인어를 유창하게 잘하세요?"

"할아버지가 배우신 방법으로 저도 똑같이 배웠어요. 저희 할아버지는 110세까지 사셨던 위대한 샤먼이셨는데, 80세쯤 되셨을 때 스페인어를 배우셨어요."

"할아버지께서는 어떻게 배우셨는데요?"

"페요테에게서 배우셨지요."

10장

평범한 삶

나는 시카고에서 태어나 캐나다 위니펙과 샌프란시스코에서 자랐다. 아버지는 여러 사업체의 매니저로 일하셨고 새어머니는 가정주부셨다. 여덟 살 때 부모님이 이혼하신 것까지 포함해, 나의 유년 시절은 모든 면에서 전형적이었다. 나는 병약하고 지적인 아이였으며, 자연에 대해 아무런 친밀감도 느끼지 못했다. 사실 나에게는 꽃가루 알레르기가 있어서 식물을 적으로 여기며 두려워하는 편에 더 가까웠다.

1960년대 말의 어느 날, 나는 대학원에서 영화 제작을 공부하다 문득 내가 살고 있는 지구에 대해 아무것도 모른다는 사실을 깨달았다. 그리고 왠지는 모르겠지만 이것이 너무나 시급한 사안처럼 느껴져서 대학원을 떠나 버몬트에 있는 농장으로 향했다. 농장 일을 잘 모르는 나였기에 여러 가지 문제가 생기긴 했지만 그럼에도 농장 생활은 참 즐거웠다. 나는 새로운 문제를 겪을 때마다 무언가를 배우게 되었는데, 이런 경험들이 내게는 만족스러웠다. 그중에서도 특히 만족스러웠던 것은 약초 치유에 관한 경험들이었다.

내가 약초학을 공부하게 된 계기는 괴팍한 늙은 염소 엘로이즈 때문이었다. 어느 날 엘로이즈가 눈병에 걸려 수의사에게 데려갔다. 수의사는 치료법이 딱히 없으며 염소가 곧 죽을 거라고 단언하면서도 처방전을 하나 써주긴 했다. 나는 그에게 감사 인사를 한 뒤 처방전을 받아 나왔고, 집에 돌아오자마자 그것을 쓰레기통에 버렸다. 수의사도 손을 놓았다면 차라리 내가 직접 고쳐보겠다고 마음먹은 것이다. 나는 수의약초학 책에서 엘로이즈가 걸린 병에 대해 찾아보았다. 책에서 추천하는 약초는 마침 내 농장에 자라고 있는 것들이었고, 나는 그것을 따서 지침에 따라 적당량을 엘로이즈에게 먹였다. 며칠이 지나자 엘로이즈는 건강한 모습을 되찾았고, 눈병도 완전히 사라져 있었다.

이런 성공 사례를 몇 번 겪다 보니 나는 내가 자연 치유에 열정이 있다는 것을 알게 되었고 이를 직업으로 삼고 싶다는 생각까지 하게 되었다. 하지만 그러기 위해서는 스승이 필요했는데, 스승을 어떻게 찾아야 할지 그리고 그런 사람이 존재하긴 하는 건지도 알 수 없어 막막한 상황이었다. 그러던 어느 날, 이웃이 자신의 친구 다이앤에 대한 이야기를 해주었다. 아시아에서 정체불명의 병에 걸린 다이앤은 이를 치료해줄 수 있는 사람을 찾아 안 가본 곳이 없었는데, 가는 곳마다

J. R. 워슬리라는 침술 명의의 이야기를 들었다고 한다. 그동안 만나본 사람들 중 그녀의 병을 고칠 수 있는 사람은 없었기에 결국 그녀는 영국에 있는 워슬리의 집으로 찾아가게 된다. 이 영국인은 다이앤의 병을 빠르게 치료해주었을 뿐 아니라 이전까지 경험해본 적 없던 최상의 컨디션을 만들어주었다. 다이앤은 이에 큰 감명을 받아 워슬리의 제자가 되었다.

이 이야기를 들은 나는 내가 필요로 하는 스승이 이 세상에 정말로 존재하며, 그를 꼭 찾을 수 있을 거라는 믿음을 갖게 되었다. 그래서 농장을 떠나 스승을 찾기 시작했다. 3년 동안의 수많은 실망과 절망 끝에, 나는 마침내 첫 스승을 찾을 수 있었다. 그는 다름 아닌 J. R. 워슬리였다!

처음으로 워슬리의 강연을 들었을 때가 기억난다. 중국 전통의학의 오행에 관해 가르치고 있던 그는 자연스러운 유머 감각이 있으면서도 현실적이었고, 동시에 깊이가 있는 사람이었다. 그의 의술은 내가 농장에서 배운 모든 것을 다시 한 번 확인해주었고, 내가 알고 싶어하던 모든 것을 가르쳐주겠다고 약속하는 듯했다. 나는 내 주변의 풀, 즉 약초에 대한 관심은 제쳐두고 침술을 배우기 위해 영국으로 떠났다.

내가 알게 된 바에 따르면, 중국 전통의학은 자연 에너지의 균형이 치유를 불러온다고 믿는다. 고전 시대의 중국 의사들은 마음과 영혼을 매우 중요하게 여겼고, 워슬리의 침술에도 이 두 부분이 포함되어 있다. 워슬리는 전통에 따라 지구와 지구에 사는 생명체들이 계절을 순환시키는 에너지와 같은 에너지로 이루어져 있다고 믿었다. 실제로 그는 계절이 인간의 형태와 성질을 빚어낸다고 말했다. 오행은 각 계절에 상응하며, 이러한 계절의 에너지는 각기 다른 방식으로 우리에게 자양분을 공급하고 우리 생명을 유지해준다.

더운 여름의 에너지는 땀샘, 심장, 순환계, 세포의 대사열 등 체온을 조절하는 신체 구조로 나타난다. 생존은 적당한 온기에 달려 있으며 온기는 우리 마음에도 필수적이다. 다른 사람을 따뜻하게 대할 때 우리는 기쁨을 느낀다. 우리 영혼은 삶의 의미를 느끼게 해주는 온기와 기쁨을 통해 번성한다.

늦여름은 다섯 번째 계절이자 보너스 계절이다. 대자연은 이맘때 달콤하고 풍성한 수확물을 내어주면서 육체에는 음식을, 마음에는 이해를, 영혼에는 타인의 곤경에 반응할 수 있는 연민을 가져다준다. 영양분은 위, 비장, 췌장, 유방에서 준비되고 전달된다.

한 해가 저물어가는 가을에는 상쾌한 공기가 새로운 무언가의 시작을 알린다. 폐는 새로운 영감과 안내를 받아들이고 대장은 원한, 상처, 슬픔, 무가치한 느낌 그리고 대변을 내보낸다. 가을은 우리가 가진 것의 가치와 잃어버린 것을 애도하는 법을 가르쳐준다.

겨울은 내면의 고요 속으로 침잠해 들어가 의지와 야망의 근원을 만나는 계절이다. 자연이 잠들어 있는 동안 비와 눈은 지구 곳곳에 생명수인 물을 채워놓는다. 신장과 방광은 몸과 마음, 영혼의 흐름을 유지시키는 체액을 조절한다. 겨울은 우리로 하여금 두려움과 경외심을 느끼게 한다.

봄은 생명이 탄생하고 성장하는, 미래를 향해 폭발적으로 나아가는 시기다. 이 시기는 우리 몸이 성장을 마쳤다고 해서 끝나는 것이 아니다. 우리는 평생 동안 계속 성장해야 하며 그렇지 않으면 위축, 좌절, 분노를 경험하게 된다. 우리 몸의 성장을 주관하는 기관은 간과 담낭이다.

다섯 가지 계절의 에너지, 즉 오행은 모든 사람과 만물을 구성하는 근본 요소다. 중국 전통의학에서는 이러한 에너지의 균형이 건강이고 불균형은 질병이며, 치유의 목표가 자연과의 조화를 회복하는 것이라고 가르친다. 병은 불균형의 신호일 뿐이므로 자연과의 조화를 회복하면 증상도 알아서 사라진다.

중국 전통의학에서는 감정을 관찰함으로써 그 사람의 오행 상태를 알아낼 수 있다고 말한다. 사람의 감정을 감지하는 방법에는 여러 가지가 있다. 동물은 냄새를 통해 사람의 감정을 정확하게 파악할 수 있는데, 나도 침술을 공부하면서 후각을 회복해 사람들의 감정을 냄새로 감지할 수 있게 되었다. 감정에는 색도 있다. 나는 각 감정에 따라 미묘하면서도 뚜렷한 색조가 낯빛에 드러난다는 것을 배웠고, 이 또한 감지할 수 있게 되었다.

소리로도 감정이 나타날 수 있다. 예를 들어 우리가 연민을 느낄 때는 목소리가 꽤 음악적으로 나오지만, 분노할 때는 훨씬 더 거친 소리가 나온다. 아직 말을 이해하지 못하는 영아들은 목소리만으로도 상대의 감정을 완벽하게 파악할 수 있다. 그러나 어른인 나는 소리의 이런 미묘한 차이들을 구분할 수 있을 때까지 민감성을 키워야 했다.

감정은 심장 박동과 함께 고동친다. 중국 전통의학 방식에 따라 나는 몸의 열두 지점에서 맥을 짚음으로써 오행의 균형 상태에 대한 자세한 정보를 얻는 방법도 배웠다.

워슬리 교수는 영혼에 대해 가르쳐주기도 했다. 어느 날 그는 한 주 내내 영혼을 주제로 강의했고, 강의 마지막 날에는 이 주제를 직접 체험해보는 것이 어떻겠냐고 제안했다. 그는 학생들을 한 명씩 교실 앞으로 불러내더니 우리에게 영혼을 위한 침술 치료를 해주었다. 얼마 지나지 않아 한 남자는 주체할 수 없을 정도의 웃음을 터뜨렸고, 다른 한 남자는 멍한 표정으로 교실 구석에 풀썩 주저앉아 있었다. 어느 젊은 여성은 눈물을 흘리며 행복하게 웃고 있었고, 또 다른 여성은 흐느껴 울면서 소리를 질러댔다. 워슬리의 침은 각 학생들의 영혼을 건드렸고, 모두가 이 체험을 통해 변화를 경험했다.

그가 내게 침을 놓았을 때, 나는 반짝이는 에너지가 실개울들처럼 내 몸을 통해 흐르는 것을 느꼈다. 그리고 이런 느낌이 든 후에는 별다른 변화를 느끼지 못했다. 그가 침을 놓았던 자리가 어디였는지를 떠올려보니, 트라우마로 인해 망가져버린 에너지를 치유하는 경혈 부위였음을 알 수 있었다. 당시 나는 한 여성과 사랑에 빠져 있었고, 딱히 이렇다 할 트라우마가 없었기 때문에 그것이 의아하게 느껴졌다. 다음 날 나는 비행기를 타고 미국으로 돌아갔고 여자친구는 그런 나를 맞이하며 내게 이별을 고했다. 그녀와의 이별은 나에게 큰 고통을 주었지만 이에 대한 치유를 미리 받아두었기 때문에 완전히 무너지지는 않을 수 있었다.

영국에서 나는 자연이 인간의 삶을 어떻게 충족시켜주는지를 깨닫기 시작했다. 우리 안의 자연이 균형을 잃으면 갈망이 생기는데, 이 갈망이 생각, 감정, 입맛, 욕구, 목소리, 안색, 체취 등 우리의 모든 것에 영향을 준다는 사실을 알게 된 것이다. 그러나 가장 중요한 것은 이러한 갈망이 삶의 경험을 왜곡한다는 점이다. 증상은 진짜 병, 즉 영혼의 필요가 과장된 형태로 드러난 것일 뿐이다.

나는 침술로 환자들의 마음속에 여름의 태양, 수확의 달콤함, 가을의 영감, 겨울의 평화, 봄의 재생력을 불어넣겠다는 큰 열정을 품고 진료를 시작했다. 진료 초창기에는 워슬리 교수가 약초에 대해 했던 이 말을 자주 생각하곤 했다. "침으로 할 수 있는 모든 것은 약초로도 할 수 있습니다. 하지만 약초를 사용한다면 제발 그 지역에서 자라는 약초를 사용하세요. 그게 다른 곳에서 자라는 것보다 열 배, 백 배도 아닌 '천 배'는 더 강력하니까요." 나는 이 가르침이 마음에 들었다. 그러나 왜 현지 식물이 더 강력한지, 식물이 어떻게 영혼을 치유할 수 있는지에 대해서는 알지 못했다. 워슬리 교수도 이에 관해 자세히 알고 있지는 못하는 것 같았다. 나는 그가 순전히 직감에 따라 그렇게 말한 것이라 생각했고, 나의 직감 역시 그의 말이 옳다고 말해주고 있었다.

1980년 7월, 영국의 워슬리 전통 침술 대학에서 1년간의 수업을 마치고 캘리포니아로 돌아가는 비행기에 몸을 실었다. 캐나다 북서쪽 상공을 날고 있던 나는 마음속으로 한 가지 다짐을 했다. "현지 식물의 사용을 되살려 영혼을 치유하겠다." 무모한 결심이었다. 이 결심을 뒷받침할 만한 건 그저 젊은이의 이상주의뿐이었지만, 오히려 젊고 이상주의적이었기에 나는 이 다짐을 진지하게 마음에 새겼다.

산타바바라에 도착한 나는 지역 야생 식물의 약효에 관한 정보를 찾기 시작했다. 하지만 기존의 약초 문헌은 대부분 유럽과 미국 동해안 지역의 식물을 기반으로 한 것이어서 별 도움이 되지 않았다. 지역 원주민인 추마쉬Chumash족에게 물어봐도 문화 말살로 인해 약초에 관한 전승 지식이 거의 다 소실되었기 때문에 별다른 성과를 거두지 못했다.

도움을 받을 만한 외부 매체가 더 이상 없었기 때문에 나는 스스로 해보겠다고 결심했다. 먼저, 식물의 특성을 파악하기 위해 중국 전통 의학에서 배운 오행 상응 체계를 활용해보기로 했다. 예를 들어, 늦여름의 에너지는 노란색, 단맛, 위장의 소화 능력을 불러일으킨다. 내가 첫 번째로 조사한 식물은 회향, 학명으로는 포에니쿨룸 불가레Foeniculum vulgare였다. 이 식물은 늦여름에 노란 꽃을 피운다. 식물의 모든 부분에서는 강한 단맛이 나며 위장과 소화에 좋은 강장제로 널리 알려져 있다. 이 식물은 늦여름의 에너지로 가득 차 있는 것이 분명했다. 하지만 이것이 내 분석 방식의 첫 성공이자 마지막 성공이었다. 그 뒤에 조사한 다른 식물들은 색과 맛, 출현 시기 등이 각기 다른 계절에 상응하는 식으로 뒤죽박죽이었다. 이런 방식으로는 내가 원하는 것을 얻을 수 없다는 게 분명했고, 나는 나의 굳은 다짐을 실현할 방법을 찾지 못하고 있었다. 새로운 접근 방식이 필요했지만 딱히 짚이는 것은 없어서 결국

이 프로젝트 전체를 보류하기로 했다.

이 무렵 나는 멕시코의 위촐족 샤먼, 돈 호세 리오스(마츠와)를 처음 만났다. 3장에서 이야기했듯이 그와의 만남은 나에게 깊은 인상을 남겼다. 샤머니즘을 배우는 것이 내 작업에 도움이 될지도 모른다는 느낌이 들었지만 그때는 샤먼 훈련을 받을 수 있는 실질적인 방법을 알지 못했었다.

몇 달 후, 지인이 건강 문제 때문에 침술 치료를 받고 싶다는 연락을 해왔다. 그녀는 치료비 대신 내가 흥미를 느낄 만한 어떤 것을 가르쳐주겠다고 제안했다. 내가 잘 아는 여성도 아니었고 그녀가 무엇을 알려줄지도 몰랐지만 나는 본능적으로 그녀의 제안을 받아들였다. 그리고 곧 내 직감이 옳았다는 것을 확인할 수 있었다. 그녀는 어렸을 때부터 유체 이탈을 통해 시공간 너머를 여행하면서 지식과 능력을 쌓을 수 있음을 깨달았다고 했다. 어쨌든, 그녀가 나에게 가르쳐주고자 했던 것이 바로 이 꿈의 세계들을 넘나드는 법이었다. 나는 약 1년 동안 그녀를 치료하면서 침술에 대한 지식을 심화시키는 동시에 우리 둘 다 흥미를 느끼는 다양한 주제들을 함께 탐구했다. 그러나 이런 방식으로 식물에 대해 배워야겠다는 생각은 한 번도 해본 적이 없었다.

우리가 각자의 길을 걷게 된 후에도 나는 샤머니즘을 배우고 싶다는 열망을 느꼈다. 그러다 미국의 인류학자 마이클 하너Michael Harner가 주말 강좌에서 샤머니즘 기술을 가르친다는 소식을 들은 나는 그를 보러 뉴욕으로 갔다. 마이클의 강의 내용은 아주 만족스러웠고, 지난해에 내가 약간의 관련 경험을 쌓아 놓았다는 것이 뿌듯하게 느껴졌다. 마이클이 훨씬 더 많은 것을 내게 가르쳐줄 수 있는 사람이라는 것이 확실했으므로 나는 추가 강좌를 신청했다.

마이클은 내게 식물의 정령과 접촉할 수 있는 기술을 하나 제안했는데, 이 기술이 내 다짐을 실행으로 옮기는 데 필요했던 바로 그 새로운 접근 방식이었다. 내가 처음 접촉한 식물이었던 창질경이는 식물의 정령들이 기꺼이 나를 가르쳐줄 것이라 단언했고, 실은 누군가가 인간의 영혼을 치유하는 것을 도와달라고 요청하기를 바라며 거의 200년 동안 기다려왔다고 했다.

이 첫 만남 이후로는 틈나는 대로 내가 사는 지역의 식물들에게서 많은 것을 배웠다. 나는 이미 그들의 언어, 즉 오행에 기반한 다섯 계절의 언어를 알고 있었다. 식물 정령들은 즉시 실천할 수 있는 지식들을 전해주었고, 나는 그것을 처음엔 조심스럽게 실천해보다가 효과가 보이자 점점 더 확신을 가지고 실천해나갔다. 다른 방법을 통해서였다면 몇 세대에 걸쳐 습득해야 할 식물에 관한 지식을 이렇게 해서 몇 달 만에 쌓을 수 있었다.

나는 분명 이 비범한 스승들을 만나는 축복을 받았지만 그 외의 모든 면에서 내 이야기는 아주 평범하다. 나는 평범한 중산층 가정에서 자랐고 그 안에서 겪을 수 있는 보통 수준의 고통과 불안들을 경험하며 자랐다. 부모님으로부터 당시의 합리적 물질주의에 따른 교육을 받았으며, 식물 정령의 메디슨을 재발견한 후로도 오랜 시간이 지나서야 원주민 전통

에 입문했다. 세월이 흐르면서 나는 나의 이런 평범성을 존중
하게 되었고, 이를 아무 의지처 없이 치유에 관한 끈덕진 관
심 하나만 있어도 무언가를 이룰 수 있다는 증거로서 여기게
되었다.

PART 2

내가 꾼 식물 정령의 꿈

1장

|

화

하늘 위로 짧게 고개를 내밀어 엷은 빛을 비추던 겨울 해
가 마침내 저물었다. 발치에는 어둠에 잠긴 초목 줄기들
이 있고, 그 사이로 얼음 결정이 자란다. 남아 있는 새 몇
마리는 날개 아래로 머리를 파묻는다. 이제 새들의 노랫
소리는 들려오지 않는다. 모든 생명들 가운데 오직 인간
들만이 재잘대며 즐거워한다. 이들이 둘러앉아 있는 모
닥불 주변으로는 차가운 어둠이 스며들지 못한다. 이들
은 낮 동안 있었던 일들을 이야기하며 좋은 일에는 기뻐
하고, 나쁜 일은 웃어넘긴다. 이들에게는 온기를 나누는
기쁨이 있기 때문이다.

젊은 엄마들은 아기를 안고 있다. 좀더 큰 아이들은 이야
기꾼의 무릎에 앉아 그가 이야기보따리를 풀기만을 간절

히 기다리고 있다.

이야기꾼은 기대에 찬 작은 얼굴들을 바라보다 웃는다. 그는 타오르는 불 위로 장작 두 개를 집어넣는다. "고마워요, 형님." 그가 말한다.

한 아이가 묻는다. "이야기꾼 아저씨, 왜 맨날 장작에 말을 걸면서 '형님'이라고 불러요?"

이에 웃음을 터뜨린 어른들은 '해가 밤에 쉬어야 하는 이유'라는 이야기가 이 질문에 대한 답이 되리라는 것을 알고 있다. 이 이야기는 이야기꾼의 단골 등장인물들인 곰, 송어, 블랙베리 덤불이 등장하는 복잡한 이야기다.

한번 시작된 이야기는 밤늦도록 이어지고, 킥킥대고 깔깔거리는 아이들의 웃음소리가 이야기 중간중간에 끼어든다. 아이들이 하나둘씩 잠에 빠져들고 이야기가 끝나면 이야기꾼은 마지막으로 피식 몇 번 웃으며 불을 정돈한다. 그의 아내가 웃느라 흘린 눈물을 닦으며 다가온다. 그녀는 들어오라는 의미로 그를 향해 미소를 짓는다. 이야기꾼은 그녀의 눈동자 속에서 붉은 숯불이 반짝이는 것을 본다.

위의 묘사 속에서 모닥불은 사람들을 한데 모으고, 몸을 덥혀주고, 즐겁게 웃게 해준다. 인류는 언제나 불로 요리해 먹고, 불 옆에서 이야기하며 웃고, 아이들을 돌보고, 지혜로운 어른들의 이야기를 들으며 살아왔기에 이러한 장면은 인류만큼이나 오래된 것이며 세상 모든 곳에서 수없이 반복되어온 장면이다. 오늘날 불은 금속과 플라스틱으로 만들어진 기계 속에서 다이얼과 온도 조절기로 제어되고 있지만, 여전히 부엌, 난방기, 자동차, 전자 기기 속에 살아 있다. 하지만 불 주변에 둘러앉아 있던 그 사람들은 다 어디로 갔단 말인가? 사람들은 서로의 눈을 바라보고 있는가, 아니면 화면을 바라보고 있는가? 그들은 서로의 기쁨과 걱정이 무엇인지 알고 있을까? 그들은 자신이 사는 곳과 주변 사람들에게 소속감을 느끼고 있을까?

어릴 적, 내가 백인 중산층 동네에 살았을 때도 사람들은 꽤 고립된 삶을 살긴 했지만 아이들만큼은 거리에서 함께 놀았다. 우리는 서로의 집을 자유롭게 드나들며 함께 밥을 먹거나 잠을 잤고, 부모들끼리도 가끔 모여 교류했다. 그로부터 50년 후, 나는 미국의 어느 평범한 동네에서 살게 되었다. 거기서 15년을 살았지만 아는 사람이 아무도 없었기 때문에 동네라고 부르기도 민망했다. 거리에는 아이도 어른도 보이지 않았고, 사람이라고는 오직 지나가는 자동차 안에만 있을 뿐이었다.

그러던 어느 날 동네에 정전이 발생했다. 이웃들은 몇 분 지나지 않아 아이들과 함께 카드놀이용 탁자, 보드게임, 기타 등을 들고 나와서 수다를 떨고, 노래하고, 웃었다. 몇 시간 후 전기가 다시 들어오자 사람들은 다시 컴퓨터와 텔레비전 앞으로 돌아갔고 거리는 다시 이전처럼 적막해졌다.

우리 주위를 둘러보면 어디서나 불을 발견할 수 있다. 식물은 태양으로부터 열과 빛을 받아 몸속에 그 에너지를 저장한다. 우리가 식물과 식물을 먹은 동물을 섭취하면 그 저장된 열과 빛을 흡수하게 되며 그것이 우리의 모든 심장 박동, 우리가 내딛는 모든 걸음의 원동력이 된다. 우리의 각 세포는 대사라는 모닥불 주위에 모여 있는 부족과도 같다. 우리는 우리 몸의 불로 살아가고 있다.

과학에서 열은 분자의 움직임으로, 분자가 빠르게 움직이면 온도가 높아지고 느리게 움직이면 온도가 낮아진다. 움직임이 완전히 멈춘 상태는 '절대 영도'라 부르지만 이는 이론적으로만 가능한 개념일 뿐이다. 움직임이 없는 물체는 주변과 아무런 교환을 할 수 없고, 교환이 없으면 아무것도 존재할 수 없기 때문이다.

이 말이 과장처럼 느껴진다면 나무를 예로 들어보자. 나무는 동물에게 필요한 산소를 내뿜고, 동물은 그 보답으로 나무에게 필요한 이산화탄소를 내쉰다. 동물의 배설물과 썩은 동물 사체는 토양을 비옥하게 만들고, 비옥한 토양은 잎이 자랄 수 있도록 영양을 공급하며, 잎은 다시 동물에게 영양분을 공급한다. 나무는 뿌리를 통해 생명 유지에 필요한 물을 흡수하며, 이 수분은 잎을 통해 하늘로 올라가 비가 되어 다시 땅으로 돌아간다. 이외에도 다양한 교환이 존재하지만 이 사이클 중 어느 하나라도 중단되면 나무는 죽는다. 죽은 나무는 부패라는 복잡한 과정을 통해 토양, 공기, 식물, 동물과의 교환을 이루게 된다. 이렇게 부패가 완료된 나무는 촉촉하고 비옥한 흙과 크고 작은 수많은 생명체가 된다. 여기서 장차 나무가 될 싹이 터 자라면서 교환 사이클이 계속 이어진다. 세상의 모든 것은 교환 사이클에 의해 존재할 수 있다. 어떤 형태가 다른 형태보다 좀더 오래 지속되는 건 있지만 세상에 분리된 개체라는 것은 존재하지 않는다. 우리는 모두 교환이 이루어지고 있는 한 점일 뿐이며 이 교환이 끝나면 다른 형태로 다시 순환한다.

우리를 만물과 하나되게 해주는 이러한 교환 작용을 일컫는 아름다운 단어 하나가 있다. 바로 '사랑'이다. 교류, 관계, 기쁨, 사랑. 이 모든 것은 세상을 움직이는 불이자 세상이라는 오케스트라를 지휘하는 불이다.

고대 중국의 현자들은 우리 안의 불을 몸·마음·영혼의 제국에서 일어나는 모든 활동을 통치할 수 있는, 깨달음을 얻은 황제에 비유했다. 그들은 이 불을 '최고 권위의 통치자'라고 불렀는데, 여기서 최고 권위는 신성을 가리킨다. 즉, 이들은 신이 무력이나 두려움이 아닌 사랑으로 모든 것을 다스린다는 사실을 알고 있었다. 그리고 이 사랑은 가슴이라는 형태로 우리 안에 살아 있다.

얼마 전 나는 가슴이 차게 식은 지 오래라 더 이상 어떤 것에서도 열정을 느낄 수가 없다는 50세 남성을 상담했었다. 그는 끝마치지 못한 프로젝트가 잔뜩 널려 있는 집에서 빈둥거리며 실업급여로 근근이 먹고살고 있었다. 나는 식물 정령을 통해 이 남성에게 온기를 전하고, 다시 한번 삶의 주도권을 잡을 수 있도록 가슴에 불을 지펴주었다. 그러자 그의 얼굴이 홍조로 붉어졌다. 다음 날, 내게 전화를 건 그는 전날 밤부터 몸이 불덩이처럼 뜨겁고 눈물을 멈출 수가 없다고 말하면서 열을 내릴 수 있는 방법이 없냐고 물었다. 나는 열도 눈물도 차차 사그라들 것이며, 그러고 나면 기분이 훨씬 좋아질 것이라고 그를 안심시켰다. 그리고 다음 날, 내게 다시 전화를 건 남성의 목소리는 새로운 열정으로 들떠 있었다. 그는 내게 할 얘기가 있다며 밥을 같이 먹자고 했다. 그날 저녁 식사 자리에서 그는 목적의식과 생동감으로 가득 찬 이야기를 들려주었다. 전날 그는 몇 달 동안 막혀 있던 중요한 사업 거래를 마무리 짓는 절차를 밟았다. 또, 근처 대학에 직접 전화를 걸어 수년째 실험실에만 묵혀뒀던 자신의 발명품을 실용화할 구체적인 방안을 설명했다. 의미심장하게도, 그의 발명품은 막힌 심장 동맥을 뚫어주는 기구와 그 수술 기법이었다.

불은 기쁨, 행복, 즐거움, 웃음, 관계, 섹슈얼리티를 자연스럽게 불러일으킨다. 현자들은 이러한 불의 선물이 두려움, 무거움, 그리고 무언가를 마음속에 지나치게 담아두는 성향을 덜어준다는 것을 알고 있었다. 그들은 불의 이러한 측면을 두고 '즐거움을 주관하는 관官'이라고 불렀다. 불은 때때로 심장 수호자라는 뜻의 심포*라고도 불린다.

심포가 건강할 때 우리는 자기 자신의 부족한 면 또는 삶의 어려움을 가볍게 웃어넘길 수 있고 다른 사람들과의 따뜻한 관계에서 즐거움을 느끼며, 만족스러운 성생활을 유지할

---

* 心包. 중의학에서 심포는 심장을 싸고 있는 막을 의미하는 동시에 감정과 관계를 조율하는 에너지적 구조를 가리킨다. 마음 혹은 영혼인 심心이 군주라면 심포는 그를 지키는 신하에 해당한다. 심포의 균형이 무너지면 고립감, 냉소, 감정적 방어기제가 나타나며 외부와의 친밀한 관계 형성이 어려워진다.

수 있다. 그러나 심포가 균형을 잃으면 우리는 고립감, 쓸쓸함, 냉담함을 느낀다. 또, 깊이 상처받기 쉬워지고 다른 사람을 신뢰할 수 없게 되면서 이런 고통을 부정하거나 보상받기 위해 과한 노력을 쏟으며 살아가게 된다.

심포는 물리적인 장기가 아니기에 육체의 어떤 부위라고 특정할 수 없다. 따라서 기존의 의사들은 이를 진지하게 받아들이지 않을 것이다. 그럼에도 불구하고, 심포는 얼굴의 코만큼이나 실제적인 것이다. 아니, 어쩌면 심포가 코보다 더 진실한 어떤 것일 수 있다. 성형외과에 가서 인조 코를 만들어낼 수는 있어도 심포를 만들어낼 수는 없으니 말이다!

내 학생 중 한 명인 샬럿은 오랫동안 정서적 차단 상태로 살아가던 사람이었다. 그녀는 이런 상태에서 심포가 온기를 되찾으면 어떻게 되는지를 아주 생생하게 체험했다. 다음은 샬럿의 경험담이다.

치유를 시작하기 전까지만 해도 저는 회의적이었어요. 어떤 상황이 펼쳐질지 전혀 예상할 수 없었지만 첫 번째 식물 정령을 전해 받자마자 저는 즉시 깊은 의식 상태로 빠져들었어요. 눈앞에 정령이 보였고, 저는 그것이 식물의 정령이라는 것을 바로 알아볼 수 있었습니다.[**] 두 번째 치유 세션에서는 쇼팽의 연주가 들렸어요. 마치 그가 방 안에서 직

[**] 몇 달 후, 나는 샬럿과 수강생들에게 금낭화(Bleeding Heart)라는 식물을 소개하면서 금낭화 정령을 만나기 위한 꿈 여행을 떠났다. 꿈 여행을 마친 샬럿은 첫 치유 때 내가 자신에게 금낭화를 썼던 것이 분명하다면서 그때 찾아왔던 존재와 이번에 만난 정령이 똑같은 존재라고 말했다. 치유 기록을 확인해보니 그녀의 말이 맞았다. 저자 주.

접 연주를 하고 있고 저는 그 피아노 안에 있는 듯한 기분이 들었죠. 정말 아름다웠어요! 그리고 당신이 세 번째로 식물의 정령을 전해주었을 때, 천사가 나타났어요. 기분이 굉장히 좋아졌고 많은 에너지가 가슴 쪽으로 올라오는 것을 느꼈습니다. 그날 밤 저는 중요한 꿈들을 꿨어요.

이후 열네 시간 동안 기분이 계속 좋다가 본격적으로 정화 과정이 시작됐어요. 신체적으로는 며칠 동안 계속해서 대변을 봐야 했죠. 이건 나름 잘 넘길 수 있었지만 감정적인 부분이 정말 힘들었어요. 저는 상처에서 기인한 제 특유의 패턴에 빠지기 시작했습니다. 당신이 수업 시간에 무언가를 시범으로 보여달라고 요청했었는데, 저는 그걸 할 수가 없었어요. 오래된 감정들에 압도당해 있는 상태였거든요. 예를 들면 충분히 잘하지 못한다는 느낌, 배신감, 집단에서 배척당하는 느낌, 무리에 끼지 못하는 느낌, '어차피 내가 더 잘 알아'라는 태도로 내면에 숨어버리는 습관 같은 것들이었죠. 이런 모든 것들이 소속되어 있지 못하다는 느낌을 더욱 악화시켰어요. 아무 데도 소속되지 않는 것이 '더 나은' 것이니 어디에도 소속되지 않은 채로 지내자고 생각했습니다. 저는 이 모든 경험을 직접 겪는 동시에, 이를 지켜보고 있었어요. 그리고 제가 평생 이런 감정 속에서 살아왔다는 걸 알게 됐죠. 저는 제 마음속 가장 깊은 슬픔과 외로움의 증상들을 마주하고 있었어요.

그 열두 시간 동안은 마치 지옥에 있는 듯한 기분이었어요. 제 인생 최악의 기억들이 모두 떠올랐죠. 음악계에서의 소외와 배신, 한때 몸담았던 영적 공동체를 떠나게 되었을 때 거기에 친한 친구가 일흔다섯 명이나 있었는데도 내게 왜 떠나냐고 물어본 사람이 단 한 명도 없었던 일 등. 어렸을 때부터 항상 이런 일을 겪었기 때문에 저는 어디서도 소속 감을 느낄 수가 없었어요. 그날 밤에는 차라리 죽고 싶다는 생각도 몇 번 들었고요. 이런 말을 하게 될 줄 몰랐는데, 그 나마 치유 덕분에 이 모든 것을 빠르게 통과할 수 있었던 것 같아요. 다음 날 수업 시간에 저희는 불을 찾아 꿈 여행 을 떠났어요. 그리고 마침내 심포를 발견했을 때, 저는 커 다랗게 찢어진 상처가 벌어져 있는 것을 보았습니다.*

저는 이것이 소속되지 못한 느낌과 신뢰할 수 없다는 느낌 으로 나타난 영적인 상처임을 알아차리기 시작했는데, 이 상처는 제 삶 속에서 계속해서 반복된 것들이었어요. 저의 냉소적이고 비판적인 태도가 실은 소속되지 못하는 아픔으 로부터 저를 보호하기 위한 방어기제라는 것도 명확하게 보였어요.

셋째 날, 저는 용기를 내어 수업 중에 제가 느끼는 감정을 이야기했어요. 제게 있어 이런 행위는 신뢰의 큰 도약이었 고, 바로 이를 통해 저는 소속감을 느낄 수 있었어요.

이전 같았으면 절대 할 수 없는 행동이었죠. 그 이후로 저 는 극적인 변화들을 경험했어요. 이제는 새로운 상황 속으 로 들어가는 게 훨씬 수월해졌달까요. 식물 정령 치유 수업

---

* 샬럿이 꿈 여행에서 본 심포의 비전은 그녀가 치유를 받으러 왔을 당시 내가 진단했던 상태와 상응하는 이미지였다. 저자 주.

을 마치고 돌아와서 저는 예전에 등록해뒀던 춤 수업에 처
음으로 가게 되었어요. 그런데 도착해보니 강의실에 100명
정도 되는 사람들이 모여 있었어요. 저는 '사람이 너무 많
아! 여기서 나가야겠어!' 하면서 공황 상태에 빠졌죠. 하지
만 결국에는 자리를 지키면서 수업에 끝까지 참여할 수 있
었고 심지어 즐기기까지 했어요. 어떤 사람들에게는 이게
별거 아닌 일이지만 저에게는 정말로 큰 의미가 있는 변화
였어요. 왜냐하면 내가 충분히 보호받고 있다고 느꼈기 때
문에 거기 참여할 수 있었던 거니까요.

저는 LA와 뉴욕에도 다녀왔고, 이제는 어디를 가도 편안함
을 느껴요. 치유를 받을 때마다 제 생명의 정수 같은 것이
되살아나면서 조금씩 강해지고 있다는 게 느껴져요. 다른
사람을 신뢰하기가 더 쉬워지기도 했고요. 그리고 몇 년 만
에 다시 성욕도 느껴져요. 정말 큰 변화죠! 또, 더 이상 얼
굴에 블러셔를 바르지 않아요. 다들 제 피부가 빛난다고 하
더라고요. 뉴욕 사람들은 제가 민낯이라는 걸 못 믿더라니
까요. 내면에 빛이 차오르니 피부까지 환해졌어요.

제 몸이 남들에게 어떻게 보일지 의식하는 것도 한결 나아
졌어요. 바디 이미지에 대한 상담 치료를 오랫동안 받아왔
지만 그것보다 식물 정령 치유 몇 번이 훨씬 큰 도움이 됐
어요. 체중이 약간 줄었어도 몸이 엄청나게 달라지진 않았
는데, 내면에 회복탄력성이 생기니까 삶이 절망스럽게 느
껴지지 않아요. 다시는 그런 절망을 겪을 필요가 없다는 걸
알겠더라고요. 지금은 더 많은 활력과 하고 싶은 일을 해낼

수 있는 힘이 생겼어요.

물론 식물 정령 치유를 받았다고 해서 몸무게가 바로 15킬로그램씩 쭉쭉 빠지지는 않아요. (그럴 수도 있겠지만요.) 중요한 것은 음식, 쇼핑, 술 등에서 찾으려 했던 보살핌의 느낌을 이제 내면에서 얻게 되었다는 거예요.

태양이 하늘에 가장 오래 떠 있는 날인 하지夏至가 되면 캘리포니아 산타바바라에서는 대규모 축제가 열린다. 정오가 되면 큰 거리에서 퍼레이드가 시작되고 시민들은 길가에 줄지어 서서 이를 구경한다. 이 퍼레이드는 태양과 여름, 그리고 무엇보다도 재미를 테마로 하는 축제다. 각 퍼레이드 차량의 목표는 사람들을 즐겁게 해주는 것이다. 이국적인 복장, 우스꽝스러운 괴물들, 키가 3미터나 되는 광대들, 죽마를 탄 삼바 댄서들, 롤러스케이트를 탄 저글러들, 도로 한 블록만큼이나 긴 뱀들, 마임 아티스트들, 화려한 밴드가 축제의 열기를 고조시킨다. 퍼레이드가 끝나면 참가자들과 관중들은 인근 공원에 모여 하루 종일 축제와 춤을 즐긴다.

산타바바라의 하지 축제는 비상업적인 축제라서 어떠한 광고도 없다. 사람들은 행사를 기획하고 준비하는 이 막대한 작업을 나서서 하면서도 아무도 돈을 받지 않는다. 그런데 이처럼 이윤을 목적으로 하지 않는 대규모 축제는 왜 이렇게 드문 걸까? 그 답은 불, 성, 영혼과 관련이 있다.

불과 성의 연관성은 "얼른, 자기야. 나를 뜨겁게 달궈줘"[*] 라는 말에서도 쉽게 찾아볼 수 있다. 불은 우리에게 쾌락을 선사한다. 성적인 열기와 관련하여 우리의 현 상태가 어떤지 간단히 살펴보자. 신체적 측면에서 우리는 여러 가지 문제에 시달리고 있다. 발기 부전, 불감증, 조루는 결혼생활의 위기를 불러온다. 미혼 성인, 청소년, 심지어 사춘기 직전의 아동들 사이에서도 임신과 성병은 큰 문제다. 성적 쾌락을 잘못된 사람과 잘못된 시점에 누리는 경우도 정말 많다. 정신적 측면에서 봤을 때도 성은 술, 담배, 커피, 우유, 자동차 타이어, 전자 기기, 심지어는 건축 자재 같은 것들을 팔기 위한 수단으로까지 쓰이고 있다.

우리가 무언가 핫한 것을 찾는 이유는 영혼이 차갑기 때문이다. 부모님과 선생님들이 우리 영혼을 따뜻하게 해준 적이 얼마나 있던가? 아마도 우리 기억 속에 유독 남아 있는 사람들이 바로 그런 따뜻함을 건네준 이들일 것이다. 우리 사회에서 인간의 영혼을 인정하는 기관은 딱 하나, 교회뿐이지만 교회는 삭막하고 엄숙하기만 하다. 과연 신성한 웃음의 사원은 어디 있는 걸까?

우리의 영혼에 따뜻함과 쾌락을 가져다주는 것은 무엇일까? 아무리 많은 사람과 잠자리를 가져도 그걸로는 안 된다. 로맨스도 소용없다. 바그다드를 폭격한다고 해도 우리 영혼은 따뜻해지지 않는다. 우리를 따뜻하게 해줄 수 있는 것은

---

[*] "Come on, baby, light my fire." 1967년에 발표된 The Doors의 대표곡 〈Light My Fire〉의 가사.

오직 사랑뿐이다. 우리는 차가운 마음을 가진 사회, 영적으로 얼어붙은 사회에 살고 있다. 그래서 유아적인 쾌락에 대한 갈망이 있다. 이 갈망은 온갖 상품을 파는 업자들에 의해 더욱 자극되고 부추겨진다. 우리가 불 그리고 태양과 좀더 건강한 관계를 맺고 있었더라면 전국의 모든 마을에서 순수한 비상업적 축제가 열렸을 것이다. 그러나 우리의 즐거움은 영리 추구에 너무나 물들어 있어서 산타바바라의 하지 축제 같은 행사가 매우 이례적인 일이 되어버렸다.

고대 중국인들은 식물을 성장시키는 태양의 작용을 관찰하면서 불에는 만물을 성숙하게 하는 힘이 있다고 믿었다. 성숙한 인간이란 사랑의 불로 영혼이 따뜻해진 사람을 말한다.

호피족과 같은 성숙한 사회의 사람들은 우리 문화에 관한 아주 예리한 통찰을 지니고 있다. 프레드 코요테Fred Coyote는 원주민들의 노래를 녹음하기 위해 호피족 원로를 찾아간 어느 인류학자의 이야기를 들려준다.

호피족 원로는 인류학자를 메사** 가장자리로 데리고 가더니 그곳에서 노래를 부르기 시작했다. 학자는 이를 녹음하면서 받아 적다가 "이 노래는 무슨 내용인가요?" 하고 물었다. 노인이 대답했다. "카치나*** 들이 산으로 내려오면 샌프란시

** mesa. 스페인어로 탁자를 뜻하며 평평한 꼭대기와 가파른 절벽 가장자리를 지닌 고립된 고원을 일컫는다. 주로 애리조나, 뉴멕시코, 콜로라도 등지에 분포되어 있다. 미국 남서부 원주민들은 메사 위에 마을을 짓고 살아왔으며 메사는 종종 영적, 의례적 공간으로 여겨지기도 한다.

*** kachina. 미국 남서부 원주민들의 전통에서 전승되는 자연의 정령. 비, 동물, 천체, 조상, 자연현상 등을 의인화한 존재로 인간 세계와 영적 세계 사이의 중재자로 여겨진다.

스코 피크스^{San Francisco peaks} 주변으로 적란운이 만들어지고, 우리가 노래하면 그 구름이 사막을 건너와 밭에 비가 내리면서 아이들을 먹일 식량이 생긴다는 내용이지요."

이어서 노인은 또 다른 노래를 불러주었다. 그러자 학자가 "이 노래는 무슨 내용인가요?" 하고 또 물었다.

노인이 대답했다. "내 아내가 신성한 샘에 가서 물을 길어오는 노래예요. 그 물로 우리를 위한 음식을 만들고 치유도 하죠. 신성한 샘이 없으면 우리도 오래 못 살 거예요."

이런 식의 작업이 오후 내내 이어졌다. 노래를 부를 때마다 학자가 "이 노래는 무슨 내용인가요?" 하고 물으면 노인은 노래에 관해 설명해주었다. 모두 강, 비, 물 등에 관한 노래였다.

결국 인류학자는 참다못해 물었다. "여기 사람들은 물에 관한 노래만 하나요?" 그러자 노인은 고개를 끄덕이며 말했다. "그래요. 우리는 수천 년 동안 이 땅에서 살아오면서 우리 가족, 민족에게 가장 절실한 것이 물이라는 것을 배웠지요. 호피족은 가장 절실히 필요로 하는 것을 노래로 부를 때가 많습니다." 그러고는 이렇게 되물었다. "저는 미국 음악을 많이 듣는데, 대부분이 사랑에 관한 노래인 것 같더군요. 미국인들에게 사랑이 절실히 필요한가요? 그래서 그렇게 사랑 노래를 많이 부르는 건가요?"*

---

* 선 밸리 예술 인문 센터(Sun Valley Center for the Arts and Humanities)의 허락을 받아 재수록된 내용이다. 프레드 코요테가 쓴 《나는 인디언으로 죽을 것이다》(I Will Die an Indian)에서 발췌했다. 저자 주.

아델은 식물 정령 치유를 받으러 온 매력적인 중년의 전문직 여성이었다. 그녀는 웃음이 많고 사회적으로도 성공했으며 호감형인 사람이었다. 게다가 결혼생활도 행복하게 유지하고 있었다. 그녀의 웃음 속에 약간의 날 선 느낌이 있긴 했지만 너무 쾌활한 웃음이라 그녀가 피로를 호소하고 있다는 사실을 아무도 짐작할 수 없을 정도였다.

나는 아델의 안색에서 미묘한 잿빛이 도는 것을 발견했다. 그녀의 얼굴에는 건강한 사람에게서 볼 수 있는 붉은 혈색이 돌지 않고 있었다. (붉은 혈색은 내적인 기쁨과 즐거움이 홍조로 나타나는 것이라 햇볕에 익은 빨간 피부와는 전혀 관계가 없다.) 나는 조심스럽게 그녀의 체취를 맡아보았는데, 토스트가 탈 때 나는 것 같은 탄내가 났다. 그녀는 힘들었던 이야기를 할 때조차 웃음기 있는 목소리로 말을 했다. 그녀는 겉으로는 즐거운 것처럼 행동했지만 이는 억지 즐거움이었다. 나는 그녀가 냉대와 무관심 속에서 자랐으며 사랑받지 못하는 기분과 함께 깊은 슬픔을 느끼지 않았을까 짐작해보았다. 그녀는 쾌활한 모습을 보이려 너무 애를 쓴 나머지 내적으로는 완전히 지쳐 있는 상태였고, 그런 그녀의 불도 시들하게 꺼져가고 있었다.

나는 아델을 위해 펜스테몬 헤테로필루스Penstemon heterophyllus의 정령을 불러냈다. 펜스테몬은 자홍색과 푸른색이 섞인 아름다운 꽃을 피우는데, 보기만 해도 기분이 좋아진다. 이 식물의 정령은 기쁨을 가져다주지만 마약처럼 일시적인 기쁨을 주는 게 아니라 오히려 마음의 고통을 해소하려는 노력을 하게끔 만든다. 펜스테몬의 정령을 받은 아델은 눈을 감고서

"기분 좋은 감각이 느껴지는데 색깔로 표현하자면 자홍색과 푸른색 같아요" 하고 먼저 말을 꺼냈다. 그녀의 맥박을 확인해보니 반응이 매우 좋아서 치유를 마무리한 뒤 일주일 뒤에 다시 오라고 말했다.

치유 당일은 별일 없이 지나갔다. 그런데 다음 날 정오 무렵, 아델은 갑작스럽게 열이 나고 독감 증상도 있는 것 같아 집으로 가 침대에 누워 있었다. 그렇게 눈을 감고 누워 있던 그녀에게 까맣게 잊어버렸던 오래전의 기억 하나가 떠오르기 시작했다. 10대 소녀였던 그때의 아델 역시 침대에 누워 있었다. 당시 그녀의 온몸에는 고통스러운 부종성 발진과 함께, 살면서 느껴본 적 없을 정도의 극심한 복부 경련이 일어나고 있었다. 그때 갑자기 어머니가 방으로 들어와 아픈 그녀를 힐끗 바라보더니 이렇게 말했다. "네가 그렇게 아픈 건 여자가 되는 중이라서 그런 거야. 원래 여자로 산다는 건 고통스럽고 괴로운 거란다!" 어머니는 딱 이 말만을 남기고 돌아서서 방을 나갔다. 10대 시절의 아델 그리고 어엿한 여성이 된 지금의 아델 모두 가슴이 찢어질 듯한 아픔을 느끼며 눈물을 흘렸다. 어떻게 어머니라는 사람이 그렇게 차갑고 무심할 수 있을까?

비통한 마음이 조금 진정되기 시작할 무렵, 아델은 가슴이 찢어질 듯 아팠던 사건을 하나 더 떠올렸다. 바로 아버지의 죽음이었다. 이 트라우마 뒤에는 또 다른 트라우마들이 줄줄이 이어서 생각났다. 결국 아델은 침대에 누워 세 시간을 내리 울었다. 그렇게 펑펑 울고 나니 감정적 여운 때문에 심리적으로 약간 충격을 받긴 했지만 곧 몸과 마음이 진정되어 다시 일어날 힘이 생겼다. 독감 증상도 완전히 사라졌다.

그 후 며칠 동안 아델은 유별나게 기분이 좋았다. 세상의 여러 색깔들이 이전보다 훨씬 더 선명하고 강렬하게 느껴지고, 뭘 먹어도 천상의 맛이 느껴지고, 음악을 들으면 감동이 몰려와 눈물이 나고, 섹스는 황홀했다. 원래도 괜찮았던 남편과의 관계는 차원이 다른 수준으로 좋아졌다. 언제 그랬냐는 듯 피로도 싹 가셨다. 이제 그녀의 가슴에는 태양이 밝게 빛나고 있었다.

장작에 불을 붙이면 차갑고 단단하며 무거웠던 그것이 열과 일렁이는 불빛으로 바뀐다. 현자들은 이를 보고 불이 물질의 변성을 주관한다고 여겼다. 변성의 불은 특히 우리 몸의 소장에서 강하게 작용한다. 우리가 먹은 음식이 그 형태와 특성을 잃고 우리의 일부가 되는 곳이 바로 소장이기 때문이다.

변성되는 것은 음식뿐만이 아니다. 우리는 우리가 겪은 모든 경험 또한 소화시킨다. 소장은 해롭거나 소화할 수 없는 것은 무엇이며 사랑의 순수한 표현물은 무엇인지를 분간할 수 있어야 한다. 우리 주변에는 두려움, 탐욕, 공격성이 넘쳐나므로 그런 불순물들을 제거하지 않으면 혼란에 빠지거나 더럽혀질 수 있다. 아델이 과거의 고통과 트라우마를 다시 겪은 이유는 변성의 불이 그녀 안의 해로운 과거 경험들을 불태우고 있었기 때문이다. 변성의 과정은 언제나 이런 식이다. 불은 강렬한 자비심으로 마땅히 제거되어야 할 것을 파괴한다. 우리가 이 과정을 편하게 느끼든 혹은 불편하게 느끼든 상관없이, 불은 멈추지 않고 제 역할을 다한다.

얼마 전, 나는 멕시코 국경 너머에 있는 작은 관목 숲(chaparral)이 내려다보이는 강의실에서 수업을 하고 있었다. 그런데 갑자기 그 숲에 불이 번지기 시작했다. 밤에는 높이 타오르는 불기둥이 어둠을 밝혔고 낮에는 까만 연기가 하늘을 뒤덮었다. 화재를 진압할 소방관들도, 물이나 소화 물질을 투하하는 항공기도 없었다. 산불은 그렇게 3~4일간 계속되다가 저절로 진화되었다.

나는 미국 국경 쪽에 살았기 때문에 관목 숲에 대해 잘 알고 있었다. 관목들은 덥고 건조한 여름을 견디기 위해 스스로를 왁스와 기름으로 덮는데, 이 물질은 해마다 축적된다. 그러다 번개가 치면 불이 붙어 휘발성 물질이 쌓여 있는 관목 지대를 모조리 태워버린다. 지대 너머의 일반적인 식물들은 좋은 땔감이 못되므로 불은 몇천 평까지만 번진 후에 자연스럽게 꺼진다.

산불이 지나간 곳의 땅은 오히려 활성화된다. 재 덕분에 미네랄이 풍부해진 토양이 직사광선을 쬐면 새로운 성장의 기회가 생긴다. 사실, 어떤 씨앗들은 불에 노출되어야만 싹이 트기도 한다. 새로 자란 어린 식물들은 즙이 많고 영양가가 높아 동물들에게 최고의 먹이가 되고, 이로 인해 인간도 최고의 사냥감을 얻게 된다. 몇 년이 지나면 숲은 완전히 복원된다. 산불이 남긴 유일한 흔적이라곤 그 지역 식물이 유달리 더 왕성하게 자라난다는 점뿐이다. 멕시코 사람들은 불이 파괴와 재생이라는 유익한 자연의 순환을 돕고 있음을 잘 알고 있다.

그러나 미국에서는 관목 숲이 불타도록 그냥 내버려두는 것은 상상도 할 수 없는 일이다. 우리는 불, 즉 세상을 돌보는 '최고 권위의 통치자'를 신뢰하지 않는다. 우리는 파괴와 변성이라는 자연의 순환을 불신하는데, 이는 그 순환이 어떠한 손실을 가져오기 때문이다. 설령 이러한 손실이 유익한 것이라 하더라도 우리는 아무것도 잃고 싶어하지 않는다. 우리는 손실을 피하기 위해 자연을 통제하려 하고, 그래서 불을 억압한다. 그러나 세상을 통제하려는 인간의 모든 시도가 그러하듯, 이러한 노력은 우리가 피하려고 했던 그것을 더 많이 불러올 뿐이다.

크기가 작은 관목 숲에서 일어나는 산불이 숲을 생동생동하게 만들어주던 시절과는 달리, 이제는 건조하고 인화성 높은 지역들이 해마다 계속 확장되고 있다. 결국 이런 지역에 성냥불이 떨어지거나 번개라도 치면 몇천만 평 규모의 대형 화재로 번진다. 이런 불은 수백 년 된 오크 나무와 플라타너스를 불태울 정도로 강하며, 주택 단지와 자동차조차 녹여버릴 만큼 뜨겁다.

우리의 삶에도 이러한 원리가 똑같이 적용된다. 불은 삶 속에서 작은 갈등의 불씨를 일으킨다. 이 불씨는 문제가 있는 영역을 조명하여 우리가 해결책을 찾아내게끔 하고, 이를 통해 내적 변화를 일으킨다. 그러면 우리는 새로 성장하여 삶을 더 활기차게 살아간다. 하지만 우리는 갈등으로 인해 애정, 존경, 승진 기회 등 무언가를 잃게 될지도 모른다고 생각하면서 이 불씨를 두려워한다. 그래서 우리는 불을 억압하고 모든 것을 자신의 통제하에 두려고 한다.

하지만 시간이 흐를수록 내면에는 억압된 불씨가 점점 더 많이 쌓여간다. 아델이 식물 정령으로부터 불꽃을 전해 받은 후 내면에서 큰 불길을 경험한 것도 바로 이런 이유 때문이다. 나는 이 장의 앞부분에 샬럿의 편지를 인용했었는데, 그녀는 불길에 휩싸이는 것이 어떤 느낌인지를 생생하게 묘사했다. 아델과 샬럿은 특별한 예가 아니다. 불은 우리 사회 전반에 걸쳐 억압되어 있으며 그만큼 폭발 직전의 인화 물질들이 엄청나게 쌓여 있다. 그러니 앞으로 어떤 일이 일어날지는 뻔하다.

실제로 폭력, 전쟁, 정치적 · 경제적 분쟁, 자연재해라는 거대한 산불이 이미 타오르고 있으며 인류에게 필요한 부드럽고 즙 많은 새싹이 자라기 위해서는 이 불길들이 다 타고 나서 스스로 꺼져야만 한다. 그전까지는 이 세상을 다스리는 이가 누구인지 기억하고, 파괴를 통해 변형을 불러오는 자비의 힘을 신뢰하자.

질문: 불과 당신

아래 질문에 답하면서 불 원소와의 관계를 음미하고 탐구해보자. 불을 옆에 두고 잠시 몸을 이완해보라. 작은 촛불도 괜찮다. 불꽃을 바라보며 그 존재에 감사하는 마음을 가져보라. 그리고 불에게 당신의 경험 속으로 빛을 비추어달라고 청하라. 아래 질문을 읽고 불에게 직접 말하듯 답해보라. 웃음

또는 눈물이 나도 괜찮다. 그저 마음속에 있는 것을 솔직히 말하면 된다. 앞뒤가 안 맞는 대답도 괜찮다. 진솔한 대답이 가장 좋은 대답이다.

1. 마지막으로 배꼽 빠지게 웃은 적이 언제인가?
2. 더운 날씨에 기분이 어떤가? 추운 날씨에는?
3. 사람이나 어떤 것에 대해 쉽게 변덕을 부리는(hot and cold) 경향이 있는가?
4. 매운 음식, 열정적인 분위기의 음악에 대해 어떻게 느끼는가?
5. 빨간 옷을 잘 입는 편인가? 빨간 자동차를 살 의향이 있는가? 빨간 집에서 살 의향은?
6. 여름에 대해 어떻게 느끼는가?
7. 무엇 또는 누구에게 열정을 느끼는가?
8. 무엇을 하며 즐거움을 느끼는가?
9. 가슴이 찢어질 듯 아팠던 적이 있는가?
10. 낙담하여 기가 꺾였던 적이 있는가?
11. 자제력을 잃을 것 같다고 느낀 순간은 언제인가?
12. 다른 사람을 통제하려고 한 적이 있는가?
13. 지금의 일이 당신에게 기쁨을 가져다주는가?
14. 가족과 함께하는 삶이 당신에게 기쁨을 가져다주는가?
15. 스스로가 무방비하며 취약한 상태라고 느낀 적이 있는가?
16. 파티나 모임에서 어떤 기분이 드는가?
17. 최근에 재미있는 농담을 들은 적이 있는가?
18. 당신의 성생활은 어떤가?

19. 당신이 전심전력을 다해 하는 것과 마지못해 하는 것은 무엇인가?

20. 사람들과 함께 있는 것을 좋아하는가?

21. 당신에게 우정은 얼마나 중요한가?

22. 땀이 잘 나는 편인가? 아니면 잘 나지 않는 편인가?

23. 순환계 쪽에 문제가 있는가?

24. 햇볕을 쬐면 기분이 어떤가? 해가 쨍쨍한 날씨와 흐린 날씨에 대해 어떻게 느끼는가?

25. 불이나 폭발에 관한 꿈을 꾼 적이 있는가?

26. 커피나 살짝 태운 토스트처럼 쓴맛이나 탄 맛이 나는 음식을 좋아하는가?

27. 어떤 것에서 씁쓸한 감정을 느끼는가?

28. 지금의 파트너, 가족, 친구, 동료들에게 사랑받고 있다고 느끼는가?

29. 다시는 사랑할 수 없을 거라고 느꼈던 적이 있는가?

30. 가슴이 사랑으로 넘쳐흘렀던 때는 언제였나?

31. 이웃에 사는 사람들을 알고 지내는가?

32. 소속감을 느끼는 공동체가 있는가?

33. 자연과 연결되어 있다고 느끼는가?

34. 자연으로부터 사랑받고 있다고 느끼는가?

35. 어떨 때 신, 영 또는 신성과 연결되어 있다고 느끼는가?

36. 당신은 누구를 사랑하는가?

37. 당신은 무엇을 사랑하는가?

38. 스스로를 고립시킨 적이 있었는가?

39. 다른 누군가와 함께 보내는 시간이 얼마나 되는가? 전자
기기를 사용하며 보내는 시간은?

40. 언제 행복하다고 느꼈는가?

41. 안온한 기쁨을 느낀 적이 있었는가?

42. 당신 삶 속의 지혜로운 원로들은 누구인가? 그들과 얼마
나 자주 대화하는가?

43. 지금 당신의 삶에서 불타고 있는 것은 무엇인가?

이 질문들 중 어떤 것이 가장 깊은 감정적 반응을 불러일
으켰는가? 답하기 어려웠던 질문과 쉬운 질문은 무엇이었나?
삶에 대한 열정, 즉 불이 강하게 타오르는 영역과 약하게 타
오르는 영역은 어디인가? 다시 불에 말을 걸어보자. 당신의
삶에서 열정이 사라져가고 있는 영역이 어디인지 이해할 수
있도록, 다시 그 영역에 불이 타오를 수 있도록 도와달라고
요청하라. 어떻게 하면 그 불이 더 즐겁고 강렬하게 타오를
수 있는지 물어보라. 마지막으로, 조용히 앉아 당신 안의 불
에서 보게 된 기쁨과 슬픔을 허용하며 느껴보라.

2장

—

토

내가 태어나기 전, 나의 아름다운 갈색 어머니는 나의 존재를 갈망하셨다. 어머니는 오랜 세월, 어쩌면 수 세기 동안이나 나를 기다리시면서 내가 젖을 빠는 그 느낌을 느끼고 싶어하셨다. 마침내 더는 기다릴 수 없게 되었을 때, 어머니는 자신의 몸에서 두 점의 살덩어리를 떼어내어 젊은 여성과 젊은 남성의 모습으로 빚으셨다. 어머니는 이 젊은이들을 서로의 눈에 아름답게 보이게끔 만드셨고, 이들은 하나가 되어 아이를 낳았다. 마침내 내가 태어난 것이다! 나의 아름다운 갈색 어머니께서 얼마나 기뻐하셨을까! 얼마나 만족스러우셨을까!

아기가 태어났으니 이제 할 일이 생겼다. 나는 배가 고파서 먹을 것을 달라고 울기 시작했다. 그러자 어머니는 자신의 아름다운 갈색 몸에서 초록빛 머리카락이 자라나게 하셨고, 그 초록 줄기에는 열매와 씨앗이 맺혔다. 어머니는 이 과실들을 아름답게 만드셨고, 나에게 그 아름다움을 즐길 수 있는 눈을 주셨다. 어머니는 이것들을 향기롭게 하셨고, 나에게 그 향을 맡을 수 있는 코를 주셨다. 어머니는 이것들을 맛있게 만드셨고, 나에게 그 절묘한 맛을 맛볼 수 있는 혀를 주셨다. 어머니는 열매들에 풍부한 영양을 담아주셨고, 나에게 그 즙을 소화하고 어머니의 살을 나의 살로 바꿀 수 있는 위장을 주셨다.

아름다운 갈색 어머니는 내가 어머니에게서 멀어지면 곧 쇠약해지고 여위게 될 것이라는 사실을 아신다. 그래서 어머니는 항상 내 발바닥에 몸을 밀착시켜 나를 안고 계신다. 나는 내 아래에서 그분을 느낄 수 있기에 내가 누구인지, 어디에 서 있는지를 알 수 있다.

우리가 늘 함께 있기에, 나는 어머니를 보며 배우고 있다. 어머니는 나를 이해하시기에, 나도 다른 사람을 이해하는 법을 배우고 있다. 어머니가 나를 먹여주시기에, 나는 안정감과 관대함을 배우고 있다. 어머니가 나를 버린 적이 없기에, 나는 충성심을 배웠다. 어머니는 나를 결코 잊지 않으시기에, 나는 기억하는 법을 배웠다. 어쩌면 어머니께서 내게 주신 가장 큰 선물이 바로 기억일 것이다. 그것만이 내가 그분께 돌려드릴 수 있는 유일한 것이기 때문이다.

이것은 당신의 이야기이기도 하다. 당신과 나는 아름다운 갈색 어머니의 아이들이다. 그러니 감사를 느끼는 아이가 할 수 있는 최고의 감사 인사를 함께 전하자. "아름다운 갈색 어머니여, 우리는 사랑으로 당신을 기억합니다."

수많은 사람들이 지금까지 먹은 수많은 식사 덕분에 내가 지금 여기 이 자리에 있을 수 있다. 내가 사는 집, 우리 가족, 이 책, 내가 글을 입력하고 있는 이 컴퓨터도 마찬가지다. 인류와 인류의 업적은 모두 음식으로부터 만들어진 것이고, 음식은 흙에서 나온다. 대지는 우리의 어머니다.

지금 우리는 어머니를 기억하고 있는가? 흙 한 줌을 만들기 위해 수만 년 동안 일하신 어머니의 노고를 떠올리고 있는가? 농업 전문가들은 '적정한 토양 침식 속도'에 대해 이야기하지만, 중서부 땅의 흙은 미시시피 강을 따라 계속해서 떠내려가고 있다. 과연 우리는 누가 우리를 먹여 살리는 존재인지 기억하고 있는가? 마침내 우리 모두가 어머니의 가슴에서 멀어지게 된다면 누가 우리에게 음식을 가져다준단 말인가? 어디서 먹을거리를 얻을 수 있단 말인가?

어머니의 가슴은 아이에게 양육, 안정감, 정체성, 충만감을 아낌없이 내어준다. 하지만 우리 사회는 어머니의 가슴을 혐오하며 아이들을 가슴에서 떼어놓기 위해 온갖 방법을 다 쓴다. 양육, 안정감, 정체성, 충만감마저 돈을 주고 사야 한다고 믿기 때문이다. 이제 여성들은 더 이상 어머니로서만 살아가지 않는다. 이들은 노동으로 돈을 벌어 아이들에게 필요한 것을 사주려 하지만, 사실 아이들이 정말로 필요로 하는 것은 오직 어머니의 가슴만이 내어줄 수 있다.

아직 산업화가 덜 된 많은 사회에서는 어머니들이 아이에게 반드시 모유 수유를 해야 하며 2~3년, 많으면 4년간 이를 지속해야 한다는 것을 잘 알고 있다. 이러한 문화권에서는 가슴을 드러내는 일이 부끄럽거나 성적인 일이 전혀 아니다. 반면에 어머니의 가슴에 대한 욕구를 충족시킬 수 없었던 많은 미국인들은 성인이 되어서도 이러한 욕구에 집착한다. 어머니에게서 충분한 사랑을 받지 못했다는 불만과 분노 때문에 우리는 왜곡된 어떤 것에 매혹되곤 한다. 현실적이고 실용적인 가슴은 어머니의 처진 가슴이지만, 우리는 이런 가슴을 거부하고 이상화된 처녀의 가슴을 갈망한다. 그리하여 우리는 브래지어, 실리콘 보형물, 유방암과 같은 현대적 발명품들을 만들어냈다. 협력, 양육, 연민과 같은 여성적 가치를 외면했다. 진짜 음식 대신 이상화된 멸균 식품을 먹기 시작했다. 그리고 마침내, 우리는 토양, 숲, 야생 동물, 여성의 몸을 포함한 어머니의 모든 형상에 강간에 가까운 폭력을 행사하게 되었다.

우리는 태어난 첫날부터 죽기 전까지 입을 통해 대지 어머니와 긴밀한 관계를 맺는다. 음식물을 섭취하는 기관인 입은 위장의 연장선이고, 따라서 위장은 우리가 대지 어머니와 연결되어 있음을 알려주는 장기이다. 오늘날 대부분의 사람들은 위장으로 들어가는 음식이 건강에 도움이 될 수도 있고 해가 될 수도 있다는 사실을 잘 알고 있다. 하지만 마음에도 위장이 있어서, 거기에도 적절한 음식을 넣어줘야 한다는 사실을 알고 있는 사람은 얼마나 될까? 오늘 당신이 먹은 마음의 양식은 영양가 있는 것들이었는가? 배가 잘 채워지면 만족감이 든다. 만족한 사람은 시기하지 않고, 탐욕스럽지 않으며, 경쟁하려 하지 않는다. 만족한 사람은 우월감이나 열등감을 느끼지 않으며 다른 사람과 자신을 비교하지 않는다. 만족은 감사와 연민을 불러온다. 오늘 당신이 먹은 마음의 양식은 만족을 가져다주었는가? 오늘 당신은 다른 사람에 대한 이해심과 인류애를 먹었는가, 아니면 스트레스와 폭력을 먹었는가?

요즘은 누구나 마음의 식단에 어느 정도의 스트레스와 폭력을 포함시킬 수밖에 없다. 그러나 너무 과하게 먹지만 않으면 건강한 위장은 이것들을 휘젓고, 섞고, 썩혀서 소화 가능한 형태로 만들 수 있다. 이처럼 위장에는 마음의 경험을 소화시키는 능력도 있다. 서양에서는 이를 '반추'라고 하며 중국에서는 위장이 사람들에게 숙고할 수 있는 능력을 부여해준다고 본다. 위장이 약하면 부드러운 음식도 소화가 어려울 수 있다. 마찬가지로, 우리의 마음은 별거 아닌 경험도 몇 번씩 곱씹으면서 그것을 소화하고 흡수하려는 헛된 시도를 반복할 수 있다. 이러한 곱씹음은 걱정과도 같고, 걱정은 결국 집착으로 이어진다.

집착으로 이어질 수 있는 위장의 숙고 능력은 오귀스트 로댕^{Auguste Rodin}의 유명한 조각상 '생각하는 사람'에도 잘 나타나 있다. 로댕이 프랑스인이었다는 것은 우연이 아니다. 프랑스인들은 위장 중심적인 사람들로 널리 알려져 있다. 특히 이들은 곰팡이 핀 치즈, 오래 숙성시킨 와인, 복잡하게 조리된 소스와 같이 오랫동안 고민하고 정성 들여 썩힌 음식들에 집착한다. 프랑스인들은 끊임없이 무언가를 씹어 먹으며, 손에 음식이 들려 있지 않다면 생각이라도 계속 곱씹는다.

프랑스든 다른 나라든 중산층 사람들에게는 몸과 마음을 위한 먹을거리가 넘쳐난다. 육체적 음식은 집 앞 편의점에서 쉽게 구할 수 있고, 인터넷 덕분에 마음의 양식을 찾기 위해 집을 나설 필요도 없다. 하지만 영혼을 위한 양식을 찾으려면 어디로 가야 할까? 편의점처럼 간편하게 영혼의 허기를 채울 수 있는 곳이 있을까? 영혼에도 끼니때마다 잘 채워줘야 하는 위장이 있다. 배고픈 영혼은 결핍과 불안을 느낀다. 겉으로 다른 사람에게 베푸는 척할 수는 있지만 실제로는 줄 수 있는 것이 아무것도 없다. 굶주린 영혼은 느릿느릿 다가오는 황폐한 죽음을 피하려 발버둥 치지만 결국에는 체념하고 이를 받아들이게 된다.

언젠가 한 노인이 나에게 도움을 요청한 적이 있다. 노인은 걸음도 제대로 걷지 못하는 상태여서 내 사무실로 업혀 들어왔는데, 젖은 기저귀를 차고도 몸무게가 30킬로그램이 채 되지 않았기 때문에 그를 들어 올리는 일은 그리 어렵지 않았다. 그의 몸이 내 사무실 소파 위에 놓였다. 나는 그의 차가운 손을 잡고 환영을 표했지만 그는 내 인사에 응하지 않고 거기 누워 벽만 응시하고 있었다. 그의 몸에서 나는 달짝지근하면서도 메스꺼운 냄새와 누렇게 뜬 안색만 봐도 굳이 문진이 필요 없었다. 그의 토± 원소는 극도로 피폐해져 있었다.

나는 노인을 연민 어린 눈길로 바라보며 딱 한 가지 질문을 물었다. "식욕이 있으신가요?"

"아니요." 그가 대답했다.

나는 그의 영적 위장을 강화시키기 위해 식물 정령을 불러왔다. 그러자 노인은 즉시 고개를 돌려 내 눈을 바라보며 이렇게 말했다. "지금 당장 바비큐를 먹고 싶네요!"

우리는 약간의 이야기를 더 나누었고, 곧 떠날 시간이 되었다. 노인의 움직임은 여전히 매우 느린데다 양옆으로 부축이 필요했지만 그는 스스로 걷겠다고 고집했다. 그 후 나는 노인의 다른 가족들을 한 시간 정도 치유하고 있었는데, 대기실에서 그가 큰 목소리로 불평하는 소리가 들려왔다. "배고파 죽겠다! 얼른 나가서 바비큐나 먹으러 가자니깐!" 마침내 노인의 가족은 근처 식당으로 향했고, 그는 푸짐한 한 끼를 먹었다.

어머니는 강해야 한다. 육아(mothering) 경험이 있는 사람이라면 알겠지만 아이를 돌보는 데는 엄청난 노력이 필요하다. 몸 안에서 어머니 노릇을 하는 기관은 비장과 췌장이다. 이들은 수천 대의 노란색 트럭으로 전국 방방곡곡에 포도당을 배달해주는 운송 회사와도 같아서, 위장에서 흡수한 영양분을 온몸의 세포로 운반한다. 우리가 활기차고 힘차게 움직일 수 있는 것은 역동적이고 강건한 기능을 가진 이 둘 덕분이다. 입을 가진 모든 생명체에게 먹이를 얻을 수 있는 근육을 주신 것은 대지 어머니의 또 다른 선물이자 그녀의 천재성이 나타나는 부분이다.

이렇게 세포에 당을 공급하고 삶 속에 단맛을 실어 나르는 기능은 겉보기엔 단순해 보이지만, 실은 매우 복잡한 일이다. 만약 현대인으로서의 삶이 쇠붙이 같은 맛이나 씁쓸한 맛으로 느껴질 때가 더 많다면 비장이나 췌장이 너무 아파서 제 역할을 다하지 못하는 것이다. 어디서나 볼 수 있는 이 질병의 대표적인 증상 중 하나가 바로 설탕 중독이다. 여기서 주목할 만한 점은, 우리가 먹는 정제 설탕이 기계로 만든 인공물이라는 것이다. 산업 기술은 설탕을 정제하는 기술을 만들어냈고, 산업화된 사회에서 살아가는 사람들은 지구와의 연결이라는 달콤함을 모르기 때문에 이 중독성 물질을 필요로 한다. 이들은 단맛에 결핍을 느끼기 때문에 건강을 해치더라도 돈을 주고 단맛을 사려 한다. 오늘날 세계에서 가장 널리 퍼진 문명적 산물은 페니실린, 휘발유, 폴리에스터도 로큰롤도 아닌, 바로 코카콜라다.

비장·췌장 불균형의 또 다른 증상은 폭주하는 교통 및 운송 시스템이다. 건강한 운송 시스템의 본래 기능은 사람들의 생계를 유지하는 데 필요한 물품과 서비스를 전달하는 것이다. 그러나 우리 사회에서 교통과 운송은 수단이 아닌 목적이 되어버렸다. 자동차 할부금, 보험금, 주차비, 차고 건축비, 수리비, 주유비, 도로 건설 및 유지에 쓰이는 세금, 운송 산업에 대한 보조금, 석유 확보를 위한 군대 유지비와 전쟁 개입 비용 등의 막대한 조공이 요구되는 이 상황을 보라. 자동차는 이미 오래전부터 우리의 하인이 아닌 주인이 되어버렸다. 이것으로도 모자라 우리의 암적인 운송 시스템은 숨 쉬거나 음용하기에 부적절한 대기질과 수질을 만들어냈다. 사람들은 출퇴근 스트레스 때문에 위궤양, 고혈압 등 각종 질병에 시달리고 있다. 자동차 소음과 배기가스는 모든 숲과 초원에 스며들어 있다. 우리는 이제 차 없이 사는 법을 모른다. 이것은 너무도 놀라운 사실이라 반복할 필요가 있다. "우리는 이제 차와 트럭 없이 사는 법을 모른다!"

자동차 부품점, 정비소, 전시장, 트럭 기사 식당, 배차 사무소 등 교통의 전당이라고 할 수 있는 곳들 대부분에는 신화 속의 신성한 이미지가 배치되어 있는 작은 성소가 존재한다. 그 성스러운 대상 자체는 이미 오래전에 사라졌지만 원초적 상실감을 느낀 많은 사람들은 그것을 찾기 위해 미친 듯이 달려들게 되었다. 그리고 이러한 돌진의 움직임이 현대 운송 산업의 탄생이 되었다. 이 신성한 대상을 되찾은 이는 여태까지 아무도 없지만, 그것을 찾아 나선 모든 남자는 자신이 선택받은 자라는 믿음을 은밀히 갖고 있다. 이 신성한 대상은 바로, 여성의 가슴이다.

캐롤라이나는 주중에 내 아내의 요리와 청소를 도와주는 여성이었는데, 주말이 되면 마을 외곽 언덕에 있는 자기 밭까지 걸어가 옥수수를 가꾸는 것이 그녀의 낙이었다. 어느 해 늦여름, 그녀는 엄청난 풍작을 이루었고 수확물을 옮기기 위해 돈을 모아 작은 암말 한 마리를 샀다. 말은 값비싼 휘발유나 수리가 필요하지 않았고, 그 배설물은 환경을 오염시키기는커녕 땅을 더 비옥하게 만들었다. 때가 되면 말은 망아지를 낳을 것이고, 그러면 캐롤라이나는 말을 사는 데 들인 비용을 회수할 수 있게 될 것이다. 차와 달리 암말에게는 섹시한 여성의 가슴 사진 따위를 장식으로 붙일 필요도 없을 것이다.

애초에 말은 진짜 젖가슴을 지니고 있으니까.

라코타Lakota족의 샤먼인 월리스 블랙 엘크Wallace Black Elk는 한 신실한 청년으로부터 지구를 치유하기 위해 우리가 할 수 있는 일이 무엇이냐는 질문을 받은 적이 있다. 그는 이렇게 대답했다. "우리는 지구를 치유할 필요가 없습니다. 지구는 스스로 치유할 수 있으니까요. 다만 우리가 해야 할 일은 지구를 아프게 하는 일을 멈추는 것뿐입니다." 나는 이 단순한 진리에 더해, 지구가 우리를 치유할 수도 있다고 말하고 싶다. 우리가 지구를 등한시하고 황폐하게 만들었음에도 불구하고, 우리의 질병과 무지에도 불구하고, 지구 어머니는 여전히 자녀들을 사랑하신다. 어머니는 아직 우리에게 등을 돌리지 않으셨고, 어머니의 가슴에는 여전히 연민과 이해의 젖이 가득 차 있다.

50대 중반의 의사인 로버트는 환자의 신체적 고통뿐 아니라 마음과 영혼의 아픔을 치유할 수 있는 방법을 발견한 뒤로 지역 내의 주요 병원 중 한 곳에서 프로그램을 시작했다. 로버트의 성공은 프로그램에 대한 이해가 전혀 없는 동료 의사들의 시기와 의심을 불러일으켰고, 결국 그는 병원 관료들로부터 모욕을 당한 뒤 해고당했다. 설상가상으로 이 시기에 로버트와 이혼하게 된 아내는 그를 집에서 쫓아내버렸다. 몇 달 후 그는 심각한 병에 걸렸다. 의사는 간염에 더해, 그의 췌장 경부에 악성으로 추정되는 큰 종양이 있다는 진단을 내렸다. 로버트는 그 자신도 의사였기에 이것이 치료 불가능한 치명적인 암이라는 것을 알고 있었고, 두려움과 걱정을 느끼며 남은 삶을 정리해나갔다. 그의 몸은 빠르게 쇠약해져서 식사조차 할 수 없게 되었고, 자리에서 일어날 수 없는 지경이 되자 나를 자기 침대맡으로 불렀다.

로버트는 절박한 심정으로 자신의 이야기를 자세히 들려주었다. 그는 내가 자신의 이야기를 이해해주고, 알아주고, 마음 깊이 공감해주기를 간절히 바라고 있었다. 그의 그런 바람은 나를 감동시켰으며, 그가 어머니를 필요로 한다는 것을 보여주고 있었다. 나는 식물 정령의 형태로 어머니를 불러낸 다음 자리를 뜨려 했다. 그런데 놀랍게도, 그가 벌떡 일어나 침실 문밖으로 나를 따라 나왔다. 그는 곧장 부엌으로 가서 냉장고 안에 있는 음식을 허겁지겁 먹기 시작했고, 나는 이 광경을 뒤로 하고 그의 아파트를 떠났다. 2주 후 다시 만난 그는 활동적이고 자신감 넘치는 모습이었다. 그는 더 이상 병상에 누워 지내지 않았고, 신성한 어머니의 화신이라 알려진 영적 스승을 만나기 위해 독일로 떠나려던 참이었다.

질문: 땅과 당신

정말로 배가 고플 때, 좋아하는 음식을 싸서 자연 속의 쾌적한 장소로 가지고 가라. 감사하는 마음으로 천천히 음식을 먹어보라. 입과 뱃속에서 음식이 어떻게 느껴지는지 집중해보라. 주변 환경이 어떤 감정을 불러일으키는지도 주의 깊게 살펴보라. 그다음 아래 질문들을 스스로 물어보라. 질문을 곱씹어보며 잘 소화한 뒤, 배 속에서부터 올라오는 답이 무엇인지 들어보라. 이 질문들에 답하는 동안 당신이 토 원소와 어떤 관계를 맺고 있는지 맛볼 수 있을 것이다.

1. 어머니에 대해 어떻게 느끼는가?

2. 집에 대해 어떻게 느끼는가?

3. 당신에게 안전한 느낌을 주는 것과 불안한 느낌을 주는 것은 각각 무엇인가?

4. 사람들이 나를 이해해준다고 느끼는가?

5. 다른 사람을 돌보고 보살필 수 있는가?

6. 자기 자신을 어떻게 돌보고 있는가?

7. 자신을 희생하면서까지 남을 돌보고 있는가?

8. 걱정을 자주 하는가?

9. 자신이 너무 뚱뚱하다거나 너무 말랐다고 느끼는가?

10. 배고프지 않아도 음식을 먹거나 과식을 하는가? 그렇다면 그 이유는?

11. 자신을 진정으로 만족시켜주는 음식을 먹고 있는가?

12. 먹는 것을 즐기는가?

13. (여성인 경우) 자신의 가슴에 대해 어떻게 느끼는가? (남성인 경우) 여성의 가슴에 대해 어떻게 느끼는가?

14. 어머니가 당신에게 모유 수유를 했는가? 했다면 얼마나 오래 했는가? 모유 수유 중인 아이를 볼 때 기분이 어떤가?

15. 단 것을 좋아하는가?

16. 소화가 잘 되는가?

17. 당신에게 구역감을 주는 것은 무엇인가? 무엇이 구토를

유발하는가?

18. 맨발 걷기에 대해 어떻게 느끼는가? 손으로 흙을 만지는 것은?

19. 야생 구역에 혼자 있고 싶다고 느끼는가?

20. 어린아이들을 돌보는 것에 대해 어떻게 느끼는가?

21. 부엌, 거실, 자동차를 노란색으로 칠하는 건 어떤가?

22. 늦여름(수확기)이 되면 어떤 기분이 드는가?

23. 내 발밑에 깔려 있던 카펫이 확 뽑혀 나간 것 같은 기분이 들었던 적이 있는가?

24. 땅에 뿌리를 잘 내린 듯한 안정적인 기분을 주는 것과 그 반대의 기분을 주는 것은 무엇인가?

25. 당신이 집착하는 것은 무엇인가?

26. 기억력은 어떤가?

27. 어깨에 기대어 울 수 있는 사람이 있는가? 당신의 고민을 공감하며 경청해줄 사람이 있는가?

28. 당신은 스스로가 어떤 사람인지 어떻게 알 수 있는가?

29. 다음 끼니를 먹을 수 있을지 걱정하지 않아도 되는 상태인가?

30. 누군가의 말을 공감하며 경청할 수 있는가?

31. 다른 사람의 기분이 어떤지 쉽게 눈치채는 편인가? 다른 사람의 감정에 관심을 가지는 편인가?

32. 노숙자가 돈을 달라고 할 때 어떤 기분이 드는가?

33. 사람들을 돌보는 것을 좋아하는 편인가? 동물을 돌보는 것은 어떤가?

34. 식물, 바위, 강, 바람, 산, 계곡… 이들이 어떤 기분인지 알 수 있는가? 이들의 감정이 당신에게 중요하게 느껴지는가?

35. 오늘 당신이 감사함을 느끼는 것은 무엇인가?

대지는 우리가 필요로 하는 양분을 제공해주며, 우리가 서 있을 수 있는 바닥이 되어준다. 위의 질문들에 대한 답을 생각해보면서 자연과 사람들 그리고 당신 자신이 스스로를 어떻게 돌보고 또 지지해주고 있는지를 느껴보라. 불안감이 주로 어떤 문제에 쏠려 있는가? 당신에게 가장 큰 안정감을 주는 것은 무엇인가? 밖으로 나가 땅바닥에 앉아보라. 대지가 오늘 당신의 삶에 필요한 양분과 지지를 주는 것을 느껴보라. 몸이 이완되고 마음이 평온해질 것이다. 안정과 불안 모두 우리의 몸과 마음, 영혼을 먹여 살리는 존재이신 대지 어머니 곁으로 당신을 이끌고 간다.

3장

—

금

연로한 샤먼 돈 과달루페 곤살레스 리오스는 우리를 영적인 순례길로 이끌었다. 그가 모시는 신들이 있는 성지로 향하는 길이었다. 우리는 순례를 준비하며 금식했고, 길을 떠나 성스러운 샘에 다다랐다. 거기서 돈 루페는 우리에게 성수를 발라주었다. 그 후 그는 우리를 광야로 인도했고, 우리는 불 할아버지(Grandfather Fire) 앞에 서서 지금까지 성관계를 맺었던 모든 파트너들의 이름을 고백했다. 그제야 비로소 우리는 우리가 구하는 축복을 받을 수 있을 만큼 순수해질 수 있었다.

우리가 신성한 계곡에 들어서자 돈 루페는 탁 트인 하늘 아래 제단을 쌓았다. 그는 '쉭' 하는 매의 날갯짓 소리와 함께 우리에게 각자가 감당할 수 있을 만큼의 영적 힘을 전달해주었다. 그는 불을 피우고 그 불을 축성하면서 우리를 그 주위로 불러 모았다. 그런 다음 그는 자리에 앉아 이 비밀스러운 정수가 우리 안에서 작용할 수 있도록 조용히 지켜보았다.

많은 시간이 흘러 어느덧 어둠이 깔렸고, 달이 떠오르자 코요테들이 울부짖었다. 우리는 여전히 별이 빛나는 하늘 아래 불을 둥그렇게 둘러싸고 앉아 있었다. 돈 루페는 이제야 우리가 자신의 말을 들을 준비가 되었다고 느낀 듯, 조심스럽게 입을 열었다.

"자네들은 무언가를 받기 위해 이곳까지 먼 길을 여행해왔고, 또 많은 희생을 치렀네. 나는 아까 자네들 안에 내 비밀을 넣어주었어. 그래야 '위대한 샤먼을 만나서 이것저것 다 해봤는데 아무것도 얻지 못했다'고 말하는 일이 없을 것 아닌가? 나는 자신이 알고 있는 것들을 나눠주기 싫어서 아무것도 모르는 척하는 그런 사람들과는 달라. 나도 때가 되면 죽을 텐데 내가 배운 것을 전수해줄 수 없다면 이제까지의 배움이 다 무슨 소용이겠나? 난 내가 아는 것을 모두가 다 알 수 있으면 좋겠다네!

내가 아는 모든 게 다 우리 아버지께 배운 것이라는 걸 자네들이 알아두면 좋겠어. 내가 아주 어렸을 때, 그러니까 아마 서너 살 정도였을 때 아버지께서 나를 등에 업고 바람나무가 있는 성스러운 산에 올라가신 적이 있네. 아버지는 산 정상에 도착하신 뒤 날 위한 촛불을 켜고 공물을 바치셨고, 나를 위해 밤새도록 기도하셨지. 나는 그게 뭐 하는 건지도 모르고 그냥 잠이 들어버렸어. 몇 년 후 아버지께서 내게 그날을 기억하냐고 물으셨을 때 나는 기억이 나지 않는다고 대답

했다네. 그러자 아버지께서 말씀하셨어. '당연히 기억 못 하겠지! 계속 잠들어 있었으니까!'

내가 조금 더 나이가 들었을 때, 아버지께서 나를 당신 곁으로 부르시더니 이렇게 말씀하신 적이 있었네. '아들아, 잘 듣거라. 나는 가난한 원주민이라서 내가 죽으면 너는 가축은 물론 집이나 돈도 물려받지 못할 거란다. 하지만 너는 치유와 지혜의 길, 즉 너를 지탱해줄 삶의 방식을 물려받게 될 거야.' 나는 아버지께 좋다고 말씀드리며 그 선물을 받아들이겠다고 답했네. 그러자 아버지는 '내 가슴을 네게 주마. 너는 내 가슴을 물려받게 될 거다'라고 말씀하시며 내 안에 자신의 비밀을 넣어주셨지.

열두 살 때부터 나는 아버지 도움 없이 혼자서 산을 순례하기 시작했네. 6년 동안 매년 순례를 떠났고, 그 후로도 6년 동안 서원을 지켰지. 그다음으로는 지금 우리가 앉아 있는 이곳을 6년 동안 왔고, 그 후로 또 6년 동안 서원을 지켰네. 그렇게 내가 견습생으로서 수련을 시작한 지 네다섯 해가 지났을 무렵, 나는 아버지의 말씀이 실현되고 있음을 알게 되었어. 사슴들이 내게로 다가와서 자기 몸을 내어주곤 했고, 내 손길이 닿으면 사람들이 치유되고 건강해졌지. 딱 우리 아버지께서 말씀하신 그대로 됐던 게야. 그런데 어느 순간, 나는 아버지께서 전해주신 그 길에서 벗어나 방황하기 시작했네. 이 길 말고 다른 길은 없나 기웃거리기 시작한 게지. 하지만 그 결과는 끔찍했고, 그래서 다시 이 길로 돌아오게 되었네. 나는 48년 넘게 지혜와 치유의 길을 걸어왔고, 지금까지도 이 길이

나를 지탱해주고 있네.

아버지가 정말로 내 생부가 맞는지 의심스러웠던 적도 있었지만 이제는 그분이 내 진짜 아버지라는 것을 아네. 왜냐면 내 안에 지혜의 씨앗을 심어주신 분이 그분이니까. 내 모든 것은 우리 아버지 덕분이네. 내 아버지를 주신 신께 감사를!

내가 자네들에게 말하고 싶었던 건 이게 전부야. 이제 자네들도 우리 민족의 전통에 대해 조금은 알게 되었구먼. 자, 이제 자네들이 말해보게나. 자네들의 전통에 대해 알려달라고."

"돈 과달루페, 우리 민족은 전통을 잃어버렸습니다." 내가 말했다.

"어떻게 그럴 수 있는가?" 그가 물었다. "영적 전통은 근본적인 것이라서 사람이 가장 먼저 갖추어야 할 것이 아닌가?"

"저희에게는 인도해줄 사람이 없고, 그래서 길을 찾을 수도 없습니다. 저희가 먼 길을 떠나 여기까지 온 것도 바로 그 이유 때문입니다. 당신처럼 가르침을 주셨던 아버지를 둔 사람은 저희 중에 단 한 명도 없습니다."

"그게 정말인가?" 그가 물었다. 베티는 내 쪽으로 몸을 돌리더니 눈물이 그렁그렁한 눈으로 말했다. "돈 루페에게 이 말을 전해주세요. 어제 그가 나의 모든 성적 파트너들을 불 할아버지께 고백하라고 했는데, 내가 말한 첫 번째 이름은 제 아버지의 이름이었습니다."

베티의 말을 전해 들은 그는 깜짝 놀랐다. "자기 딸에게 그랬다는 것인가? 짐승이 아니고서야 어떻게 그런 짓을…."

"우리 민족이 어떤 지경에 이르렀는지 이제 아시겠지요." 내가 말했다.

우리는 세상살이를 알려주는 존재인 아버지를 통해 인생에서 진정으로 중요한 것이 무엇인지를 알게 된다. 아버지가 우리 어깨에 손을 얹어줄 때면 우리는 존엄성과 자존감을 느끼게 된다. 우리에게 있어 아버지란 최초의 권위자이자 최고의 권위자다. 아버지가 우리를 존중하기에 우리 역시 스스로를 존중하게 되고, 스스로를 존중하기에 다른 사람들도 존중하게 된다. 아버지의 역할은 우리의 본질을 알아봐주는 것, 우리를 격려하고 가르치는 것이다. 이로써 우리의 본질이 발현되고, 그 고유의 특성을 통해 우리의 삶은 더 풍요로워진다.

당신의 아버지는 그런 분이었는가? 그렇다면 당신은 풍요로운 삶을 살아가는, 매우 운이 좋은 사람이며 영혼과의 연결이 강한 사람일 것이다. 당신에게는 모든 일상적인 경험이 의미 있고 중요한 경험이 될 것이다.

혹은, 당신의 아버지는 베티의 아버지와 더 비슷했을 수도 있다. 육체적 해를 가하진 않았어도 방임으로써 당신의 영혼에 해를 입혔을 수 있다. 이런 경우 당신은 큰 상실을 겪었을 것이고, 당신의 영혼은 깊은 슬픔이 무엇인지를 잘 알고 있을 것이다.

우리 중 많은 사람들은 마음속에 쌓인, 표현되지 못한 큰 슬픔 때문에 멍한 상태로 살아간다. 우리는 뻥 뚫린 가슴을 채워줄 무언가를 찾아 헤매고 있다. 우리는 하늘에 계신 아버지, 즉 아버지의 임재를 찾고 있다. 영적 풍요의 원천이신 그분을 찾을 수 없게 된 우리는 대안을 찾기 시작한다. 우리는 흔히 물질적 부가 그분의 자리를 대신해줄 거라고 생각한다. 이러한 대체물들이 영혼을 얼마나 피폐하게 만드는지는 굳이 설명할 필요도 없을 것이다. 우리가 위출 원주민 돈 과달루페의 가난에 충격을 받았던 것처럼, 그도 우리 민족의 영적 궁핍에 충격을 받았다.

아버지의 존재감을 충분히 느끼지 못했던 몇몇은 많은 지식이나 정보를 축적하거나 무언가를 열심히 배움으로써 이 결핍을 메꾸려 한다. 문맹이었던 돈 과달루페는 책을 통해 지식을 배울 순 없었지만 그런 것 없이도 진정한 풍요를 지니고 있었다. 그는 자신의 영적 부를 나눠줌으로써 사람들을 치유하고 그들에게 힘을 불어넣어 주었다. 영은 말 안에 담을 수 있는 것이 아니므로 그는 강의 같은 것을 하지 않았다. 그는 자신의 보물을 '비밀'이라고 불렀다. 그의 이러한 나눔은 한 영혼이 다른 영혼에게 베푸는, 직접적이고도 너그러운 행동이었다.

돈 과달루페는 서양 의사들의 치유 방식에 많은 관심을 보이곤 했다. 특히 깊은 가르침을 주었던 어느 날의 세션이 끝난 후, 그는 나의 성장에 만족감을 표했다. 그러고는 내게 뜻밖의 질문을 했다. 위출 사람도 의사가 될 수 있다고 생각하냐는 질문이었다.

나는 "물론이죠" 하고 대답하면서 서양의학이 요구하는 것은 오직 뛰어난 지적 능력뿐이라는 점을 전달하고자 이렇게 덧붙였다. "의사가 되기 위해 필요한 것은 글을 잘 읽는 능력뿐입니다." 하지만 이 남자에게 있어 독서는 미스터리에 가까운 것이었기 때문에 그는 내 말뜻을 전혀 이해하지 못했다. 그래서 다시 설명했다. "돈 과달루페, 그러니까 우리 의학에는 비밀이 없다는 뜻입니다."

"아!" 그가 말했다. 그 후로 그는 다시는 서양의학에 관심을 보이지 않았다.

아버지를 찾는 또 다른 방법은 '영적 부'라고 여겨지는 것들을 쌓아 올리는 것이다. 여기서 우리는 절박한 심정에 빠진 구도자들을 심심치 않게 보곤 한다. 이들은 자신이 속한 종교, 심리치료, 예술, 과학, 정치, 심지어는 기업이나 경찰, 군대 내에서의 자신의 중요도가 곧 자신의 가치라고 생각한다. 그러나 지식이나 물질적 부를 쌓아 올리는 사람들처럼, 영적 영예를 쌓아 올리는 사람들 역시 아버지가 특정 성전에만 국한되어 계시지는 않는다는 사실을 모르고 있다. 그분의 임재 속으로 들어가기 위해 특별히 이뤄내야 할 것은 없다. 그저 숨을 쉬기만 하면 된다. 하느님 아버지는 우리 주변의 공기에 스며들어 있으며, 숨을 들이쉴 때마다 폐를 통해 우리 안으로 들어오신다.

하느님 아버지의 본질은 미묘한 것이지만, 고대 중국인들은 이것을 다섯 원소 중 가장 밀도가 높은 금金으로 생각했다. 아마 이는 금속이 대지의 가장 순수하고 가치 있는 정수이기 때문일 것이다. 실제로 많은 문화권에서는 오래전부터 금은 같은 금속을 가치의 상징으로 여겨왔다. 그러나 역사의 어느 시점부터 우리는 그 상징을 실체로 착각하기 시작했다. 그 결과 수 세기에 걸친 학살과 착취가 이어졌다. 유럽인들은 반짝이는 노란 금속에 대한 탐욕 때문에 아메리카로 건너와 원주민을 학살하고 자연환경을 파괴했다. 그들이 그렇게 할 수 있었던 것은 강철에 대한 지식과 하느님 아버지를 숭배하는 그들의 종교가 이러한 폭력을 정당화해준 덕분이었다. 황금을 향한 탐욕, 강철에 대한 충성, 영혼에 가한 폭력, 무자비한 신을 향한 숭배. 바로 이것이 서구 문명의 건국 이념이다.

권위와 힘은 남성과 여성 모두에게 남성적 원리의 핵심이지만, 우리 대부분은 권위와 억압, 힘과 학대의 차이를 잘 모른다. 당신은 판사, 경찰관, 교수 또는 당신의 상사가 근무 중에 우는 모습을 본 적이 있는가? 이라크, 베트남, 히로시마 또는 기타 지역에서 우리가 죽인 이들을 국가적으로 애도하는 날이 있는가?

남성 운동(Men's Movement)에서는 깊은 슬픔이 남성다움의 핵심이라는 사실을 최근에야 발견했다. 이는 많은 사람들에게 큰 충격이었다. 왜냐하면 깊은 슬픔은 강인함의 날카로운 면을 누그러뜨리고, 거기에 친절을 더해주기 때문이다. 그러나 우리가 부드러워지고 친절해지면 더 진실하고 강인한 사람이 되며, 궁극적으로는 더 진정한 권위를 지닌 존재가 된다.

슬픔은 우리의 가치관을 바로잡고 존중을 가르쳐준다. 사랑하는 사람을 잃은 지 얼마 되지 않은 이가 깊은 슬픔을 느끼게 되면 정말로 중요한 게 무엇인지, 인간의 삶이 얼마나 소중한 것인지를 분명히 알게 된다. 문제는, 우리가 깊은 슬픔을 느끼기 싫어한다는 것이다. 우리는 깊은 슬픔을 느끼는 대신에 사회에서 말하는 '남자다움'을 키워서 더 강해져야 한다고 생각한다.

이러한 유형의 힘은 진정한 힘이 아닌, 놓아주기를 거부하는 병적인 힘이다. 아버지의 본질이 우리의 폐를 통해 영감을 불어넣어 줄 수 있으려면 먼저 우리 내면이 맑고 순수하며 비어 있어야 한다. 이러한 맑음을 유지해주는 것이 바로 대장이다. 대장은 더러운 것은 내보내고 몸·마음·영혼에 생기, 의로움, 수용성을 가져다준다. 선불교의 옛이야기 중에는 대장과 폐의 작용을 잘 나타내는 이야기 하나가 있다. 다음은 그 이야기를 약간 각색한 것이다.

옛날 옛적, 부유한 상인과 그의 아우가 살고 있었다. 상인은 사업에 성공했고 대가족을 이루었으며 의로운 사람이라는 명성이 자자했다. 그에 비해 동생은 결혼도 못 한 데다 한 직종에 오래 몸담지 못해 떠돌이 생활을 했다. 그러던 어느 날, 동생은 자신이 결혼을 했으며 아이까지 낳았다는 소식을 전했고 이를 들은 형은 깜짝 놀랐다. 동생은 새로 꾸린 가정을 부양하려면 일자리가 필요하다고 말하며 가장 보잘것없는 역할이라도 좋으니 일할 수 있게만 해달라고 형에게 간청했다.

동생의 진지함과 열의를 높게 산 형은 기꺼이 일자리를 내주면서도 그가 이렇게 갑자기 변한 이유가 무엇인지 궁금해져 그 사유를 물었다.

그러자 동생이 대답했다. "형님, 저는 가장 고귀하고 숭고한 것을 알고 싶다는 갈망 하나로 평생을 살아왔습니다. 농업은 너무 하찮은 일처럼 느껴졌고, 상업이나 전문 직종에 종사한다는 생각만 해도 숨이 턱 막히는 기분이었지요. 그래서 귀중한 무언가를 찾아 떠돌아다녔지만 모두 허사였고 삶이 그저 무의미하고 우울하게만 느껴졌습니다. 그러던 중 위대한 지혜를 지녔다는, 어쩌면 신성한 현자일 수도 있는 한 노인에 대한 소문을 듣게 되었습니다. 절망에 빠진 저는 그를 찾아가 제자로 받아달라고 요청하기로 했습니다."

"그래, 나도 그 노인에 대해 들어본 적이 있어." 형이 말했다. "그를 정말로 만난 거니? 너를 어떻게 맞이하던?"

"예, 만났습니다." 동생이 말했다. "제가 찾아갔을 때 그분은 태극권 동작을 수련 중이셨습니다. 고령임에도 중년 남성처럼 활기차 보였지요. 수련을 다 마친 후에는 저를 친절하게 맞이해주면서 어떤 일 때문에 왔냐고 물으시더군요. 그래서 그에게 말했습니다. '수년간 방황하며 찾아 헤맸는데도 저는 아무것도 찾지 못했습니다. 이제는 허망함과 비통함만 느껴집니다. 듣자 하니 선생님께서 위대한 지혜의 보물을 갖고 계신다던데, 선생님의 총기 있는 눈과 평온한 표정을 보니 정말로 아직 제가 이르지 못한 어떤 경지에 이르신 분 같습니다. 부디 제게 가르침을 내려주십시오.'

그러자 그분이 대답했습니다. '여기까지 먼 걸음 해줘서 고맙네만, 나는 받아들일 줄 아는 사람만을 제자로 받아들인다네. 스승은 능동적으로 가르침을 주는 사람이야. 자신의 지혜를 제자에게 쏟아붓는 것은 찻잔에 차를 따르는 행동과도 같네. 실지로, 자네의 잔은 깨끗이 비어 있기에 채울 필요가 있네.' 그분은 끌끌 웃으며 말을 이었습니다. '그러나 안타깝게도 자네는 아직 잔을 가만히 들고 있는 법을 배우지 못했어. 만약 내가 자네를 가르치려 한다면 내 차를 탁자에 전부 흘리게 될 걸세.'

이것으로 대화가 끝난 것 같아서 저는 노인에게 감사 인사를 드리고 자리를 떴습니다. 참으로 지당하신 말씀이었기에 그분의 말씀이 깊이 와닿았습니다. 돌아보면 저는 탐구를 한답시고 이리저리 정처 없이 떠돌아다니기만 하고 한 곳에 오래 머물러본 적이 없었습니다. 늘 안절부절못하고 성취감을 못 느꼈던 것도 이 때문이었지요. 그래서 아예 다른 삶을 살아보기로 했습니다. 결혼도 하고, 형님의 도움을 받아 이 마을에 자리를 잡기로 한 겁니다."

열심히 일을 도운 동생은 몇 년 뒤 형이 운영하는 회사의 공동 경영자가 되었다. 그는 계속해서 독창성과 생산성을 키워나가면서 사업을 번창시켰으며 그 지역에서 가장 존경받는 걸출한 인물이 되었다.

한편, 형은 동생만큼 잘 지내지 못했다. 사업은 여전히 번창하고 있었지만 그는 동생의 높은 위상을 시기했다. 그의 자존감은 점점 낮아졌고, 이에 따라 무기력증이 찾아오면서 건강도 나빠졌다. 그러던 중 그는 나이 든 현자에 대한 소문을 다시 듣게 되었고, 직접 그를 찾아가 도움을 청해야겠다고 마음먹었다. 형은 동생이 나약하고 의지가 박약한 사람이기 때문에 현자가 동생의 찻잔에 지혜를 부어주지 않은 것이며, 자신은 강인하고 평생 근면하게 일해온 사람이기 때문에 최상의 지혜를 받을 자격이 충분하다고 생각했다. 형에게 있어 현자와의 만남은 고통의 해결책인 동시에 자신이 동생보다 낫다는 것을 증명할 수 있는 일석이조의 기회였다.

현자는 자신의 집으로 찾아온 형을 따뜻하게 맞이해주었고, 그의 명성을 익히 들었다면서 자신을 찾아와주어 영광이라고 말했다. 형은 자신이 가르침을 받으러 왔다고 설명했고, 현자는 이에 매우 기뻐하며 집 안으로 들어가 함께 차를 마시자고 했다.

형이 생각했다. '아하! 지혜를 전수해주겠다는 것을 상징적으로 말씀하시는 중이구나! 내 예상대로 되고 있어! 나 정도면 뛰어난 제자 아니겠어? 이분이 내게 지혜를 전수해주신다고 하는 것을 보면 나는 무언가를 진정으로 받아들이는 법을 아는 사람인 거야.'

자리에 앉은 두 사람 앞에는 다기들이 놓여 있었다. 상냥한 노인은 찻주전자를 들어 형의 잔에 차를 따르기 시작했고, 형은 자축하며 이를 흐뭇하게 바라보았다. 그러나 그 미소는 곧 당혹으로, 이어 경악으로 바뀌었다. 스승이 계속해서 차를 따랐기 때문이다. 차가 찻잔을 넘어 탁자 위로 흐르기 시작했지만 노인은 계속 미소를 지으며 차를 따랐다. 탁자 위로 흘러넘친 차는 이제 노인의 옷을 적시기 시작했다. 이쯤 되자 형은 이 노인이 다른 사람들에게 지혜를 나누어주는 현자가 아니라 차 따르는 법도 제대로 모르는 멍청한 시골뜨기거나 사기꾼이라고 생각했다. 더는 참을 수 없었던 그는 소리쳤다. "그만 따르세요! 이 노인네가 노망이 났나, 당장 멈춰요! 찻잔 넘치는 거 안 보여요?"

현자가 말했다. "아, 자네 잔이 넘치고 있구먼. 자네는 '나는 대단하고 똑똑한 사람이야. 내가 동생보다 훨씬 나아'라고 생각하지. 이렇게 가득 찬 잔에 어떻게 차를 더 부어줄 수 있겠나? 자네 동생은 빈 잔을 가지고 나를 찾아왔었네. 그래서 3년 전에 완전한 깨달음을 얻을 수 있었지. 잔부터 비우게나."

노인의 말을 들은 형은 큰 충격을 받아 넋을 잃고 앉아 있었다. 머릿속의 모든 생각과 판단이 사라지면서 텅 비워졌다. 그는 그제야 배울 자격을 갖출 수 있었다. 영을 받아들이는 그 언어도단의 순간에 대해 무슨 말을 더 할 수 있단 말인가?

그 후 형은 현자의 제자가 되어 공부를 시작했다. 그리고 9년 뒤, 그도 깨달음을 얻을 수 있었다.

폴린은 마흔 살의 교양 있는 사업가였다. 나에게 도움을 청하는 사람들 대부분이 그렇듯 그녀 역시 어디가 아픈지부터 이야기하기 시작했다. "원래 예전에는 마사지 일을 했었어요. 근데 손이 심하게 아프기 시작해서 병원에 갔더니 힘줄염이라는 진단을 받았죠. 그래서 마사지를 그만뒀는데 오히려 상태가 더 악화되기만 하더라고요. 손에 힘이 안 들어가고, 통증도 심하고, 허리까지 아프기 시작했어요. 다른 의사를 찾아가니 손목 터널 증후군 진단이 나왔고, 세 번째로 찾아간 의사는 척추 두 곳이 비틀어져 있다고 했어요. 그래서 소염제를 복용하고 자연 요법도 병행했죠. 지금은 움직이려면 움직일 수는 있지만 여전히 긴장이 많이 되어 있고 똑바로 서 있는 것도 꽤 힘들어요.

요즘은 다른 사람에게 마사지를 받고 있는데, 받기만 하면 꼭 사흘 정도는 발열, 오한이 있고 피곤해지더라고요. 두통이 생기거나 폐 감염이 생기는 경우도 있고요. 담배를 끊은 지 벌써 2년이 됐는데도 입안에서 계속 담배 맛이 나고 예전에 기관지염 걸렸을 때처럼 기침도 계속해요. 몸통도 쑤시고, 왼쪽 손목이랑 왼쪽 무릎도 아파요. 그것만 해도 벅찬데 장운동도 잘 안 돼요. 일주일에 한 번밖에 화장실을 못 간다니깐요.”

나는 폴린에게 요즘 기분은 어떤지 물었다. “가끔은 정말 기분이 좋지 않을 때가 있어요. 몇 달 전에 결혼했는데 남편이 저를 화나게 해요. 늘 제 의견과 반대되는 얘기만 하거든요. 정말 힘들어요! 우울할 때도 있고요. 사실 지난 한 주 내내 에너지도 없고 활력도 전혀 없었어요. 노력할 대로 노력해 봤는데 계속 이러니까 너무 지쳐요. 치료며 마사지며 그냥 다 때려치우고 싶어요. 너무 힘들어서 더 이상 살고 싶지 않다는 생각까지 들어요.”

내가 어린 시절에 관해 묻자 그녀는 이렇게 대답했다. “어렸을 때 저희 아버지는 딸바보였어요. 그러다 네 살쯤부터 저와 아버지 사이의 관계가 완전히 틀어졌어요. 그때부터 아버지는 제게 말을 걸지 않았고, 말을 한다 해도 저한테 이런저런 것들로 호통치는 것뿐이었어요. 열세 살 때부터 저는 아주 반항적인 아이가 됐어요. 지금 생각해보면 아버지의 관심을 끌려고 했던 것 같아요.

아버지와의 관계가 틀어진 계기가 뭐였냐고요? 저도 잘 모르겠어요. 그래서 최면요법을 받아보기도 했어요. 그러니까 어떤 기억이 떠오르긴 하더라고요. 희미하긴 했지만, 아버지와 뭔가 성적인 사건이 있었던 것 같아요. 그 기억이 떠오르자마자 저는 오열하기 시작했어요. 정말 많이 울었죠. 그러고는 그 모든 일들을 다시 차단해버렸어요. 제가 아는 건 이게 전부예요.”

폴린의 창백한 안색, 울먹이는 듯한 목소리, 몸에서 나는 약간의 썩은 내 그리고 슬픔이 지배적인 감정이라는 점을 미루어 보았을 때, 그녀의 고통은 하늘에 계신 아버지와의 단절 때문이었다. 이런 관점에서 보면 그녀의 전체적인 이야기가 딱딱 맞아떨어졌다. 육체적 아버지와의 단절은 어린 폴린을 큰 슬픔에 빠뜨렸고, 그 슬픔은 수십 년 동안 풀리지 않은 채 그녀 안에 남아 있었다. 그러다 성인이 되어 최면 상태에서 그 사건을 떠올리게 되었을 때, 그녀는 주체할 수 없을 정도로 흐느껴 울었지만 이런 과거를 직접적으로 마주할 수 있을 정도의 감정적 힘은 아직 갖추고 있지 못했다. 그녀는 사춘기에 접어들면서부터 아버지의 부재를 모든 형태의 권위(말하자면 모든 형태의 부성父性)에 반항하는 방식으로 표현하기 시작했다. 그러는 동안 그녀의 몸은 하늘에 계신 아버지와 영적으로 단절된 탓에 점점 약해졌고, 그 결과 폐와 장의 만성 질환과 만성 통증, 극심한 피로가 생겼다. 폴린이 반항을 그만두고 결혼을 결심한 것은 마흔이 되어서였고, 그녀가 선택한 남자는 아버지처럼 지나치게 비판적인 사람이었다. 이것이 바로 폴린에게 닥친 위기 상황이었다. 고통이 너무 깊어진 나머지, 그녀는 더 이상 살고 싶지 않다고 느꼈다. 그러나 바로 이때가 그녀가 진정으로 도움을 받을 준비가 된 때였다.

폴린은 식물 정령의 도움을 받아 하늘에 계신 아버지를 다시 접할 수 있었다. 첫 치유를 받은 지 일주일 후 폴린은 이렇게 말했다. "기분이 좀 나아졌어요. 힘도 더 생겼고 희망도 느껴져요." 이 희망과 힘으로 폴린은 다시 삶의 길을 걷기 시작했다.

질문: 금과 당신

아침 일찍 일어나 장을 비우고 언덕이나 산 정상에 올라가라. 깊게 숨을 쉬어본다. 절을 하거나, 무릎을 꿇거나, 엄숙하게 의례를 행함으로써 내 삶의 경험들에 경의를 표하라. 그런 뒤 다음의 질문들에 답해보라. 각각의 답변을 귀중한 지혜의 보석이라고 여기라. 이 질문들에 답하는 과정을 통해 당신은 금 원소와의 관계를 기릴 수 있다.

1. 아버지에 대해 어떤 감정을 가지고 있는가?
2. 가을이 되면 어떤 기분이 드는가?
3. 마지막으로 울었던 것이 언제인가?
4. 소중했던 누군가를 잃어본 적이 있는가?

5. 귀중한 물건을 잃은 경험이 있는가?

6. 당신이 놓쳐버린 황금 같은 기회는 무엇이었는가?

7. 후회되는 일은 무엇인가?

8. 장 건강은 어떤가?

9. 당신이 마음속에 품고 있는 원한은 무엇인가?

10. 맑고 깨끗한 공기가 당신에게 얼마나 중요한가?

11. 자신이 부유하다고 느끼는가, 가난하다고 느끼는가? 그 이유는?

12. 당신의 가치관과 맞지 않는 일이지만 많은 돈을 준다면 그 일을 하겠는가? 그 이유는?

13. 당신이 따르는 전통과 따르지 않는 전통은 무엇인가? 그 이유는?

14. 경찰, 상사 또는 권위를 가진 다른 인물들과 함께 있을 때 어떤 느낌이 드는가?

15. 가족이 당신을 존중하는가? 직장 동료는? 당신은 그들을 존중하는가?

16. 당신은 존중받기 위해 무엇을 하는가?

17. 다른 사람들이 당신을 존경하는가? 그들이 당신을 존경한다고 말하면 어떤 느낌이 드는가?

18. 당신이 존경하는 인물은 누구인가? 그 이유는?

19. 장례식장에서 당신은 어떤 감정을 느끼는가?

20. 실수를 했을 때 어떤 기분이 드는가?

21. 마지막으로 자신의 실수를 인정한 것은 언제였는가?

22. 매운맛이나 얼얼한 맛을 좋아하는가?

23. 당신은 특정 분야에서 권위를 가진 인물인가? 만약 그렇
다면 그러한 권위를 즐기는가?

24. 당신이 인정하고 존경하는 권위자는 누구인가?

25. 당신은 무엇을 수집하는가?

26. 흰옷을 입으면 기분이 어떤가?

27. 당신이 완벽하게 지키고자 하는 원칙이나 기준이 있는 분
야는 무엇인가?

28. 당신의 강점과 약점은 각각 무엇인가?

29. 평소에 금속 장신구를 자주 착용하는가?

30. 강자들, 약자들과 함께 있을 때 각각 어떤 기분이 드는가?

31. 당신의 종교 또는 당신이 택한 영적인 길은 무엇인가?

32. 당신이 가장 소중히 여기거나 존경하는 것은 무엇 또는
누구인가?

33. 부끄러운 행동을 한 적이 있는가?

34. 당신의 삶에서 가장 소중한 것은 무엇인가?

삶의 모든 형태 속에 스며들어 있는 아버지의 에너지는 우
리에게 상처와 문제를 안겨주기도 하고, 우리를 분노하게 만
들기도 한다. 우리를 안내하고, 우리 삶을 단련시키고, 권위와
지침을 주고, 부를 안겨주는 모든 것들은 우리 삶에 이득과
손실을 함께 가져온다. 위의 질문들 중 당신을 우울하고 슬
프게 만든 질문이 있었는가? 당신의 성장에 필요한 강철 같
은 금속의 힘은 어디에 숨겨져 있는가? 밖으로 나가 깊이 숨
을 쉬어보라. 호흡은 우리를 아버지와 연결해주는 힘의 원천

이다. 금속성을 띤 이 하늘의 힘에게 내 삶을 굳건히 해달라고, 상실을 치유하고 기회를 맞이하게 해달라고, 세상 속에서 살아가고 행동할 수 있는 새로운 힘을 달라고 청해보라. 이제 이러한 느낌과 통찰의 중심에 가만히 머무르면서 당신의 몸과 마음, 영혼에 생명을 불어넣어 주시는 분, 즉 하늘에 계신 아버지께 경의를 표하라.

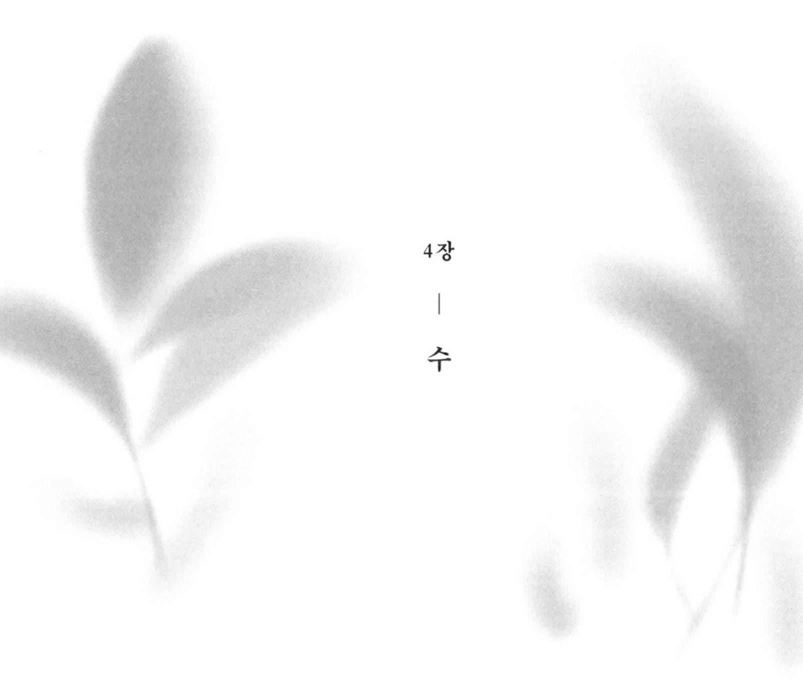

4장

|

수

멕시코 중부의 어느 산 정상에는 엘 테포스테코^{El Tepozteco}라는 작은 피라미드가 있다. 처음 그곳에 도착했을 때 나는 그 건축물을 보며 이런저런 상상을 해보았다. 이건 도대체 어떤 신을 기리기 위해 세워졌을까? 용도가 뭐였을까? 친구들에게 물어봤지만 그들도 나만큼이나 아는 것이 없었고, 다만 이 건축물이 케찰코아틀^{Quetzalcoatl}과 틀랄록^{Tlaloc}이라는 두 신에게 바쳐진 것이라는 설명만 들을 수 있었다. 그러나 이런 이름들은 내게 아무 의미도 없었기 때문에 나는 이 피라미드에 대해 직접 알아보기로 했다. 나는 산을 오르고 피라미드 벽을 기어올라 약간의 불안감을 안고 의례용 제단에 누웠다. 가이드 없이 이곳에 와도 되는 걸까? 내가 무례한 행동을 하고 있는 건 아닐까? 혹시 이 자리가 흑요석 칼을 든 제사장들이 희생자의 심장을 산 채로 도려냈던 그 자리는 아니었을까? 아니, 그건 페루의 잉카인들이었나? 나는 눈을 감고 일이 잘 풀리기를 기도했다.

재규어가 보인다. 재규어는 꼬리를 곧게 세우고 피라미드 주위를 빠르게 돌다 갑자기 몸을 돌려 나를 쳐다본다.
"그래, 틀랄록을 만나고 싶은 거지?" 그가 말한다.
"네, 만나고 싶어요." 내가 대답한다. "어떻게 하면 그분을 만날 수 있죠?"
"내가 데려다줄게. 내 등에 올라타."
나는 재규어의 등에 올라탔고 그는 풀쩍 뛰어올라 공중으로 날아오른다. 하늘 끝에 다다른 우리는 종이 찢듯 하늘 막을 찢고서 그 위로 더 높이 날아간다. 우리는 다른 하늘 아래에 존재하는 다채로운 색상의 세계로 들어간다. 재규어는 계속해서 위로 올라갔고, 다시 한번 하늘의 막을 찢은 뒤 세 번째 세계로 들어간다. 그는 계속 달리면서 하늘의 막을 찢고 또 찢는다.
마침내 열세 번째 세계에 도착하자 재규어는 멈춰 서더니 내리라고 말한다. 나는 그의 등에서 내리며 내가 서 있는 작은 평원의 가장자리를 바라본다. 내 아래로는 내가 지나온 세계들이 피라미드 계단처럼 깔끔하게 쌓여 있는 것이 보인다.
뒤를 돌아보니 긴 금발에 파란 눈을 가진 젊은 남성이 후광을 뿜어내고 있다. 그의 손바닥은 정면을 향하고 있고,

양쪽 손바닥 중앙에서는 물줄기가 뿜어져 나온다. 이 물줄기는 아래에 있는 여러 세계에 흘러내려 결국에는 식물을 자라게 하고 물고기가 헤엄칠 수 있는 지구의 물이 된다.

청년이 말을 건다. "반가워! 나는 틀랄록이야!"

"당신이 틀랄록이라고요?"

"그래."

"그런데 왜 금발에 파란 눈을 하고 있는 거죠?"

"네가 미국인이니까 나를 미국인의 모습으로 보는 거야. 이 피라미드를 지은 사람들은 나를 또 다른 모습으로 봤어. 나는 민족에 따라 각기 다른 모습으로 나타나지만 모두가 나를 알고 있지. 나는 비의 신이거든."

"만나 뵙게 되어 영광입니다. 당신에 대해 더 들어볼 수 있을까요?"

"너는 원소들을 공부하는 학생이면서 그것을 가르치는 선생이기도 하지." 틀랄록이 말한다. "비와 물에 대해 무엇을 알고 있는지 말해봐."

"시간 괜찮으신가요?" 내가 묻는다.

"물론이지." 그가 자리에 앉아 담배에 불을 붙이며 대답한다.

"좋아요, 물은 신성하고 신비로운 생명의 근원이죠. 저는 왜 생명이 바다에서 탄생했는지 궁금했던 적이 많았어요. 지금은 그 답이 물의 뛰어난 반응성에 있다고 생각해요. 생명체의 첫 번째 특징은 반복적으로 움직이고 멈춘다는 것인데, 물은 이러한 움직임과 멈춤 모두를 지지해주는 원소예요. 관절은 물속에서 움직이고, 음식물의 소화나 뇌를 통한 생각도 물속에서 이뤄지고, 정자도 물속을 헤엄치죠. 이렇듯 움직임에는 다양한 형태가 있는데, 이 모든 것이 물속에서 이루어져요. 흔들리는 물결은 우리 영혼을 움직여 의지나 야망 같은 것들을 불러일으켜요. 하지만 물에는 고요함도 존재해요. 우리 안의 물이 고요해지면 우리는 평화를 느끼고 수면 아래로 침잠하죠. 호흡과 호흡 사이, 생각과 생각 사이에는 영원한 순간들이 존재해요."

신 앞에서 너무 장황한 강연을 늘어놓은 건 아닌가 싶어 소심해진 내가 묻는다. "저 지금 잘하고 있는 거 맞나요?"

"잘하고 있어! 계속해봐." 틀랄록이 말한다.

"음, 물에 관해 논할 때 빼놓을 수 없는 건 바로 죽음이에요. 모든 생명체는 삶을 추구하고 죽음을 두려워하기 때문에 물은 생명의 근원이자 두려움의 근원이기도 해요. 이 두려움이 숭고한 형태로 나타나는 게 경외심이고요."

"아주 훌륭해!" 틀랄록이 말한다. "이런 얘기를 사람들에게 들려줘. 사람들은 네가 방금 말한 내용 외에도 더 많은 것들을 알아야 하거든."

"예를 들어 어떤 것들을요?" 내가 물었다.

"사람들이 물을 낭비하고 오염시키는 모습을 봐. 그들은 자신이 비에 전적으로 의존하며 살아가고 있다는 걸 모르고 있어. 자기들의 혈관을 흐르는 피도 물로 이뤄진 건데 말이야. 대부분의 사람들에게 물은 사고팔 수 있는 상품이자 수도꼭지를 틀면 나오는 무언가일 뿐이지. 이들에게 비란 운전을 힘들게 만드는 성가신 존재야. 이들은 나를 아무 감정도 못 느끼는 존재처럼 대해. 그래서 나도 그들을 똑같이 대우하지. 질병, 공포증, 탈진, 홍수, 가뭄… 원래 주는 대로 받는 거 아니겠어?”

“제가 이런 걸 사람들에게 전하길 원하시나요?”

“그래, 가서 전해. 사람들은 이런 걸 좀 알아야 해.”

“하지만 아무도 제 말을 믿어주지 않을 거예요! 저조차도 제가 진짜 틀랄록 신과 대화를 나눴다는 걸 믿기 힘든데요! 어쩌면 다 제가 지어낸 것들 아닐까요?”

“두고 보면 알겠지.” 틀랄록이 말한다. “얼마 있으면 너는 우연을 가장한 신호를 목격하게 될 거야. 그 신호를 통해 내가 진짜라는 걸 확신하게 될 거고. 어쨌든 만나서 반가웠어. 이제 가봐도 좋아.”

나는 틀랄록에게 감사를 표한 뒤 재규어에게 나를 원래의 세상으로 데려다 달라고 부탁했다.

이로부터 몇 달 후, 캘리포니아에 사는 여동생의 집을 방문할 일이 있었다. 동생의 책장을 둘러보던 나는 《메소아메리카 신화》(Mesoamerican Mythology)라는 제목에 눈길이 가서 그 책을 꺼낸 다음 아무 페이지나 펼쳐보았다. 펼쳐진 페이지에는 아즈텍 문명의 조각품 사진이 인쇄되어 있었는데, 조각의 맨 위에는 손바닥을 정면으로 향하게 하여 양 옆구리에 대고 있는 젊은 남자가 서 있었다. 그의 두 손바닥에서 뿜어져 나온 물줄기는 아래 세상으로 흘러갔고, 그 덕분에 물속에서 물고기가 헤엄치고 강가에 식물이 무성히 자라고 있었다. 사진 아래에는 이런 설명이 적혀 있었다. "아즈텍의 비의 신, 틀랄록." 그가 말한 신호를 발견한 것이다!

"사람들은 나를 아무 감정도 못 느끼는 존재처럼 대한다"는 신의 말이 떠올랐다. 정말 그랬다. 내 환자들은 온갖 독성 물질로 자기 내면의 물을 오염시키고 있었다. 그들은 각성제를 복용하고, 과로하고, 의지와 야망을 몽땅 소진해버리고는 그 결과로 생겨난 증상들인 우울증, 불안, 피로, 공포증, 관절염 등을 호소하며 나를 찾아왔다. 더 큰 차원에서 보자면 우리는 지구의 물도 똑같은 방식으로 대하고 있었다. 살충제, 제초제, 중금속, 핵폐기물 등으로 물을 오염시키고 있으니 말이다. 내가 사는 마을만 해도 지역 공무원들이 강우로 보충할 수 있는 양보다 더 많은 양의 물을 땅에서 퍼내고 있었다.

그러나 인류가 언제나 이랬던 것은 아니다. 아주 오래, 오래 전에 우리는 자신이 물과 연결된 존재라는 것을 알고 있었다.

내 형수가 멕시코의 타라후마라^{Tarahumara} 원주민들을 찾아갔을 당시, 그들은 심각한 가뭄에 시달리고 있었다. 농작물 그리고 생계 자체가 위기에 놓인 상황이었다. 그래서 마을 사람들 전체가 샤먼들의 지도하에 모여 밤새도록 비의 신을 위해 노래하고 춤을 췄다. 그렇게 해가 뜰 무렵이 되자 천둥을 동반한 소나기가 찾아와 춤을 추는 사람들을 흠뻑 적셔주었다.

원주민들이 누렸을 이러한 교감은 우리로서는 상상하기조

차 힘들다. 심지어 우리는 이런 일이 가능하다고 생각하지도 않을 정도로 물과 소원한 관계가 되어버렸다. 하지만 물과의 이런 교감은 한때 모든 인류에게 너무나 당연한 것이었으며, 불과 얼마 전까지만 해도 사용됐던 일종의 생존 방식이었다.

오늘날에도 여전히 이러한 교감이 가능하다. 나는 틀랄록을 만난 후 우리 지역이 겪고 있는 가뭄에 대한 도움을 청하기 위해 꿈 여행을 떠났다. 그는 나에게 기우제를 지내는 법을 알려줬다. 이 의례에는 몇 가지 준비물이 필요했는데, 그중에는 내가 직접 그린 틀랄록의 그림과 초콜릿으로 만든 양초가 포함되어 있었다. 나는 어설픈 실력으로 틀랄록의 그림을 그렸고, 초콜릿 양초도 만들기 시작했다. 첫 번째로 만든 양초는 조그마한 불꽃을 계속 유지할 수 있을 정도로 잘 만들어졌다. 나는 무심코 초에 불을 붙여 그림 앞에 내려놓았다. 그런 후 열네 시간 정도 지났을 때, 갑자기 일기 예보에 없던 폭풍우가 몰려와 우리 마을에 축복의 비를 쏟아주었다. 이런 갑작스러운 비 소식은 이후에도 몇 차례 더 이어졌다.

그해에는 틀랄록에게 다시 기우제를 지낼 필요가 없었지만, 이듬해가 되자 다시 가뭄이 찾아왔다. 1987년 2월 3일, 나는 산타바바라에서 처음으로 제대로 격식을 갖춘 기우제를 지냈다. 하늘에 구름 한 점 없고 기온이 높은 날이었다. 기우제를 마쳤는데도 비는 내리지 않았고 일기 예보에도 비 소식은 없었다. 그러나 다음 날 아침에 일어나 나가보니 마른 땅에 빗방울 자국이 살짝 나 있었다. 밤사이 미약하게나마 비가 왔던 것이다. 하지만 그날 날씨는 해가 쨍쨍하고 건조해서 기우제가 잘 먹히지 않은 듯 보였다.

나는 2월 8일에 다시 비의 신을 찾아가 물었다. "기우제에 무슨 문제라도 있었나요?"

"아냐. 훌륭했어. 잘했다고 알려주고 싶어서 몇 방울 뿌려준 거야." 그가 대답했다.

"그렇다면 올해 충분히 비가 내릴 수 있도록 제가 더 할 수 있는 일이 있을까요?"

틀랄록은 얼굴을 찡그렸다. "사람들은 매년 비가 충분히 내리면 그걸 당연하게 생각한다니까. 그렇게 해서는 아무것도 배우지 못해."

"그렇긴 해도 자연이 고통받는 건 원치 않으시죠?" 내가 물었다.

"식물과 동물들은 한 해 정도의 가뭄이나 화재에서도 잘 살아남을 수 있어. 여기서 나랑 시간 낭비하고 있지 말고 네가 알고 있는 걸 사람들한테 이야기해."

"제가 그런 일을 할 수 있을지 잘 모르겠어요." 내가 말했다. "자신이 없는걸요. 저번처럼 유의미한 동시성을 겪지 못한다면 저는 이 모든 걸 또 의심하게 될 거예요. 그러니 제대로 된 비를 보내주세요."

"그럼 초콜릿 초 하나 더 켜줄 수 있어?" 틀랄록이 물었다.

"물론이죠."

"좋아, 해보자고."

나는 초콜릿 초에 불을 붙이고 비의 신에 대한 글을 작성하기 위해 자리에 앉았다. 만약 그가 진짜 존재한다면 비가 내릴 것이고, 그러면 나는 내가 알고 있는 것들을 사람들에게 알려야 했다. 하지만 만약 비가 오지 않는다면 글을 완성하지 않을 셈이었다. 글을 쓰기 시작한 것은 오후 3시부터였다. 바람이 불기 시작하면서 구름 색이 짙어지고 있었다. 오후 5시 30분에는 몇 초간 비가 내렸다. 그리고 자정이 지나자 비가 세차게 내리기 시작했다. 나는 글을 마무리했고 틀랄록에게 내가 알고 있는 것들을 가르치겠다고 약속했다.

몇 년 후, 나는 북부 캘리포니아의 시에라 산맥 기슭에 살고 있었다. 그곳에서는 재앙 수준의 가뭄이 2년째 이어지고 있었다. 전해에 나는 아이오와 주의 농부들이 돈을 모아 사우스다코타 주 로즈버드 보호구역(Rosebud Reservation)에 사는 라코타족 샤먼과 의례용 춤을 춰줄 그의 무희들을 고용해 기우제를 지냈다는 신문 기사를 읽은 적이 있었다. 아이오와에 도착한 원주민들은 기우제를 지냈고, 그들이 말한 대로 사흘 후에 비가 내렸다. 아이오와에서 이런 일이 가능했다면 어디에서도 가능하다는 생각이 들었다. 어느 지역에 살건 상관없이 농부들은 현실적이고 실용적인 사람들이기 때문이다. 이제는 물을 아무 감정도 못 느끼는 존재로 대하는 것보다 더 실용적인 대안이 있음을 보여줄 때였다. 나는 목장주와 농부들에게 기우제 서비스를 제공하기로 했다. 내가 비를 내리게 하는 데 성공하면 그들은 사례금을 지불하고, 물과 더 조화로운 관계를 맺을 수 있는 몇 가지 변화를 실천해야 한다. 그러나 비가 내리지 않으면 그 어떤 비용이나 의무도 없다는 것이 이 서비스의 요지였다.

나는 이 계획을 비의 신에게 설명하면서, 아메리카 원주민 출신의 메디슨 맨도 아닌 나를 사람들이 진지하게 받아들이게끔 하려면 부정할 수 없는 확실한 결과를 먼저 보여줘야 한다고 말했다. 나는 틀랄록에게 우리 집 마당의 잔디가 여름 내내 푸르게 유지될 수 있을 만큼의 충분한 비를 내려달라고 부탁했다(그 지역에서 그건 기적과도 같은 일이었다). 그러자 틀랄록은 나를 도와주는 것에 두 가지 조건을 달았다. 첫째, 이 프로젝트는 사람들이 더 나은 삶의 방식을 찾도록 돕기 위한 것이어야 했다. 즉, 나의 특별성이나 대단함을 느끼기 위한 행위가 되어서는 안 된다는 얘기였다. 둘째, 나는 이 프로젝트를 진행하기에 앞서 내가 하는 행위가 틀랄록에게 비를 내려달라고 하는 의례임을 공개적으로 밝혀야 했다. 이 말은 곧, 조롱당할 각오가 되어 있지 않다면 아예 시작도 말라는 얘기였다. 나는 그의 조건에 동의했고 지역 신문에 나의 프로젝트를 알리는 광고를 냈다. 그런 뒤 틀랄록을 위한 의례를 정기적으로 치르기 시작했다.

봄부터 여름까지 비가 계속 내렸다. 7월 중순이 되어도 집 뒷마당에 있는 오크 나무 밑 잔디는 여전히 푸르렀다. 반면, 중서부와 남서부 지역에서는 농작물과 가축들이 가뭄으로 죽어가고 있었다. 이제 도움을 줄 때가 됐다고 느꼈다. 나는 뉴멕시코 주 앨버커키에 있는 홀리스틱 매니지먼트 인터내셔널 Holistic Management International의 앨런 세이버리에게 오랜만에 연락을 했다. 그는 독창적이고 비정통적인 농업 방식을 가르치는 교육자이고, 그의 수강생들은 열린 마음을 가진 농부들이기

때문에 나는 내 프로젝트를 수강생들에게 소개해줄 수 있겠
냐고 물었다.

하지만 앨런은 자기 일에서의 가장 큰 걸림돌이 사회적 시
선이라고 했다. 그는 기우제에 관한 이야기를 하고 다니면 사
람들이 자신을 미쳤다고 생각할 것이 분명하다며 나의 제안
을 정중히 거절했다. 하지만 2주 후 앨런은 생각을 바꿨다. 그
는 텍사스에서 가장 큰 피해를 입은 지역에서 세미나를 하
고 있었고, 목장주들은 말라서 갈라져버린 땅과 죽어가는 가
축들, 파산에 관한 이야기를 나누고 있었다. 그는 속으로 생
각했다. "이 사람들은 더 이상 잃을 게 없어. 할 수 있는 건 다
해볼 사람들이야." 그래서 그는 목장주들에게 틀랄록 프로젝
트를 제안했다. 하지만 이 제안에 응하기는커녕, 제안을 들은
체하는 사람조차 없었다. 모두가 아무 일도 없었다는 듯, 하
던 이야기만 계속 이어갔다.

틀랄록 프로젝트는 타인을 위한 것이어야 했지만 이 프로
젝트의 도움을 받을 준비가 되어 있는 사람은 아무도 없었기
에 나는 의례 수행을 중단했다. 그러자 비도 멈췄다. 우리 집
마당의 잔디는 다시 노랗게 색이 변했다. 다른 누군가를 도울
수는 없었지만, 우리가 보이는 태도 그대로 우리를 대우하는
비의 신이 존재한다는 사실만큼은 확실하게 알 수 있었다.

우리는 상황마다 다른 체액들이 필요하다. 위험할 때는 아
드레날린이 필요하고 음식에는 소화액이 필요하며 섹스에는
또 다른 체액이 필요하다. 수분기가 있는 모든 것은 수*이고,

방광의 기운은 수를 모아둔다. 우리의 에너지 역시 액체처럼 흐르다가 방광에 모이게 된다. 그러다 웅덩이가 가득 차면 우리는 변화에 맞춰 물처럼 유연하게 흘러간다. 하지만 웅덩이가 마르면 두려움과 마비(즉, 흐름의 정체)가 생긴다.

신장의 기운에는 물의 깊은 신비가 담겨 있다. 수를 상징하는 계절인 겨울을 생각해보라. 존재의 씨앗은 눈 아래 잠들어 대지 어머니의 자궁이라는 어두운 고요 속에서 잉태되고 있다. 그러다 내면 깊은 곳에서 이 세상을 낳은 태초의 혼돈을 발견한다. 생명의 샘에 이른 것이다. 존재의 씨앗은 샘물을 마심으로써 생의 의지를 흡수한다. 그 물에는 죽음에서 생명을, 무에서 유를 불러오는 힘이 깃들어 있다. 씨앗은 이 힘을 세상으로 가지고 나간 뒤 그 일부를 자신의 성적 체액을 통해 다음 세대로 전한다.

신장이 품고 있는 이 힘은 완벽히 설명될 수 없으며, 그저 그것의 영향 몇 가지만을 언급할 수 있을 뿐이다. 중국의 현자들은 신장이 생명력의 근원이자 기초라고 보았으며 중동의 한 현자는 "물과 성령으로 새로 나지 않으면 아무도 하느님 나라에 들어갈 수 없다"고 말하기도 했다.

식물은 신장이나 방광이 없지만 우리처럼 체액을 저장할 수도, 신비로운 생명의 샘을 품고 있을 수도 있다. 더 나아가, 우리가 요청하기만 하면 식물은 우리의 물 원소에 평화를 가져다줄 수도 있다.

30대 중반 여성인 로베르타 역시 식물 정령이 가진 물의 힘의 도움을 받은 사람 중 하나였다. 첫 만남 때 나는 로베르타의 증상을 들으면서 신음처럼 들리는 그녀의 목소리와 퍼런 안색, 고인 연못에서 나는 듯한 악취, 그녀를 마비시킬 만한 공포를 감지했고, 그녀의 삶 속에서 수의 불균형이라는 주제가 반복되고 있음을 발견했다.

원래는 하루에 열네 시간씩 잠을 자곤 했는데 지금은 마사지를 받지 않으면 잠을 아예 못 자요. 기분이 너무 안 좋고 패배감이 들어서 더 이상 견딜 수가 없어요. 배에 구멍이 뻥 뚫린 것처럼 공허하고 허전해요. 내면의 평화가 뭔지도 모르겠고 그냥 계속되는 불안만 있어요.
어렸을 때 신장염에 걸려서 3년을 병상에만 누워 있었어요. 열두 살의 저는 완전히 공상에 빠져 살았죠. 병상에 누워 몇 시간이고 자위를 하곤 했어요. 쾌락을 느끼기 위해서가 아니라 불안에서 벗어나기 위해서였어요. 어쨌든 그러다 보니 성적 충동을 조절할 수 없는 상태가 되어버렸어요. 임신 중절을 아마 여덟 번 정도 한 것 같아요. 몇 번인지 기억도 안 날 지경이네요. 이것 때문에 죄책감이 정말 심하고 어떤 결과가 뒤따를지도 무서워요.
저는 항상 물결에 떠밀리듯 살아왔어요. 그때그때 사귀던 남자친구들이 언제나 모든 걸 주도했죠. 스페인에서 누군가와 헤어진 후로는 너무 우울해서 침대에서 일어날 수조차 없었어요. 그러다 어떤 치유자에게 치유를 받으면서 마침내 침대 밖으로 걸어 나갈 수 있었고, 일도 했어요. 돈을 엄청나게 많이 벌었지만 다 흥청망청 써버렸어요. 아까 말씀드렸듯이, 물결에 떠밀리듯 살아갔으니까요.

어머니는 매우 소유욕이 강하고 비판적인 분이셨어요. 어머니는 완벽하신 분이라서 항상 제 결점을 지적하셨죠. 아버지는 석 달 전에 돌아가셨는데 그때 정말 모든 것을 잃은 기분이 들었어요. 뛰어난 화가이자 시인, 철학자였던 아버지는 저에게 있어 거의 신 같은 존재였거든요. 하지만 아버지는 저를 겁에 질리게 만들기도 했어요. 아주 폭력적인 면이 있는 분이라 벨트로 저를 때리곤 했거든요. 저는 평생 아버지를 두려워하며 살았어요. 생각해보니 어렸을 때부터 제가 몸을 떠는 경향이 좀 있었네요.

지금은 제 안의 모든 것이 버석하게 메말라서 수분이 하나도 없는 느낌이에요. 제 삶에는 이제 짜디짠 소금밖에 남아 있지 않아요.

나는 로베르타에게 다시 생명의 물을 적셔달라고 식물 정령에게 부탁했다. 두 번째로 만난 그녀는 낮이면 기분이 좋아서 이리저리 몸을 움직이고 싶은 마음이 든다고 했다. 밤에는 이전보다 잠을 더 많이 자긴 하지만 물고기가 나오는 악몽 때문에 힘들다고 했다. 세 번째로 만났을 때 로베르타는 어두운 침실에서 사색과 몽상에 빠져 하루를 보내는 식으로 일종의 겨울잠 같은 휴지기에 들어가 있었다. 로베르타와의 네 번째 만남은 이루어지지 않았다. 이제 그녀는 일자리를 찾느라 바빴기 때문이다.

불안과 현실 도피적 환상 속에서 살아온 로베르타의 사연은 충격적이고 슬픈 느낌을 준다. 그러나 그녀와 비슷한 처지에 있는 사람들은 당신이 생각하는 것보다 훨씬 많을 수도 있다.

조금 세게 표현하자면 불안과 긴장은 '두려움'과 동의어이며, 걱정도 두려움의 한 형태다. 대부분의 스트레스와 근심은 두려움에서 비롯된다. 감정적으로 무감각해졌다는 것은 두려운 감정을 외면했다는 말이다. 생각이라는 행위조차 두려움이 무서워서 피하려는 움직임이다.

요즘 같은 시대에 불안, 긴장, 걱정, 스트레스, 감정적 무감각, 끝없는 생각으로부터 자유로운 삶을 살고 있다고 말할 수 있는 사람이 과연 몇이나 있을까? 반면에 텔레비전, 영화, 컴퓨터 게임, 독서, 스포츠 관람, 과식, 마약, 알코올, 병든 연애, 포르노, 과로, 쇼핑 등과 같은 도피 전략에 빠져 있는 사람은 또 얼마나 많은가? 이 기피하고 싶은 주제를 정면으로 마주해보자. 두려움이란 무엇인가? 두려움의 역할은? 두려움이 우리에게 주는 것은?

우선, 두려움은 감정이다. 다른 감정과 마찬가지로 두려움도 자연스러운 감정이며 나름의 역할이 있다. 두려움은 위험 요소로부터 도망치거나 그것과 맞서 싸워 이기는 데 필요한 무언가를 제공해줌으로써 우리의 생명을 지킨다. 이것이 그 유명한 투쟁-도피 반응인데, 이는 신장에 붙어 있는 분비샘인 부신이 분비하는 아드레날린에 의해 일어난다. 우리 몸은 이러한 반응을 촉진함으로써 돌진해오는 버스를 잽싸게 피할 순간적인 힘, 공격자와 싸울 수 있는 힘을 만들어낸다. 순간적으로 발생한 이런 명백한 위험 상황에 반사적인 반응을 보여야 하는 수준에서는 두려움이라는 감정이 필수적이며 또 유익하다.

그다음 수준은 우리 마음이 위험을 식별하고 상황을 통제해 '좋은' 결과를 얻기 위한 계획을 세우는 때다. 아주 오랜 옛날에는 이러한 상황이 다음과 같은 과정을 따랐다. "나와 내 가족은 배가 고프다. 이대로 가다간 모두 굶는다. 이 숲에는 사슴이 많지만 사슴은 나보다 더 빠르고 민첩하다. 하지만 나에게는 아주 좋은 계획이 있다. 날카로운 돌을 식물의 줄기로 긴 막대에 고정시킨 다음 사슴을 만나면 그걸 던져서 배를 채울 것이다."

이러한 옛이야기를 21세기 공포 영화로 각색한다면 다음과 같은 이야기일 것이다. 무적의 괴물이 젊고 매력적인 한 여성과 온 세상을 위협한다. 그러나 젊고 똑똑한 과학자 한 명이 기발한 계획을 세워 괴물을 처치한 후 그녀를 품에 안아 구출한다. 여성은 과학자에게 홀딱 반해버리고, 이 과정에서 그는 어찌어찌 전 세계까지 구한다.

두려움은 영리한 계획을 세워 사슴을 많이 잡을 수 있었지만 진짜 괴물은 쓰러뜨릴 수 없다. 왜냐하면 두려움 그 자체가 진짜 괴물이기 때문이다. 두려움에 의한 행동은 늘 더 큰 두려움을 낳는다. 옛날에는 삶이 간단했다. 가족들이 사슴 고기로 배를 든든하게 채워도 시간이 지나면 결국 또 배가 고파진다. 배고픔에 대한 걱정은 다시 사냥으로 이어진다. 이때 사람들은 두려움이 영원히 사라지리라는 기대를 하지 않았으며, 그것을 그저 삶의 일부로서 받아들였다. 두려움은 잠시

왔다가 가는 것이었고, 그것으로 괜찮았다.

하지만 어느 순간부터 사람들은 마음이 이뤄낸 성과에 과할 정도로 이목을 집중하기 시작했다. 마음이 세운 전략만 있다면 이런저런 것들을 매우 효과적으로 통제할 수 있었다! 삶은 무언가를 잃을지도 모른다는 두려움을 없애기 위한 통제 게임이 되어버렸다. 더 많은 곡물, 더 많은 토지, 더 많은 가축, 더 많은 천연자원, 더 많은 노예, 더 많은 여성, 더 많은 돈, 더 많은 권력, 더 많은 명예, 더 많은 적대적 기업 인수, 더 더 더…. 나 자신을 위해 더 많은 것을 얻어내야 한다는 것이 마음의 전략이다. 우리는 탐욕으로 두려움이라는 괴물을 한 수 앞서려 하지만 더 많이 가질수록 상실에 대한 두려움도 커진다. 괴물은 죽지도 않고 무덤까지 쫓아온다. 이 과정에서 인간은 자신이 자연의 일부라는 사실을, 그리고 이 자연이 우리의 필요를 충족시켜주게끔 설계된 기적적인 세계임을 망각하게 된다.

우리 사회는 두려움을 조장하고 강화하며 마음의 영리한 전략을 최고의 가치로 숭배한다. 그리고 우리는 이 전략의 헛된 약속에 현혹되어 그것에 계속해서 먹이를 주는 악순환을 눈치채지 못한다. 이렇게 추켜올려진 마음은 '최고 권위의 통치자'의 왕좌를 빼앗는다. 독재자가 흔히 그러하듯, 마음도 점점 더 많은 것을 통제하길 원한다. 마음은 자신의 힘으로 어찌할 수 없는 감정을 위험한 것으로 여긴다. 그래서 감정이 있는 그대로 흘러갈 수 있도록 내버려두는 대신 그것을 막을 수 있는 댐을 쌓아 올린다. 두려움이라는 댐에 갇힌 감정은 계속 몸집이 불어나 점점 더 힘이 세진다. 우리를 위험으로부터 보호하도록 설계된 두려움은 이제 위험 그 자체가 되었다. 댐 안에 갇힌 감정은 신음하고 몸서리를 치며 버티고 버티다가 마침내 댐을 부수고 나온다. 우리는 이 홍수에서 살아남기 위해 온갖 수단과 방법을 쓰느라 그 결과가 어떨지 살펴볼 겨를조차 없다.

삶이 쓰나미처럼 혹은 메마른 사막처럼 느껴지는가? 우리가 비의 신의 감정을 모르는 체했기 때문에 그런 것은 아닐까? 우리가 그가 주는 선물을 뿌리쳐버린 건 아닐까? 식물 정령 치유는 그 댐을 무너뜨리는 것을 도우면서 삶의 흐름과도 같은 자연스러운 감정의 흐름에 우리를 열어준다.

질문: 물과 당신

다음은 당신 삶 속의 물의 흐름을 느껴볼 수 있도록 도와주는 질문들이다. 강물의 움직임을 관찰하면서 그것이 당신 마음속을 흐르고 있다고 상상해보라. 질문에 대한 답이 망설임 없이 술술 흘러나오도록 허용하라.

1. 바닷가에 있을 때 기분이 어떤가? 호수, 강, 늪지에서는?

2. 겨울에는 기분이 어떤가?

3. 어둠이 두려운가?

4. 죽음이 두려운가?

5. 당신의 가장 큰 두려움은 무엇인가?

6. 무서운 영화를 즐기는 편인가?

7. 일부러 위험을 찾아 나서는 편인가?

8. 짠맛을 좋아하는가? 평소에 얼마나 짜게 먹는 편인가?

9. 물 마시는 것을 좋아하는가?

10. 수영을 잘하는가?

11. 당신의 야망은 무엇인가?

12. 전에 해본 적 없는 일을 해야 할 때 어떤 느낌이 드는가?

13. 두려움 때문에 하고 싶었던 일을 못 했던 적이 있는가?

14. 두려움을 극복한 적이 있는가?

15. 파란색 옷을 입으면 어떤 기분이 드는가? 파란색 방에 있을 때는?

16. 소변을 참지 못한 적이 있었는가?

17. 무엇이 혹은 누가 당신에게 경외감을 불러일으키는가?

18. 무엇이 당신을 불안하게 만드는가?

19. 지금까지 살면서 공포증을 겪어본 적이 있는가?

20. 신을 두려워하는가?

21. 언제 긴장을 느끼는가?

22. 언제 신이 나는가?

23. 롤러코스터 같은 놀이기구를 즐기는 편인가?

24. 당신을 침대에서 일으켜 세우는 것은 무엇인가?

25. 명상을 하는가?

26. 몸을 떨 때가 있는가?

27. 비가 오는 날이면 어떤 기분이 드는가?

28. 수돗물이 어디에서 오는지 아는가?

29. 당신이 사용한 하수가 어디로 흘러가는지 아는가?

30. 오늘 당신은 얼마나 많은 물을 썼는가?

31. 살면서 스트레스와 불안을 어느 정도로 느끼는가?

32. 당신이 두려워하는 감정은 무엇인가?

33. 어떤 상황에서 긴장을 느끼는가?

34. 긴장을 늦추고 스트레스를 풀기 위해 무엇을 하는가?

35. 감정적으로 무감각해진 적이 있는가?

36. 불안을 처리하기 위해 술, 의약품 또는 기타 약물을 사용
한 적이 있는가?

37. 텔레비전을 얼마나 보는가? 컴퓨터 앞에 앉아 있는 시간
이 하루에 얼마나 되는가?

38. 과하게 일하는 편인가?

39. 생각이 많은 편인가?

질문에 여러 답을 해보면서 감정적 반응이 자유롭게 흐르
는 부분과 막히는 부분이 어디인지 알아보라. 두려움이 제일
크게 느껴졌던 부분은 어디인가? 눈을 감고 깊은 강물 속으
로, 즉 삶의 거대한 에너지 흐름 속으로 가라앉는 자신을 느
껴보라. 강물이 당신을 삶의 깊은 경험 속으로 데려가도록 허
용하라. 당신 존재의 근원인 물에 몸을 푹 담근 후에는 그것
에 감사를 전하라.

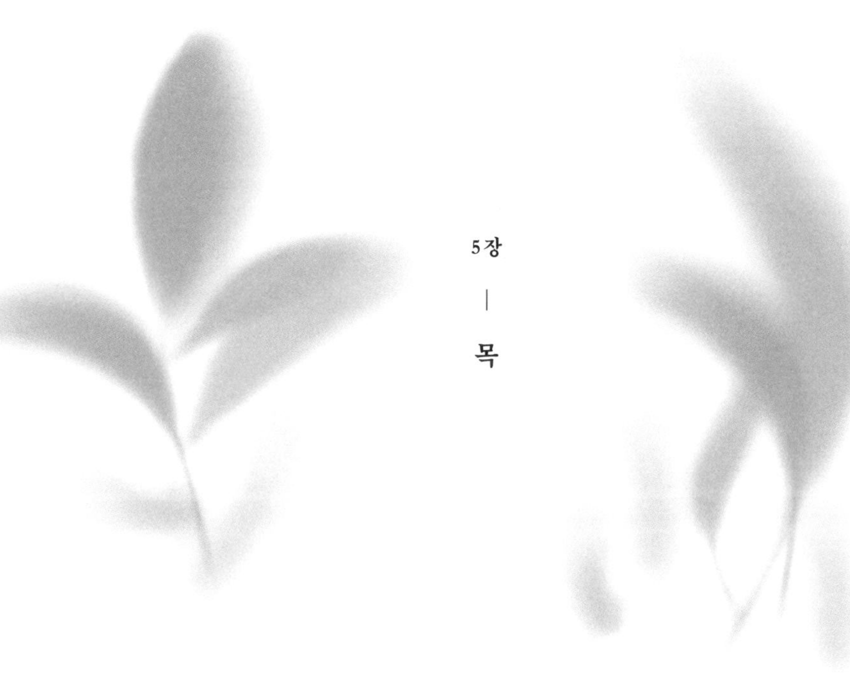

5장

|

목

어떤 사람들은 드리머의 첫 번째 꿈이 원소들이었다고
말한다. 그의 상상으로부터 불, 흙, 금속, 물이 솟아났고,
이 모든 것들이 무질서한 흐름을 따라 넘실거렸다. 창조
를 끝마친 드리머는 그것을 관조하며 한동안 흡족해했
다. 그러나 결국에는 이 흐름도 지루하게 느껴졌다. 물론
아무것도 없는 무無에 비하면 꽤 흥미롭긴 했지만, 이 흐
름에는 줄거리랄 게 별로 없었으니 말이다. 사실 흐름에
는 여기/저기, 전/후, 너/나가 따로 없으니 줄거리가 만
들어질 여지가 전혀 없다고 할 수 있다. 그래서 드리머는
영겁의 시간을 달래줄 재밌는 이야기들을 갈망하기 시작
했다. 이때가 아직 이야기라는 것이 발명되기 전인데다
그것을 들려주거나 연기할 존재도 없었던 때라는 걸 생

각해보면 이런 발상은 놀라울 따름이다. 하지만 드리머는 원래 놀라운 존재가 맞다.

드리머의 놀라운 자질 중 하나는 창의력이다. 그는 근사한 이야기를 끝없이 만들어낼 방법을 생각해냈다. 중심이 따로 존재하지 않는 자신의 우주 한가운데에서 나무 한 그루가 자라는 꿈을 꾼 것이다.

대서사시의 근원이 나무 한 그루라니, 어쩌면 좀 시시하게 느껴질 수도 있지만 태초에는 상황이 달랐다. 일단 나무가 자라려면 공간이라는 게 필요했다. 그러자 번쩍! 하고 혼돈만이 존재하던 곳에 갑자기 공간이 생겨났다. 그뿐 아니라 나무는 가지를 위로, 뿌리를 아래로 내려야 했다. 다시 번쩍! 하자 우주에 방향이 생겨났다. 이렇게 제법 체계가 갖춰지자 나무는 불에게 위로 가서 태양이 되라고 명했고, 흙에게는 아래로 가서 땅이 되라고 명했다. 새로운 체계에 적응한 불과 흙은 기분 좋은 목적의식을 느꼈고, 머지않아 금속과 물도 이에 합류했다.

공간과 방향을 창조한 우주 중심의 나무는 이제 성장하기 시작했다. 자라면서 목질을 형성할 원료가 필요했던 나무는 주변의 것들, 즉 불, 흙, 금속, 물을 활용했다. 이 원소들은 새롭고 독특한 무언가, 즉 네 원소를 기반으로 하면서도 그것들과는 또 다른 개별적인 자아를 조직했다. 그리하여 이것이 서사의 첫 주인공이 되었다.

주인공 나무는 계속 자라면서 나이를 먹었다. 다시 말해, 미래로 나아갔다는 뜻이다. 나무가 있기 전까지는 나아갈 미래라는 것이 존재하지 않았다. 성장도 없고 발전도 없으니 아무 일도, 아니 적어도 이것과 저것이 대비될 만한 일은 일어난 적이 없었다. 매 순간이 서로 구별되지 않았고 시간은 존재하지 않았다. 하지만 나무가 자라면서 그 모든 상태는 끝이 났다. 이제 공간뿐만 아니라 시간에도 방향이 생겨났고, 나무는 앞을 내다보며 어떻게 성장을 계속해나갈지 계획하기 시작했다. 이렇게 해서 나무는 최초의 선견자가 되었다.

나무는 성장하고 미래를 내다보면서 죽음이라는 문제를 예견했고, 이 문제에 대한 재미있는 해결책으로 섹스라는 것을 생각해냈다. 섹스를 하려면 당연히 다른 개체가 있어야 하므로 나무는 드리머에게 매력적인 짝을 꿈꿔달라고 부탁했다. 그러자 순식간에 나무 옆에 두 번째 나무가 나타났다. 첫 번째 나무는 두 번째 나무에게 마음을 완전히 빼앗겨서 바로 번식을 시작하려 했다. 하지만 두 번째 나무에게는 다른 계획이 있었다. 뿌리를 내리고 후손을 퍼뜨리는 것보다 가지를 뻗어 스스로를 성장시키는 데 관심이 더 많았던 것이다. 결국 두 나무는 다툼을 벌였고 새 나무는 첫 번째 나무를 떠나버렸다. 만약 두 번째 나무가 마음을 바꾸지 않았다면 우주가 지금까지도 그 분노로 인해 멈춰 있었을 테지만, 다행히도 두 나무는 다시 만나 후손을 낳았다.

드리머가 우주의 중심에 나무를 심었고, 그 나무에서 시간, 공간, 개별성, 갈등, 섹스, 죽음이 탄생했다. 이것들이

흥미로운 서사를 자아내기에 딱 좋은 소재라는 사실은
우연이 아니다. 나무가 처음으로 자아낸 서사, 즉 남자가
여자를 만나고, 그러다 그녀를 잃고, 다시 그녀를 되찾는
이야기는 지금까지도 최고의 소재로 다뤄지고 있다. 새
로운 나무가 싹을 틔울 때마다 수십 편의 새로운 이야기
가 함께 생겨났기 때문에 이 이후로는 드리머도 지루할
틈이 없어졌다.

봄날이다. 버드나무 씨앗이 싹을 틔우고 나무로 자라기 시
작한다. 이 싹은 풀잎도, 송어도, 흰개미도 아닌 버드나무가
될 것이다. 이 싹은 '버드나무다움'에 대한 비전을 그 안에 품
고 있으며 이 비전을 언제나 청사진처럼 참조할 것이다. "흠,
어디 보자… 햇빛이 잘 드네. 물 공급, 미네랄, 토양의 영양분
이 잘 유지되고 있으니 더 자라나도 되겠어. 지느러미를 자라
게 해볼까? 계획을 확인해보면… 아니, 아니, 지느러미 말고
나무가 되어야 하네. 버드나무가 돼야겠어."
　이제 버드나무는 정확히 어디에, 어떻게 목질을 더할지 결
정해야 한다. 키가 작은 대신 무성하게 자라볼까, 아니면 키
가 큰 대신 가늘게 자라볼까? 곧게 자라볼까, 아니면 햇빛을
더 많이 받을 수 있게 이쪽이나 저쪽으로 약간 기울어져서 자
라볼까? 어느 가지 하나를 집중적으로 키워볼까? 아니면 모
든 가지를 골고루 잘 키워볼까? 내려야 하는 결정이 수천 가
지는 된다.
　내 상황도 버드나무와 그렇게 다르지 않다. 나 또한 매 순

간 성장 중이고, 내 영혼에 간직된 비전을 참조하면서 그것을 어떤 식으로 실현할지 계속 결정하며 살아가니까 말이다. 그러나 버드나무의 성장 방식과 나의 성장 방식에는 차이가 있다. 버드나무의 몸은 죽는 날까지도 계속 커지지만, 나는 이미 오래전에 신체적 성장이 끝났다. 그 이후로 내가 이뤄온 성장은 전부 정신적, 영적 성장뿐이었다. 내가 특히 이 영역에서 많이 성장해야 했던 이유는 교육이 나의 성장을 가로막았기 때문이다.

학교에서 트라우마가 될 만한 경험을 겪은 적은 딱히 없다. 사실 나는 '성공적인' 학생에 더 가까웠다. 그런데도 내가 교육이 나의 성장을 가로막았다고 말하는 이유는, 학교에서 이런저런 것들을 잘 성취하며 살았어도 내 인생의 목적을 보여주는 의례인 입문식의 기회는 전혀 가져보지 못해서다. 전통 사회에서 이 의례는 보통 사춘기 직후에 행해진다. 신체적 성장이 완료되고 영혼을 교육하는 것이 가능해졌음을 나타내는 것이 바로 사춘기이기 때문이다. 삶의 목적에 대한 자각이 생겼다는 것은 영적 비전이 동트는 것과도 같다. 입문식을 수행하는 방법이야 각기 다양하겠지만, 의례는 언제나 원로들의 지도하에 치러진다. 입문자들은 종종 가족과 격리된 채 황무지 같은 곳에서 금식을 비롯한 여러 고난을 겪는다. 그러다 때가 되면 정령들이 입문자를 찾아와 그가 걸어가야 할 삶의 길을 보여주며 그 길을 잘 걸어갈 수 있도록 영적 능력을 부여해준다. 입문자들은 이제 어떤 방식으로 공동체에 기여해야 할지 알게 되었으며, 그렇게 의례를 마친 뒤 사회로 돌아

간다. 그렇게 그들은 훗날 원로가 될 어엿한 청년이 된다.[*]

나도 어릴 때 바르 미츠바[**]라는 형식적인 성인식을 거치긴 했지만, 청년 시절의 나는 정말로 무지했다. 이건 가방끈이 기냐 짧냐의 문제가 아니었다. 비전이 없으니 알아야 할 것을 하나도 알 수가 없었다. 20대 때, 우리 아버지는 언제쯤이면 그만 헤맬 거냐고 묻곤 하셨다. 그런 말을 들으면 화가 치밀어 올랐다. 그래서 헤맨 적 없다고 응수하긴 했지만 사실은 아버지 말씀이 맞았다. 나는 정말로 '길을 헤매고' 있었다. 이 사실을 인정해야만 한다는 게 내가 그렇게 화가 났던 이유 중 하나였다. 분노를 느끼는 게 어찌 보면 자연스럽기도 했다. 더 이상 어린아이가 아니었던 나는 삶의 방향을 찾을 필요가 있었는데, 이를 도와주는 이가 아무도 없었으니 말이다.

어린아이들은 삶의 방향에 대해 별생각이 없다. 이들을 설레게 하는 질문은 "크리스마스에 뭘 받게 될까?"다. 그러나 입문식을 치를 나이가 다 되어가는 이들은 삶이 자신에게 더 큰 역할을 맡기려 한다는 것을 느낀다. 그러면 흥미로운 질문이 "크리스마스에 내가 무엇을 줄 수 있을까?"로 바뀐다. 나이를 좀더 먹다 보면 크리스마스가 매년 있는 것이며, 자신이 죽은 뒤에도 계속될 것이라는 사실이 깨달아지기 때문이다. 원로

---

[*] 비전 퀘스트의 첫 번째 지도자는 나무 정령인 경우가 많은데, 입문이 목木 원소의 힘을 빌린 성장 과정이라는 사실을 생각하면 이는 꽤 흥미로운 점이다. 이와 관련한 이야기 두 가지 중 하나는 락 라 크루아Lac La Croix의 오지브웨족 치유자인 론 게이식Ron Geyshick의 입문 이야기 ─ 그의 책 《진실》(Te Bwe Win)을 참조하라 ─ 이고 다른 하나는 서아프리카의 다가라Dagara족 샤먼인 말리도마 파트리스 소메Malidoma Patrice Somé의 입문 이야기다. ─ 책 《말리도마》를 참조하라. 저자 주.

[**] bar mitzvah. 유대교의 성인식이며 만 13세가 되었을 때 치른다.

들에게 흥미로운 질문은 "지금부터 일곱 세대 뒤의 크리스마스에 나는 무엇을 줄 수 있을까?"다.

7장에서 설명한 것처럼 분노는 침범당한 경계를 회복하기 위해 올라오는 감정이다. 예를 들어 누군가 내 발을 밟았을 때 그 순간 솟구쳐 오르는 감정은 나의 경계를 회복하게끔 한다. 만약 분노와 좋은 관계를 맺고 있다면 "죄송하지만 지금 제 발을 밟고 계시네요"라는 부드러운 표현으로 상황을 해결할 수 있을 것이다. 하지만 아무 말도 못 하거나 적대적이고 공격적인 반응을 보인다면 분노를 너무 오래 억누른 나머지 균형을 잃은 상태인 것이다.

청년들의 영적 경계는 계속 성장해야 할 필요가 있다. 만약 이들이 필요한 도움을 받지 못한다면 이 또한 경계를 침범당한 것이며, 이런 경우 자연스럽게 분노가 일어난다. 청년들의 좌절이 심각해지면 분노는 폭력으로 변할 수 있다. 이런 일이 빈민가에서, 요즘은 중산층 지역에서도 벌어지고 있다.

나 역시 서른이 된 후부터 10년이 넘는 시간 동안 일련의 비전 퀘스트를 비롯한 여러 경험을 하면서 매우 더디고 비공식적인 입문 과정을 늦게나마 거치게 되었다. 그나마 나 같은 경우는 운이 좋은 편이다. 오늘날에는 많은 이들이 자기 삶의 목적이 무엇인지 아예 모른 채로 살다 눈을 감으니 말이다. 이들은 자신만의 재능을 펼칠 기회를 만나지 못했기에 매일 똑같은 일상을 반복하면서 좌절 속에 살아간다.

현대인의 삶은 영혼으로 향하는 길이 아닌 쇼핑몰로 향하는 길을 열어주고 있으며, 성장의 힘 역시 이 길로만 쏠리고 있다. 그 결과 우리가 국민 총생산(GNP)이라고 부르는 것이 높아졌는데, 이것이 매년 더 높아지지 않으면 우리의 경제는 무너지게 된다. 이렇게 통제를 벗어난 급속한 성장을 가리키는 단어가 하나 있다. 바로 '암'이다. 암이 우리 몸과 지구상에 계속해서 퍼져나가는 이유는, 우리도 나무처럼 성장을 필요로 하기 때문이다. 이런 상황에서 벗어날 수 있는 유일한 방법은 바로, 물질적 성장이 원로로서 거듭나는 출발점이자 준비 단계라는 사실을 다시금 발견하는 것이다.

단기적으로 봤을 때, 이러한 재발견이 이루어질 수 있을지는 미지수다. 대중 매체는 우리가 젊음을 숭배하며 가능한 한 오래 이를 지속하고 싶어한다는 사실을 보여준다. 이러한 숭배의 잔혹성은 우리의 살갗을 성형외과 의사의 칼날보다 더 깊이 파고든다. 우리 문화는 나이가 들어 더 이상 소비력이 없는 노인들을 쓰레기장에 던져버린다.

영적 성숙의 길로 안내받지 못한 것에 대해 분노하는 사람은 나뿐만이 아니다. 마음속 깊은 곳에서, 사람들 대부분은 자신을 쇼핑을 위해 태어난 존재로 상정하는 것에 대해 분개하고 있다. 분노는 문제를 극복할 수 있는 힘을 주기 때문에 이러한 반감은 건강한 것이다. 우리의 분노에는 이 좌절스러운 경제 시스템 전체를 무너뜨릴 만큼의 강력한 힘이 있다. 그러나 우리가 이러한 좌절감을 부정하거나 알코올로 잠재우고 있기 때문에 이런 식의 폭발적인 변화는 일어나기 힘들다.

조지 H. W. 부시George H. W. Bush 전 대통령이 미국 대통령으로서 러시아를 방문했을 때, 미국 신문들은 그가 미하일 고르

바초프^{Mikhail Gorbachev} 대통령과 보드카 잔으로 건배하고 있는 사진을 1면에 실었다. 당신은 두 국가 원수가 술이 아닌 다른 위험한 약물을 들고 대중 앞에서 건배하는 모습을 상상할 수 있는가? 이를테면 코카인이나 헤로인 같은 것으로 말이다.

500년 전, 멕시코에 도착한 스페인 사람들은 자신들의 문명보다 훨씬 더 발전된 문명을 목격하게 되었다. 이 문명은 풀케^{pulque}, 달리 말하면 아가베 술을 귀히 여겼으며 노인이 아닌 사람이 이 술에 취하면 법적으로 엄중하게 처벌했다. 문명을 파괴하고 원주민들을 노예로 삼은 유럽인들은 새 법안을 통해 여러 가지 금지 사항들을 제정한 한편, 음주와 관련한 법적 제재를 없애고 증류주를 마실 수 있도록 법을 개정했다.

우리 사회에서 알코올이 지닌 특권적 지위를 이해하려면 간이 목 원소가 자리한 장기라는 점에 주목해야 한다. 우리의 영적인 혼이 깃들어 있는 간은 비전, 성장, 창조성의 원천이 된다. 또한 간은 분노의 장기이기도 하다. 우리 삶의 청사진은 간에서 찾을 수 있다. 알코올은 간을 황폐화시킨다. 간경변이 시작되기 몇 년 전부터 우리는 영혼의 비전을 잃어버린다. 알코올 중독자는 자신이 무엇에 분노하고 있는지 기억하지 못한다. 어쩌면 이것이 아메리카 원주민들이 쉽게 알코올 중독에 빠지는 이유 중 하나일 것이다. 강간, 폭행, 약탈, 대량학살 등 상상할 수 있는 모든 방식으로 학대를 겪어온 이들은 그 분노로 인해 자신의 몸뿐 아니라 배우자와 자녀에게도 해를 가하고 있다. 그러나 술에 취해 분노를 표출하는 이들은 체제에 별로 큰 위협이 되지 않는다. 정말로 위협이 되는 것은 맨정신을 유지하며 자신이 무엇에 분노하고 있는지 또렷이 기억하는 사람들이다. 술 덕분에 쇼핑몰은 언제나처럼 잘만 굴러간다.

어떤 문화적 유산을 물려받았든, 삶의 목적을 보여준 이가 아무도 없었다는 것은 당신의 영적 발달이 여태까지 방치되어 왔다는 뜻이다. 당신 선조가 어디에서 나고 자랐는지는 중요하지 않다. 경제라는 거대한 괴물은 가는 곳마다 술을 데리고 다닌다. 당신은 알코올 중독의 나라에 살고 있다. 그리고 쇼핑몰은 언제나처럼 잘만 굴러간다.

인간의 꿈이 이렇게 가망 없는 수준으로 뒤엉켜 있을지라도, 야생 식물들은 여전히 그리고 기꺼이 우리를 자신들의 낙원으로 데려가준다. 식물들이 어떤 원리로 그렇게 할 수 있는 건지는 나도 잘 모르겠다. 이 주제에 관해 깊이 사색하는 것은 즐거운 일이지만, 아마 이것은 절대 풀리지 않는 미스터리로 남을 공산이 크다. 그래도 상관없다. 나는 미스터리를 좋아하니까. 나는 그저 식물들에게 마법 같은 일을 요청한 뒤 실제로 그런 일이 일어나면 감탄할 뿐이다.

에드나가 내 동료의 손에 이끌려 나를 찾아왔을 때, 그녀의 삶은 암울하고 절망적이었다. 만성 피로 증후군을 앓고 있던 그녀는 지난 2년 동안 침대에 누워 있는 것 말고는 거의 아무것도 할 수 없었다고 말했다. 마치 바닥에 있는 자신을 거인이 꼼짝도 못하게 눌러놓는 듯한 느낌이었다고 했다. 이러한 증상은 목 원소가 균형에서 벗어나 더 이상 성장할 수 없음을 표현하는 그녀만의 방식이었다. 초록빛이 도는 그녀의 안색과 고함치는 듯한 목소리 톤, 화가 난 듯한 태도, 몸에서 풍기는 악취는 이러한 나의 추측에 확신을 더해주었다. 나는 내가 알아낸 것들을 동료이자 제자였던 도나 기유맹Donna Guillemin과 공유한 후 에드나의 치유를 도나에게 맡겼다.

6개월 후 다시 만난 에드나는 환하게 웃고 있었다. "엘리엇, 당신에게 들려줄 놀라운 이야기가 몇 가지 있어요." 그녀가 말했다.

"말해봐요." 내가 말했다.

"우선, 저한테 심한 알레르기가 있었던 거 기억나세요?" 에드나가 이야기를 시작했다.

"아, 그런 말은 못 들었던 것 같은데요." 내가 끼어들었다.

"그랬군요. 아무튼 저는 알레르기가 정말 심했어요. 하지만 도나와 몇 번의 세션을 진행하니까 그게 엄청나게 나아졌지 뭐예요. 제가 '도나, 도대체 저한테 어떤 식물 정령을 처방한 거예요?' 하고 물었더니 금작화(Scotch broom)라고 하더군요. 그래서 제가 대답했죠. '네? 금작화는 원래 제 천적이나 다름없었어요.' 저는 언제 한번 식당에 갔다가 극심한 천식 발작이 온 적이 있었어요. 하지만 주위를 둘러봐도 천식 발작을 일으킬 만한 요소가 딱히 보이지 않았죠. 그래서 식당 직원에게 혹시 여기에 금작화가 있냐고 물어봤어요. 그러자 그가 넓은 식당 홀 반대편을 가리키는 거 있죠. 벽난로 선반 위에 작은 금작화 가지 하나가 놓여 있더라고요. 직원 말로는 몇 년 동안 거기 놔뒀던 거래요. 그때 밥도 제대로 못 먹을 만큼 숨이 안 쉬어져서 식당 밖으로 나갔는데, 그러니까 바로 천식 발작이 가라앉았어요. 저는 도나에게 이 얘기를 들려주면서 치유 세션을 받은 뒤로는 금작화와 좋은 친구가 됐다고 했어요! 그리고 그걸 증명해 보일 겸 꽃이 만개한 금작화 다발에 얼굴을 묻었어요! 아무 이상도 없었죠!"

"여기서 끝이 아니에요." 에드나는 펼친 손을 내 얼굴 앞에 내보였다. 그녀의 손톱은 길고 튼튼하니 건강해 보였다. 이전에는 곰팡이 때문에 노랗게 썩어서 보기 흉한 손톱이었는데 말이다. 중국 전통 생리학에 따르면 손톱의 건강은 간의 건강에 달려 있기 때문에 이런 변화는 매우 중요한 신호였다.

"정말 잘됐네요, 에드나. 피로는 좀 어때요?" 내가 물었다.

"아, 그거요." 그녀가 말했다. "이제 더 이상 피곤하지 않아요. 내가 무엇을 하며 살아가야 할지 처음으로 가닥이 좀 잡혔어요. 그래서 요즘에는 다시 학교를 다니면서 새로운 진로를 준비하고 있어요."

질문: 나무와 당신

아래는 당신이 어떻게 성장하고 있는지를 알아볼 수 있는 질문들이다. 큰 나무에 등을 대고 서보라. 당신의 척추가 나무의 몸통이고, 당신의 머리는 나무 꼭대기 위에 있다고 상상해보라. 거기서 당신은 자신의 인생 전체를 한눈에 내려다볼 수 있다. 이제 아래의 질문에 분명하고 솔직하게 답해보자.

1. 봄에 어떤 기분이 드는가?

2. 무엇에 유독 짜증이 올라오고 신경이 거슬리는가?

3. 결정을 내리기 어려웠던 때는 언제였는가?

4. 계획대로 일이 되지 않으면 기분이 어떤가?

5. 마지막으로 누군가에게 소리를 지른 것이 언제였는가?

6. 마지막으로 누군가에게 소리를 지르고 싶었던 때가 언제였는가?

7. 초록색 옷을 입으면 기분이 어떤가? 초록색 방에 있는 것은?

8. 식물을 잘 기르는 편인가?

9. 옷장이 잘 정돈되어 있는가? 옷 주머니 속이 깔끔한가? 가방은? 책상 위는?

10. 사람들을 조직화하고 행사를 추진하는 것을 즐기는 편인가?

11. 몸놀림이 자연스럽고 매끄러운 편인가?

12. 삶의 비전이 있는가?

13. 손톱과 발톱 건강은 어떤가?

14. 술을 얼마나 자주 마시는가? 그 이유는?

15. 무엇이 당신을 좌절시키는가?

16. 바람이 많이 부는 날씨에는 기분이 어떤가?

17. 신맛, 산미가 강한 음식을 즐기는 편인가?

18. 화가 북받쳐서 울어본 적이 있는가?

19. 방향 감각이 좋은 편인가? 누군가에게 길을 잘 알려줄 수 있는가?

20. 어렸을 때 발달에 문제가 있었는가?

21. 당신이 태어날 당시 주변 환경은 어땠는가?

22. 출산과 관련한 당신의 경험과 느낌은 무엇인가?

23. 지금으로부터 5년 뒤에 당신의 삶이 어땠으면 좋겠는가?
10년 후는?

24. 노년에 대해 미리 구상해놓은 바가 있는가?

25. 어떤 창작 활동을 즐기는가? 그러한 활동을 얼마나 자주
하는가?

26. 새로운 아이디어나 개념을 생각해낸 적이 있는가?

27. 10년 전의 당신에 비해 오늘의 당신이 더 나은 점은 무엇
인가?

28. 당신의 평생의 꿈은 무엇인가? 앞으로 어떻게 되었으면
좋겠는가?

29. 희망이 가득한 기분을 느낀 적이 있는가?

30. 성가신 기분, 짜증, 좌절감이 들 때 이를 어떻게 표현하는가?

31. 당신의 개인적인 경계선은 무엇인가?

32. 다른 사람들이 선을 넘은 행동을 할 때 당신은 어떻게 대
처하는가?

33. 당신이 분노를 표현하지 않으려 하는 때는 언제인가?

34. 화가 많이 나서 공격적인 행동을 보였던 적이 있는가?

35. 화가 많이 나서 누군가를 증오하게 되었던 적이 있는가?

36. 당신은 어떤 상황에서 조급함을 느끼는가?

37. 자신의 경계선을 명확히 밝힘으로써 문제 상황에서 벗어
난 적이 있는가?

38. 당신 삶의 목적은 무엇인가?

질문에 답하면서 당신이 지금 이 순간의 삶에서 진행되고

있는 성장 과정을 얼마나 잘 따라가고 있는지 의식해보라. 나무가 계절과 흙에 따라 다르게 자라듯, 우리도 성장 계절과 환경에 따라 각기 다른 방식으로 성장한다. 지금 당신은 어떤 성장 계절을 보내고 있는가? 성장 속도가 빠른가? 아니면 느린가? 어떤 유형의 성장인가? 당신의 성장을 가로막는 장애물은 무엇인가? 지금 겪고 있는 성장 계절과 당신의 과거 시기에 비슷한 점은 없는가?

등을 기대고 있는 나무에 다시 집중해보라. 이 위대한 스승에게 내적 성장과 변화를 이루려면 어떻게 해야 하는지 물어보라. 나무 옆에 서 있는 당신의 몸에서 뿌리가 나와 땅속으로 뻗어 내려가는 모습, 당신의 몸에서 잎이 돋아나고, 꽃이 피며, 열매가 맺히는 모습을 심상화하라. 당신이 성장하고 있음을 기뻐하라. 당신이 가로막혔다고 느낀 마음속 지점, 바로 그 지점에서 느껴지는 답답함을 온전히 느껴보라. 그리고 당신의 생장력인 목木과 접촉해보라.

6장

|

기타 불균형들

식물 정령 치유에 대한 나의 관점에 따르면, 대부분의 건강 문제는 화, 토, 금, 수, 목 원소의 힘들이 균형을 잃었음을 알려주는 메신저라고 할 수 있다. 그러나 원소와 상관없는 불균형도 존재하는데, 이 장에서는 그중 두 가지인 빙의 그리고 남성적 힘과 여성적 힘의 불균형을 살펴보고자 한다.

빙의

영화에서는 빙의와 퇴마 장면을 과장되게 묘사하기 때문에 많은 사람들이 이 현상을 단순 미신으로만 치부하게 되었다. 하지만 빙의는 실제로 존재하는 현상이다. 내가 접해본 여러 의술 중에서 유일하게 빙의를 인정하지 않는 것이 바로 현대 서양 의학이다.

빙의에 대해 알아보기 전에, 먼저 인간의 몸·마음·영혼을 진동하는 수많은 부분들이 모여 만들어진 하나의 복합체라고 상상해보자. 이 부분들은 다 함께 공명장(resonant field)을 만들어낸다. 음식처럼 공명을 강화해주는 외부 요소들은 장 안으로 들어올 수 있다. 그러나 공명장을 손상시키거나 파괴할 수 있는 요소들은 그 안으로 들어갈 수 없다. 우리의 피부는 해로운 것이 몸 안으로 들어올 수 없게 막아내는 역할을 한다. 예를 들어, 인체 면역 결핍 바이러스(HIV)가 들어 있는 용액이 팔 위로 쏟아진다 해도 피부에 상처 난 곳이 없다면 이에 영향을 전혀 받지 않을 수 있다.

신체적 피부처럼, 우리에게는 에너지적 피부도 있다. 에너지적 피부는 해로운(dissonance, 공명하지 않는) 정신적·영적 영향력이 공명장 안으로 침투하지 못하도록 막아주는 역할을 한다. 하지만 극심한 고통을 겪으면 가끔 그 트라우마로 인해 이 에너지적 피부가 뚫릴 수도 있고, 약한 스트레스가 반복되다 보면 에너지적 피부가 서서히 손상되기도 한다. 둘 중 어떤 경우든 해로운 외부 영향력이 그 틈을 타고 들어올 수 있다. 마치 기타 줄 하나가 조율이 잘못되면 전체 연주가 불협화음이 되듯, 혹은 컴퓨터에 바이러스가 침투하듯 작은 부조화 하나가 전체의 기능을 바꿔놓을 수 있다는 말이다. 이것이 바로 빙의다.

사람들의 정신적 고통과 스트레스가 높아짐에 따라, 나는 빙의된 사람들을 점점 더 많이 목격하게 되었다. 그러나 그들 대부분은 평범한 삶을 살아가기 때문에 자극을 추구하는 미디어에게는 좋은 이야깃거리가 되지 못한다.

빙의된 사람은 기존의 자신으로 있을 수 없으므로 빙의가 풀리지 않는 한 그의 본래 인격과 소통하는 것은 불가능하다. 가끔 어떤 사람들은 자신이 빙의되었음을 스스로 자각하곤 한다. 어느 젊은 남성은 이렇게 말하기도 했다. "가끔 이상하거나 파괴적인 행동을 하라면서 능수능란하게 나를 설득하는 목소리가 들려요." 또 어느 젊은 여성은 이런 말을 했다. "저는 빙의 같은 그런 허튼소리는 안 믿어요. 그렇지만 만약 그런 걸 믿는 사람이었다면 저는 제가 빙의됐다고 생각했을 거예요. 교통사고가 난 이후로는 저답지 않게 우울감에 빠져 있기 일쑤거든요." 이들 모두 빙의가 풀리자 환청과 우울증이 감쪽같이 나았다.

하지만 대부분의 사람들은 자신이 빙의된 상태라는 사실을 자각하지 못한다. 또한 예전처럼 다른 사람들과의 공감이나 교감이 이루어지지 않고 있다는 사실도 잘 인식하지 못하는데, 바로 이러한 특성, 즉 외부와의 인위적 단절이 빙의 여부를 식별하는 핵심적인 단서가 된다. 사례자의 과거를 살펴보면 특정한 트라우마나 정서적 스트레스가 에너지적인 '피부'를 손상시킴으로써 빙의가 일어났음을 알게 될 때도 많다.

그렇다면 빙의를 일으키는 이 외부 영향력의 본질은 무엇일까? 귀신? 특정한 감정 에너지? 몸에 쌓인 독소나 마음의 병? 식물 정령 치유에서는 이러한 질문에 대한 답을 찾으려 하지 않는다. 공명장 속으로 침입해 들어온 것이 무엇이든 간에, 우리의 해결책은 식물을 통해 그것을 쫓아내줄 유익한 정령을 불러오는 것이다. 중국 전통 의학에서는 나쁜 것들을 쫓아주는 이런 유익한 정령들을 '용'이라고 부르는데, 이것은 이 문화권에서 용이 복을 주는 존재로 알려져 있기 때문이다. 용의 본질 역시 여전히 미스터리로 남아 있지만 그 효과만큼은 확실하다.

부부간의 불균형

현대 의학에서 간과하고 있는 또 다른 것이 바로 부부간의 불균형 상태다. 남편과 아내 사이의 불균형이 적절히 해결되지 않으면 조기 사망에 이를 수도 있으니 어떻게 보면 이는 빙의보다 더 심각한 문제라고 할 수 있다. 부부간의 불균형을 이해하려면 먼저 '균형이 잘 잡힌 부부 사이'가 무엇인지를 알아야 한다. 이 세상에서 살아남으려면 우리는 남성적 특성과 여성적 특성 모두를 갖춰야 한다. 능동적이고 공격적으로 목표를 이루려는 태도도 필요하지만, 이와 동시에 돌보고 지지하며 있는 그대로 두는 태도도 필요하다는 말이다. 이 두 가지 태도는 옛 시대의 남편과 아내처럼 서로를 보완해주어야 한다. 남편은 사냥에 적합한 근육과 기질을 가지고 있다. 아내에게는 아이 그리고 가정을 돌보는 기질과 젖을 먹일 수 있는 가슴이 있다.

남편과 아내가 각자의 본성에 충실하면 가족은 번영한다. 이것이 바로 균형 잡힌 부부의 모습이다. 그러나 어느 날 집에 돌아온 남편이 가죽 위에 털썩 드러누워 아내에게 이렇게 말한다면 어떨까. "여보, 나 매머드 쫓는 게 지긋지긋해졌어.

겨우 한 마리 잡아 오면 당신하고 애들이 바로 다 먹어 치워 버려서 또 사냥감을 찾으러 나가야 한단 말이야. 정말 지친다 고! 이제부터는 나도 당신처럼 모닥불 옆에서 따뜻하고 느긋 하게 지낼래. 당신이 나가서 사냥 좀 해와!" 아내가 어린 아들 들과 함께 사냥을 나간다면 성과가 나쁘지 않을 수도 있지만, 집에 남아 있는 어린아이들은 어떻게 될까? 젖줄이 끊겨버린 아이들은 얼마 안 가 굶어 죽게 될 것이다. 그리고 이런 상황 이 오래 지속된다면 이 가족 전체가 부부간의 불균형으로 인 해 사라져버릴 것이다. 반대로, 아내가 갑자기 이렇게 선언한 다면 어떨까. "집에 갇혀서 애들만 보며 사는 거 정말 지긋지 긋해. 이제부터는 나도 당신처럼 신나게 사냥을 다닐 거야." 이 경우에도 결과는 같다. 부부간의 불균형 때문에 가족 전체 가 죽음을 맞는다.

나의 이러한 말로 인해 여성 운동이나 남성 운동 혹은 두 진영 모두에게 미움을 사기 전에 이것만은 확실히 해둬야겠 다. 나는 남성이든 여성이든 상관없이 모든 사람이 남편의 특 성과 아내의 특성 모두를 갖춰야 한다고 말하는 중이다. 우리 모두는 한 편으로는 사냥꾼, 한 편으로는 양육자가 될 수 있 어야 한다.

부부간의 불균형 때문에 힘들어하는 사람들은 그렇게 생각 할 만한 의학적인 근거가 전혀 없는데도 죽음이 가까이 다가 오고 있음을 느끼곤 한다. 남성성과 공격성이 약해지다가 점 점 자취를 감춰버리면 그 사람은 생명력을 잃게 된다. 60세 의 가정주부 글렌다가 바로 이런 상태로 나를 찾아왔었다. 그녀는 피로감이 너무 심해서 거의 움직일 수 없을 지경이었다. 의사들은 갑상선 호르몬이 생성되는 족족 항체가 그것을 파괴하고 있다고 진단했지만 현대 의학으로는 이를 해결할 수 없었다. 수많은 대체 요법도 써봤지만 역시 먹히지 않았다. 진찰용 침대 위에 누운 글렌다는 자신에게 살날이 얼마 남지 않은 것 같다고 속삭이듯 말했다. 내가 보기에 그녀의 갑상선 호르몬은 다시 일어나 움직일 힘을 주는 것이므로 '남편의 특성'을 전해주는 매개체였다. 나의 식물 친구들이 갑상선 호르몬을 두고 싸우던 내면의 남편과 아내를 화해시키자 글렌다는 다시 활력을 느낄 수 있었다.

나의 또 다른 환자인 밥은 항공기 조종사였는데, 그는 이런 불만을 털어놓았다. "이제 제 인생에 중요한 게 아무것도 없는 기분이고 인생이 재미가 없어요. 그리고 요즘 일할 때 빼고는 저답지 않게 계속 누워만 있답니다. 원래는 늘 행복하고 열정적인 사람이었고 일하는 것도 즐겼거든요. 비행 일정이 없을 때는 집에서 저만의 작업을 이것저것 하는 것을 좋아했고요."

밥이 말을 이었다. "요즘 몸 상태도 안 좋아요. 밥을 엄청나게 많이 먹는데도 배가 계속 고파요. 몸이 영양분을 제대로 흡수하지 못하는 것 같아요. 게다가 아내와 아이를 가지려고 노력 중인데, 이게 잘 안 되네요. 병원에서 검사를 받아보니까 아내에게는 아무 문제가 없지만 제 정자 수가 너무 적은 게 문제래요. 이게 엄청 걱정이 돼요. 근데 가끔은 차라리 난임인 게 다행이다 싶기도 해요. 왜냐하면 제가 몸이 안 좋아진 뒤로 아내 때문에 화날 때가 너무 많거든요. 아내가 무슨 말 한마디만 해도 눈이 뒤집힐 정도로 화가 난다니까요, 글 쎄. 스스로가 제어가 안 돼요."

밥의 증상들은 내면의 남편과 아내가 위태로운 관계에 놓여 있음을 극적으로 보여주고 있었다. 밥 내면의 남편은 아내의 기운에 눌려 무력한* 상태였고, 자신에게 먹을 것을 주지 않는 내면의 아내에게 단단히 화가 나 있었다. 내면의 남편과 아내의 불균형을 바로잡자 극적인 변화가 일어났다. 밥은 치료 후 닷새 만에 다시 나를 찾아왔고, 나는 그의 말을 그대로 기록했다.

"제 안에서 일어난 변화는 정말이지 말로 표현할 수 없을 정도예요! 지난번에 여기서 나가자마자 갑자기 웃음이 터지지 뭐예요! 웃음을 멈출 수가 없더라고요! 얼마나 후련했는지 몰라요! 이제야 좀 살맛이 나요. 요즘은 활력을 되찾아서 다시 집에서 이것저것 바쁘게 하고 있어요. 전처럼 그렇게 심한 배고픔도 별로 안 느껴지고 아내에게 성질을 부리지도 않아요."

밥은 6주 만에 다시 정액 검사를 했고, 식물 정령 치유 전보다 정자 수가 네 배 이상 증가해 있었다.

---

* impotent. '무력한', '무능한'이라는 뜻도 있지만 '발기나 성교가 불가능한 사람'이라는 뜻도 있다.

7장

|

레메디

길 밀너^{Gil Milner}는 화려한 이력을 가진 뛰어난 의사였다. 그는 신경과 · 정신과 · 아동 정신과 전문의인데다 명문 대학의 의대 교수이기도 했다. 그런 그가 몇 년 전 내가 진행한 한 교육 과정에 참여한 적이 있었다. 나는 그런 이력을 가진 사람이 식물 정령과 어떤 관계를 맺을지 궁금해서 꿈 여행이 끝날 때마다 그가 공책에 무엇을 적고 있는지 어깨 너머로 슬쩍 엿보곤 했다. 하지만 그의 공책에 적혀 있는 것은 난해해 보이는 구불구불한 선들과 그 아래에 적혀 있는 외국어 음절들이 전부였다. 며칠이 지나자 나는 부끄러움보다 호기심이 커져서 그에게 물었다. "길, 공책에 쓴 그 이상한 글들은 뭐예요?"

"아, 이거요? 식물의 노래예요." 그가 대답했다.

"그게 식물의 노래라고요?"

“음, 보통 식물이 노래를 통해 자신의 힘을 우리에게 전해 주잖아요.”

“아, 전 몰랐는데 그런가요?” 내가 물었다.

“네, 그렇더라고요! 식물들이 당신에게 노래를 불러주지 않던가요?”

“아뇨, 아직 그런 적은 없었어요.”

“흠, 식물들이 모든 사람한테 다 그렇게 하는 줄 알았는데 아닌가 보네요. 여기 이건 멜로디를 기억하기 위한 저만의 표기법이고, 그 밑에 적혀 있는 건 노래 가사예요.” 길이 자신의 공책을 보여주며 말했다.

강의 마지막 날, 수강생들이 서로를 치유하는 시간이 끝난 뒤 내가 그에게 다가갔다. “이제 저만 빼고 모두가 치유를 받았네요. 혹시 선생님께 치유를 부탁드려도 될까요?”

“네, 물론이죠. 기꺼이요.” 그가 대답했다.

내가 말했다. “제 메디슨을 노래로 불러주세요.”

그러자 길은 얼굴을 붉히며 발을 쳐다보더니 알아들을 수 없는 말을 웅얼거렸다. 그러다 고개를 들어 내가 얼마나 단호한 표정을 짓고 있는지 본 그는 고개를 끄덕였다. 나는 그가 나를 문진하고 맥을 짚을 수 있도록 치료용 침대에 누웠다. 진맥이 끝나자 길은 다른 수강생들과 옆방으로 들어가 어떤 식물의 노래를 불러야 할지 논의했다. 몇 분 후, 그가 다시 강의실 안으로 들어왔다. 그는 내 북을 집어 들고 느릿한 박자를 연주한 다음, 반복적이긴 하지만 묘하게 아름다운 노래를 부르기 시작했다. 그 노래에는 절대적이고 압도적인 힘이 담겨 있었다. 노래가 내 가슴 안으로 들어오는 것이 느껴졌고 내 눈에서는 눈물이 흐르고 있었다. 길은 점점 더 빠른 박자로 노래를 부르면서 나의 기분을 고조시켰고, 나는 미소를 지었다. 그는 노래를 멈추고 내 맥을 짚더니 다시 수강생들과 옆방으로 가서 무언가를 논의했다.

강의실로 돌아온 그는 아까와 같이 북을 치며 노래를 불렀지만 전보다 훨씬 더 깊고 내적인 효과가 있었다. 눈을 감은 나는 갑자기 방 안의 모든 상황을 까맣게 잊게 됐고, 어느 순간 야생 생강이 가득한 숲 바닥에 앉아 있는 나를 발견하게 되었다. 보랏빛 생강꽃의 입에서 생강의 노래가 쏟아져 나왔다. 그것은 내게 여러 보물을 내어주고 있었다. 하트 모양의 잎, 기름진 흙, 단풍나무의 우아한 팔 사이로 산들거리며 스치는 바람, 그 외 말로 표현할 수 없는 몇몇 축복까지.

길이 노래를 멈추자 내 의식도 강의실로 돌아왔다. "야생 생강이네요. 아사룸 카나덴세Asarum canadense." 내가 말했다. 그는 고개를 끄덕였고, 이미 훌륭한 치유가 이루어졌음을 알고 있었을 텐데도 다시 내 맥을 짚었다. 나는 자리에서 일어나서 그에게 감사의 뜻으로 포옹을 해주었다. 그의 얼굴은 붉어졌고, 눈에는 눈물이 가득 고여 있었다. 그의 몸이 덜덜 떨리고 있었다.

"괜찮아요?" 내가 물었다.

"제가 어디로 여행만 가면 항상 그곳 샤먼들이 저를 찾아와서 자기 깃털을 주더라고요." 그가 말했다. "집에 서랍 가득 깃털이 있어요. 저한테 왜 그러는지 도저히 알 수가 없었죠.

그럴 때마다 저는 '나는 의사야. 샤먼들이 쓰는 그런 치료법은 쓰지 않을 거라고' 하고 되새기곤 했어요. 하지만 이제는 그 이유를 좀 알 것 같아요."

식물 정령 치유는 식물 신들이 은총을 내려주는 주술-종교적인 의례다. 그렇다면 그 은총을 불러오는 방법은 뭘까? 어떤 사람들은 노래를 부르고, 어떤 사람들은 알약과 물약을 사용하며, 또 어떤 사람들은 치유할 부위에 손을 얹고, 깃털을 흔들고, 춤을 추기도 한다. 얼마나 많은 방식들이 발견되었는지, 그리고 얼마나 많은 방식들이 다시 발견되기를 기다리고 있는지는 아무도 모른다.

어떤 방식을 쓰든, 중요한 것은 환자가 자연의 꿈속으로 들어갈 수 있도록 정령들을 불러오는 일이다. 이는 병마와의 싸움과는 아무 관련이 없다. 식물 정령 치유에는 관절염이나 편두통, 우울증, 암에 좋은 약초라는 개념이 없다. 식물 정령이 어떤 메디슨을 주든 그것은 환자에게 도움이 될 것이다. 아마존의 마체스족이 피터 고먼에게 말했듯, 식물을 치유에 사용하려면 그 식물의 꿈을 꿔야 하며 그렇지 않으면 효과가 없다. 두 사람이 똑같은 꿈을 꾸는 경우는 거의 없다. 마찬가지로, 두 사람이 한 식물을 똑같은 방식으로 사용하는 경우도 거의 없다.

심지어 기존의 약초학자들조차 자신의 기술이 지극히 개인적인 것이라는 사실을 내심 인정한다. 한 약초학자가 어떤 병을 성공적으로 치료했다 해도 다른 약초학자가 동일한 레메디로 환자를 치료하려 하면 약이 듣지 않는다. 그러나 여기에도 예외가 하나 있다. 바로 동종요법 약초학이다.

동종요법은 특정 약이 어떤 증상을 유발하는지 경험적으로 엄밀히 밝혀내는 치료법이다. 동종요법의 창시자인 사무엘 하네만Samuel Hahnemann은 식물을 '병원성 물질'로 사용했다. 식물로 환자가 앓고 있는 자연적 질병과 비슷한 인위적 질병을 일으켜 몸의 회복력을 자극하고, 이를 통해 두 질병 모두를 빠르게 극복하도록 돕는다는 것이 그의 이론이었다. 제대로만 적용한다면 동종요법도 매우 효과적인 방법이 될 수 있지만, 동종요법이 식물 그리고 치유에 접근하는 방식은 식물 정령 치유의 그것과는 좀 다르다.

배치 플라워 레메디(Bach Flower Remedies)는 동종요법에서 파생된 치유법이다. 영국의 동종요법 의사였던 에드워드 배치Edward Bach는 '부정적인' 감정 상태를 치유하는 식물의 힘을 감지할 수 있는 사람이었다. 그는 특별한 훈련 없이도 누구나 실천할 수 있는 간단한 치유 체계를 만들기 위해 노력했고, 결국 그것에 성공했다. 이와 달리 식물 정령 치유를 공부하는 이들은 수년간의 전문 교육을 거쳐야만 그 치유법이 제공하는 모든 것을 전달할 준비가 갖춰진다.

나는 식물을 이용한 자가 치유는 효과가 거의 없다는 사실을 알게 되었다. 자가 치유가 가끔 일어나긴 하지만 그것은 예외적인 경우이지 일반적인 경우는 아니다. 질병은 우리의 감정적 맹점 속에 뿌리를 내리기 때문이다. 질병은 도움을 요청하는 신호이며, 다른 사람의 도움을 받아들이는 것이 종종 스스로를 돕는 가장 좋은 방법이 되기도 한다. 과장된 독립심은 우리를 고립시키고 병들게 하는 태도 중 하나다. 치유는 우리가 연결되어 있고 서로 의존하며 살아간다는 사실을 기념하고 축하하는 일이 될 수 있다.

마이클 하너는 1950년대 아마존에서 만난 한 원주민 샤먼에 대한 일화를 들려준다. 하너는 그 젊은 샤먼이 지닌 힘에 깊은 인상을 받았고, 그와 시간을 보내는 것을 매우 좋아했다. 그렇게 두 사람은 좋은 친구가 되었다. 미국으로 돌아가기 전, 마이클은 그에게 우정을 계속 이어갈 수 있도록 꿈 여행을 통해 버클리로 오면 어떻겠냐고 제안한다. 강력한 힘을 가진 그 샤먼은 놀랍게도 시무룩한 표정을 보이며 이렇게 말했다.

"그건 못 해요." 그가 말했다.

"왜 못 하죠?" 마이클이 물었다. "난 당신이 그보다 훨씬 더 대단한 일도 해내는 걸 봤는데요!"

그러자 샤먼이 대답했다. "저는 길을 모르기 때문에 버클리에 있는 당신을 찾아갈 수가 없어요." 이 말은 곧 경험을 대신할 수 있는 것은 없다는 뜻이었다.

식물의 메디슨을 배우고자 하는 사람에게도 경험을 대신할 수 있는 것은 없다. 메디슨은 살아 있는 식물과의 친밀한 관계로부터 비롯된다. 소설 속 등장인물과 아기를 만들겠다고 생각하는 사람이 없듯이, 이 책을 포함한 여러 책에서 배운 식물로 치유를 해보겠다고 생각하는 사람도 없어야 한다. 아래는 나에게 친숙한 식물 몇 가지에 관한 설명이다. (당신에게 친숙한 식물은 이와는 다를 것이다.)

불 원소의 불균형에 도움이 되는 식물 중 내가 가장 좋아하는 식물은 뚜껑별꽃(Anagallis arvensis)이다. 뚜껑별꽃은 미국, 유럽을 포함한 세계 여러 지역에서 흔히 볼 수 있는 식물이다. 이 식물은 키가 작고 넓게 퍼져 자라면서 조그마한 꽃을 피우는데, 꽃잎은 보통 연주황색, 꽃 중앙은 자홍색이고 수술은 밝은 노란색이다. 화창한 날씨에는 꽃이 활짝 피지만 날이 어둡거나 흐리면 꽃잎이 단단히 닫혀버린다. 쓴맛이 나서 맛이 좋지 않으며 약간의 독성이 있다고 알려져 있다. 어느 모로 보나 친숙해지기는 좀 어렵지만 노력할 만한 가치는 충분히 있는 식물이다. 영국 약초학에서 이 식물은 우울한 기분을 없애주는 것으로 유명하며 서머싯Somerset 지방 사람들은 여전히 이 식물을 '웃음을 가져다주는 이'(Laughter Bringer)라고 부르고 있다.

나는 이 식물의 정령을 찾아 꿈 여행을 떠났는데, 끝없이 이어져 있는 차갑고 어두운 우주 공간을 지나니 마침내 멀리 떨어져 있는 작은 행성에 도착하게 되었다. 처음에는 황량한 불모지처럼 보였지만 행성의 가장 외딴곳에 꽉 끼는 티셔츠와 검은색 바지 차림의 남자가 있었다. 우락부락한 모습의 그 남자에게는 수염도 나 있었다.

"혹시 뚜껑별꽃의 정령이신가요?" 내가 물었다.

"넌 뭐야?"

"아, 저는….."

"야, 너! 좋은 말할 때 옆 태양계로 가. 저기 가면 훨씬 멋진 꽃들이 있으니까 저리 꺼지라고."

뚜껑별꽃의 정령이 분명했다! 그는 깨어 있는 현실에서와 마찬가지로 이 꿈에서도 똑같이 쓸쓸함과 자기방어적인 태도를 내보이고 있었다. 나는 그가 따뜻한 햇볕을 쬘 때 마음을 열고 자신의 아름다움을 세상에 나눠준다는 것을 기억해냈다.

"저는 뚜껑별꽃을 정말 좋아해요!" 내가 말했다. "뚜껑별꽃의 색 조합은 너무 독특해서 보기만 해도 행복해져요! 당신, 겉모습은 거칠지만 분명 속은 너무나 아름다운 사람일 거예요." 그는 살짝 미소를 짓더니 이내 얼굴이 붉어졌다. 내가 물었다. "이 춥고 작은 행성에서 혼자 뭐 하고 계셨어요?"

거친 사내의 뺨에 눈물이 흘러내렸다. "사람들은 너무 차갑고 무정해!" 그가 말했다. "조금만 경계를 늦춰도 바로 상처를 준다니깐. 나는 뭐든 다 가슴속에 담아두는 편이야. 아마 내가 너무 연약한 탓이겠지."

그가 가슴을 보호하는 메디슨을 가지고 있다는 것이 확실했기에 더 이상의 말은 필요 없었다. 나는 그의 연기를 알아차렸고, 그는 그런 나를 보고 고개를 뒤로 젖히며 한바탕 웃음을 터뜨렸다.

"당신을 써도 될까요?" 내가 물었다. "당신의 메디슨을 다른 사람들에게도 나눠주시겠어요?"

그는 내 두 손을 잡는 것으로 대답을 대신했고, 우리는 기쁨에 몸을 맡긴 채 원을 그리며 춤을 추었다.

웨르바스쿰 탑수스^{Verbascum thapsus}라는 학명을 가진 우단담배풀 역시 고대에서부터 현재까지 흔히 볼 수 있는 약초 중 하나다. 우단담배풀 잎은 부드럽고 잔털이 보송보송하며 감촉이 플란넬*과 비슷하다. 2년생이 되면 중앙에 긴 줄기가 자라는데, 줄기 끝에는 달콤한 향이 나는 밝은 노란색 꽃이 핀다. 이 꽃을 따뜻한 올리브오일에 우려내면 아이가 귓병이 났을 때 점이액點耳液으로 쓸 수 있다.

나는 식물에 대한 꿈을 꿀 때, 보거나 들은 것은 아무것도 없지만 명확한 내적 감각을 경험하는 경우가 종종 있다. 내 생각에, 만약 그 감각이 불쾌하다면 식물이 그것을 치유할 수 있다는 뜻이고, 기분 좋은 감각이라면 식물 정령이 내어줄 수 있는 유익을 경험한 것이다. 우단담배풀에 대한 꿈을 꿀 때도 그랬다. 꿈속에서 뭔가 보거나 들은 것은 없지만 왠지 포근하고 아늑한 느낌이 들었다. 마치 어머니가 따뜻한 우유를 챙겨주고, 우단담배풀 같은 감촉의 플란넬 시트가 깔린 침대에 나를 눕힌 뒤 감미로운 자장가를 불러주는 기분이었다. 이 꿈 이후로 나는 토 원소의 불균형 때문에 고통받는 많은 이들에게 우단담배풀을 써서 편안하고 안락한 느낌을 전해주었다.

질경이(Plantago ssp.)는 유럽이 원산지로, 유럽인들이 세계 곳곳을 식민화할 때 함께 퍼져나간 식물이다. 어떤 아메리카 원주민 부족은 이 식물을 '백인의 발자국'이라고 불렀는데, 이는 그들이 지나간 곳마다 질경이가 자라났기 때문이다. 질경이는 부드럽고 순한 식물이라 어린잎을 샐러드로 먹기도

---

* flannel. 부드럽고 보송보송한 면이나 양모 섬유로 짠 천.

한다. 이 식물은 겉으론 부드럽지만, 매우 거친 풀들 사이에서도 굳건히 살아남을 만큼 놀라운 강인함을 지니고 있다. 온대 기후권에서는 집 앞 마당이나 가까운 공원에만 가도 질경이를 볼 수 있다.

특정 종의 질경이(Plantago psyllium)는 시중에서 판매되는 팽창성 완하제*의 주재료인 차전자의 원료다.** 또한 민간 약초 전문가들은 질경이를 다른 용도로도 많이 사용한다. 나는 버몬트에서 농장을 운영하던 시절부터 질경이를 즐겨 썼다. 질경이즙을 고름이 나는 상처에 바르면 24시간 이내에 대부분의 감염과 염증이 사라졌기 때문이다.

앞서 언급했듯, 질경이는 내 꿈에 처음 나타난 식물이었다. 질경이 정령은 날개 달린 요정의 모습이었는데, 한 손에는 마법 지팡이를, 다른 한 손에는 액상 수면제가 든 병을 들고 있었다. 그녀는 자신의 메디슨으로 정신적·영적인 고름과 변비에 해당하는 증상을 치유할 수 있다고 말하면서 스스로를 온화하면서도 강력한 영혼의 청소부로 표현했다. 그녀는 옛 오물들이 우리의 마음을 더럽혔을 때 자신이 순수와 활기를 되찾아줄 수 있다고 말했는데, 특히 금 원소 그리고 결장과 상성이 잘 맞는다고 알려주었다. 만약 이러한 문제로 불면증이 생겼다면 질경이 정령의 메디슨이 특히 더 필요할 것이다.

북미 서부의 개울 난초(stream orchid) 그리고 북미 동부와

---

* 변비 치료제의 한 종류. 장에서 물을 흡수해 변을 부풀리고 부드럽게 만들어 배변을 돕는 약.

** 한방에서는 질경이의 씨를 차전자라고 부른다. 다만 본문에서 언급하는 Plantago psyllium은 한방에서 사용하는 것과는 다른, 인도 혹은 지중해산 질경이다.

유럽의 헬레보린 난초(helleborine orchid)는 모두 에피팍티스 Epipactis 속에 속하며 둘 다 비슷한 메디슨을 지니고 있다. 이 식물을 직접 보았을 때 나는 꽃의 복합적인 아름다움에 반하긴 했지만, 잎을 잡았을 때 느껴지는 독특한 감각에 더 큰 감명을 받았다. 마치 식물이 나를 안심시키며 손을 잡아주는 듯한 느낌이 들었기 때문이다. 에피팍티스 기간테아Epipactis gigantea, 즉 개울 난초의 꿈을 꾼 후 내가 공책에 적은 내용은 다음과 같다.

개울 난초는 믿음직한 오랜 벗 같은, 친구가 되기에 딱 좋은 정령이다. 우리는 서로의 마음을 훤히 알고 있는 사이라서 굳이 말이 필요 없었다. 개울 난초는 텔레파시를 통해 자신을 수 원소의 불균형에서 비롯되는 외로움, 두려움, 불안을 치유하는 묘약으로 쓸 수 있다고 말해줬다. 이 묘약은 깊은 고요함을 느끼게 했는데, 마치 내 인생의 동반자와 함께 평온 속에서 잔잔한 연못을 바라보는 것과 같은 기분이었다. 개울 난초의 정령은 굉장히 충직해서 분리 불안에 시달리는 이들에게 믿음직한 조력자가 될 수 있다.

이 식물의 치유력은 자신이 사는 곳에 감도는 평화를 기꺼이 나누려는 성향에서 비롯된다. 개울 난초는 주변 환경의 진동을 흡수해 그것을 자신의 몸으로 만들어낸다. 그리고 언제나 습하고, 그늘지고, 아무 방해도 없는 곳을 집으로 삼는다. 이 식물은 이런 신비로운 장소에만 자라나며 그곳의 평화를 자신의 몸에 양분처럼 비축한다.

전 세계 어디서나 갯버들*은 자연의 부활을 알리는 봄의 전령사다. 버드나무(Salix ssp.)는 균형 잡힌 목 원소의 특성을 보여주는 훌륭한 예로서, 해당 원소의 불균형을 치유하는 메디슨으로 쓰인다. 이 나무를 다뤄본 사람이라면 알겠지만, 버드나무 가지는 다른 나뭇가지였다면 부러졌을 만한 상황에도 유연하게 휘어진다. 반면 버드나무의 성장력은 비견할 것이 없을 정도로 강하다. 마른 버드나무 가지를 물기가 있는 흙에 꽂아두면 거기서 뿌리와 잎이 돋아날 정도이니 말이다.

버드나무는 목 원소가 딱딱하게 굳어버린 나머지 좌절감을 느끼고, 경직되어 있고, 어색하게 구는 사람들에게 우아함과 유연함을 가져다준다. 버드나무 정령은 목의 힘이 약해져 성장이 가로막힌 사람, 떠돌이 생활을 하는 사람, 절망에 빠진 사람에게 새로운 성장과 미래에 대한 비전 그리고 솟구치는 힘을 가져다준다.

그러나 어떤 유의 식물 정령 메디슨은 특정 원소와 상응하지 않으면서도 우리 영혼에 특별한 선물을 가져다주기도 한다. 이러한 레메디에는 다양한 효과가 있는데, 그중에서 내가 가장 좋아하는 몇 가지를 소개해보려 한다.

침과 뜸을 아울러 이르는 말인 '침구'를 중국어로 쓰면 針灸인데, 첫 번째 글자는 바늘이 피부를 찌르는 모습을, 두 번째 글자는 말린 쑥(Artemisia vulgaris)의 푹신푹신한 잎 더미를

---

* pussy willow. 겨울이 끝나자마자 가장 먼저 꽃눈을 터뜨리는 식물이다.

형상화한 것이다.^{**} 작은 원뿔 모양의 말린 쑥을 몸의 경혈 지점에 놓고 태우면 환자의 생명력을 자극할 수 있으므로, 쑥은 침술사에게 없어서는 안 될 필수 요소라고 할 수 있다.

쑥은 세계 각지에서 매우 높은 평가를 받는 식물이다. 캘리포니아의 일부 아메리카 원주민들은 쑥을 신성하게 여겨 점술과 영적 치유에 사용하며, 메소아메리카 민간요법에서도 중요한 식물로 여겨진다. 쑥은 앵글로색슨 시대 때부터 마법 수행과 관련이 깊은 식물이었고, 유럽의 어떤 전통에서는 베개 아래에 그 가지를 놓아둠으로써 생생한 꿈을 꾸기도 한다.

식물 정령 치유에서도 쑥은 중요한 위치를 차지한다. 경락의 에너지 흐름에 영향을 줄 수 있는 귀중한 레메디이기 때문이다. 기의 흐름을 뚫어주는 작업이 요구되는 경우는 꽤 많다. 기가 한 경락에서 다른 경락으로 흐르다가 막힌 상황, 또는 몸 한쪽의 기가 다른 쪽의 기보다 현저히 떨어져서 신체 기능이 한쪽으로 치우쳐진 상황이 바로 그런 경우다. 진맥에 능숙하다면 이 두 가지 문제를 충분히 감지할 수 있고, 쑥의 정령을 통해 이를 치유할 수 있다.

다음은 우드 아네모네^{wood anemone}(서양에서는 아네모네 리알리^{Anemone lyallii}, 동양에서는 아네모네 퀸퀘폴리아^{Anemone quinquefolia}, 유럽에서는 아네모네 네모로사^{Anemone nemorosa}라고 한다)에 관한 나의 첫 꿈 여행 기록이다.

** 灸는 본래 '불로 오래 지진다(뜸질하다)'는 뜻이며, 쑥을 가리키는 글자는 艾이다. 전통적으로 뜸에 쑥을 사용했기 때문에 저자가 이렇게 설명한 것으로 보인다.

마른 체형의 님프nymph 또는 놈gnome이 나타나더니 소리 없이 날아가버렸다.* 나는 그 뒤를 따라갔다. 우리 둘은 바위 턱에 착륙한 다음 적당한 때가 오기를 조용히 기다렸다. 잠시 후, 요정이 좁은 틈새로 나를 안내했다. 틈으로 들어가니 그 안에 동굴이 있었고, 동굴은 중앙에 석상이 세워져 있는 큰 방과 이어져 있었다. 내가 방으로 들어가자 갑자기 석상이 살아 움직이면서 두 손과 무릎을 짚고 엎드려 나를 등에 태워주었다. 거북이로 변한 석상은 강을 향해 차분히 걸어갔다. 강물에 뛰어든 우리는 아래로 내려가 강바닥에 머물렀다.

수수께끼 같은 여정이었지만 내가 생각할 때 이 꿈의 요지는 이것이다. ― 우리 삶의 문제와 걱정거리들은 덩치 큰 시더나무나 전나무와 같고, 작고 연약한 아네모네는 이 나무들 사이에서 자라난다. 식물 정령의 세계로 들어가려면 바위(혹은 깨어 있는 일상 의식 상태) 틈새를 눈에 띄지 않게 미끄러져 들어갈 수 있도록 가벼움, 민첩함, 적절한 타이밍이 필요하다. 따라서 아네모네는 다른 레메디를 쓰기 전에 먼저 사용해야 하는데, 특히 환자가 둔감한 사람이거나 현실적인 문제에 정신이 팔려 있을 때는 더 그렇다. 아네모네는 두 번째 레메디를 환자의 동굴(두개골) 속으로 이끌어 그

---

* 님프는 숲, 강, 나무, 꽃 등 자연 속에 깃들어 있는 요정이며 대체로 젊고 아름다운 여성의 모습으로 묘사된다. 놈은 땅속에 사는 난쟁이 요정이다. 지하 세계, 보물, 광물 등을 지킨다고 알려져 있으며 보통 작고 수염 난 노인의 모습으로 그려진다.

곳의 석상(그의 의식 속 신)에게 소개하는 역할을 한다. 그러면 둘은 의식이라는 강의 바닥에서 같이 놀 수 있다.

서양고추나물[**]은 약초 전문가 그리고 식물과 작업하는 샤먼들의 오랜 사랑을 받고 있는 약초다. 이 약초는 시대를 막론하고 모든 의학 체계에서 그 효능이 발견되었다. 십자군 전쟁 때는 기독교 군대의 상처 치료제로 사용되었고, 현재는 유럽 약초학에서 항우울제로 인기이며, 이전에는 '귀신 쫓는 풀'로 명성을 떨쳤었다. 동종요법에서 서양고추나물은 모든 종류의 신경 손상을 치료하는 데 없어서는 안 될 약으로 꼽힌다. 그러나 딱 한 곳, 서양고추나물이 클래머스 풀(Klamath weed)이라는 이름으로 알려져 있는 미국 서부 지역에서는 이 풀을 달가워하지 않는다. 거기서는 오히려 목초지와 방목지를 뒤덮는다는 이유로 화학적인 방법을 써서 서양고추나물의 씨를 말리려는 캠페인을 펼치고 있다.

서양고추나물에 관한 나의 꿈은 짧고 간단했다. 실체 없는 목소리가 내게 "조각조각 부서져 있던 것을 다시 하나로 붙여줄게요" 하고 말하는 꿈이었다. 그 이후로 나는 이 약초를 분열된 영혼을 위한 접착제로 써왔다. 다음과 같은 경우, 서양고추나물은 놀라운 효과를 보인다.

20대 초반의 한 여성이 몇 달 전부터 극심한 피로감이 든다며 나에게 상담을 요청했다. 이전까지는 별문제 없이 활동적이고 활기차게 지냈던 여성이었다. 이런저런 사항에 대해 질

[**] 영문명은 세인트 존스 워트St. John's wort이고 학명은 Hypericum perforatum이다.

문하다 보니, 병이 발병하기 전 9개월 동안 이 여성이 두 번의 임신 중절 수술을 했다는 사실을 알게 되었다. 그녀가 말했다. "남자친구가 제 곁에서 많은 힘이 되어주었어요. 둘 다 그것이 최선의 선택이라 생각했고요. 저는 남자친구를 매우 사랑하고, 나중에 아이를 낳을 계획도 있어요." 그녀는 꽤 평온한 목소리로 두 번의 임신 중절 수술에 관해 딱히 마음에 걸리는 것은 없다고 말했다. 하지만 그것은 머리가 하는 소리일 뿐이었다. 그녀의 영혼은 그렇게 짧은 시간 안에 아이를 둘이나 잃은 것에 대해 큰 충격을 받았다고 말하고 있었고, 이를 극심한 피로로 표현하고 있었다.

머리와 영혼이 분열된 상태로는 이 젊은 여성의 건강도 회복되지 않을 것이 분명했기에, 나는 서양고추나물에게 그 둘을 하나로 붙여달라고 요청했다. 서양고추나물의 정령을 받은 순간, 치료용 침대에 누워 있던 그녀가 자리에서 벌떡 일어나 앉았다. 그러고는 갑자기 흐리멍덩하던 눈을 반짝이며 이렇게 말했다. "와! 지금 몸 상태가 너무 좋아요!"

그런가 하면, 내가 환자에게 정령의 메디슨을 불어넣는 법을 발견할 수 있도록 도움을 준 식물도 있다. 처음 이 일을 시작했을 때 나는 메디슨으로 사용하는 각 식물들로 만든 동종요법 제제를 가지고 있었는데, 이 제제들은 환자에게 치유의 정령을 전해주는 매개체 역할을 했다. 그러나 시간이 좀 지나면서는 세열유럽쥐손이*라고도 알려진 에로디움 키쿠타리움 Erodium cicutarium을 쓰게 되었다.

---

* 영문명으로 filaree 또는 storksbill.

세열유럽쥐손이는 전 세계 온대 지역의 변형토(disturbed soil)에서 흔히 자라나는, 예쁘고 작은 식물이다. 양치류 혹은 레이스처럼 생긴 잎을 가지고 있으며 자홍색의 별 모양 꽃을 피운다. 영적 메신저로서 일하겠다고 스스로 나선 것도 바로 이 세열유럽쥐손이의 정령이었다. 처음에 나는 이런 메신저가 왜 필요한지 도무지 이해할 수 없었지만 미 식품의약국이 내가 쓰던 동종요법 레메디의 공급을 끊어버린 뒤로는 그 필요성을 깨닫게 되었다. 나는 다시 세열유럽쥐손이의 정령에게 환자를 치유하는 데 필요한 다른 식물 정령들을 불러와줄 수 있느냐고 물었다. 그러자 세열유럽쥐손이의 정령은 기꺼이 그렇게 하겠다고 대답했다. 솔직히 이런 방법이 통할 거라고 믿기는 힘들었지만 그의 말을 받아들이든지 아니면 식물 정령 치유를 완전히 포기하든지 선택지는 두 개밖에 없었다. 그래서 나는 세열유럽쥐손이를 메신저로 사용하기로 했고, 그 결과 이 식물이 실험실에서 만들어낸 것들보다 훨씬 더 순도 높고 환자에게도 안성맞춤인 메디슨을 전해준다는 사실을 알게 되었다.

이후 나는 여러 실험을 하면서 동종요법적 연속 희석법, 라디오닉스, 플라워 에센스 등 다양한 방법들로 세열유럽쥐손이를 치유에 활용했다.[**] 그러다 언제 한번은 이 메신저에게

[**] 동종요법적 연속 희석법(homeopathic potentization)은 동종요법의 핵심 개념으로, 원 물질을 반복적으로 희석하고 강하게 진탕하는 과정을 말한다. 라디오닉스Radionics는 대체 의학의 한 형태로, 전자기 복사(EMR)를 신체에 적용함으로써 질병을 진단하고 치료할 수 있다고 주장한다. 플라워 에센스flower essence는 특정 꽃의 에너지적 진동을 물에 전이시켜 만든 치료적 엘릭서로, 물질적 화학 성분보다 꽃의 생명력·의식적 정보가 치유 작용을 한다고 본다. 1930년대 영국 의사 에드워드 배치에 의해 체계화되었다.

내 손을 통해 환자의 몸으로 식물 정령을 전해달라고 요청했는데, 다른 방법들과 마찬가지로 이 방법 역시 효과가 있었다. 그 이래로 나는 메신저에게 지금 환자가 필요로 하는 식물 정령을 불러달라고 요청하면서 환자의 몸에 손을 올리는 방식으로만 오랫동안 치유를 해왔다.

PART 3

치유자들의 메디슨 드림

1장

|

돈 엔리케 살몬

내게는 식물 치유 일을 시작할 때부터 짐작하고 있던 사항이 하나 있었는데, 이 책을 집필하면서 그것이 사실이었음을 실제로 확인할 수 있었다. 어렴풋이 짐작해왔던 그것은 바로, 식물 정령 치유를 내가 발명한 게 아니라는 점이었다. 식물의 정령을 통해 누군가를 치유하는 사람들은 전 세계에 존재한다. 이것은 지구상에 남아 있는 위대한 전통 의술 중의 하나다.

그렇다면 나는 왜 여태까지 식물 정령 치유에 관한 얘기를 들어본 적이 없었던 걸까? 몇 세기에 걸쳐 민족식물학자들이 지구 곳곳에 존재하는 식물 치유자들의 관습들을 기록해왔지만, 내가 이 책의 초판을 집필하기 전에는 이들의 영적 치유법에 대한 문헌은 존재하지 않았고, 그저 이들이 어쩌다 '정신 활성(psychoactive)' 식물을 사용했던 경우만 기록에서 찾아볼 수 있을 뿐이었다. 그렇다면 정령이라는 것은 단지 몇 가지의 정신 활성 분자에만 국한되어 있는 존재인 걸까? 과연 사회과학자들은 모든 식물이 기적이자 신비라는 사실을 인정할 수 있을까? 생태적 파국을 피할 방법을 찾는 지금, 과연 현대 인류는 이 땅 위에서 성공적으로 살아갈 방법을 식물 형제자매들로부터 배울 수 있을까? 만약 인류가 서둘러 이를 배우려 한다면 우리에게 식물의 지혜를 알려줄 수 있는, 아직 지구상에 남아 있는 식물 치유자를 몇몇 찾아낼 수도 있을 것이다.

이 책의 3부에서는 네 사람의 식물 치유자를 만나볼 것이다. 이들은 각자만의 방식으로 식물의 영적 힘을 활용하고 있으면서도 공통된 주제를 상세히 다루고 있다. 꿈, 순례, 비전 퀘스트를 신뢰할 수 있는 지식의 원천으로 삼는 것, 인류를 가르치고 치유하려는 식물 정령들의 의지, 지하 세계로의 여행, 환자를 틀에 짜여 있지 않은 개별적인 방식으로 치료하는 것의 중요성, 원소들이 지닌 힘과 생명력, 감사와 겸손의 참된 의미 등이 바로 그 공통 주제다.

첫 번째로 만나볼 식물 치료사는 라라무리^{Rarámuri}족 또는 타라후마라족으로 알려진 멕시코 부족 출신의 청년 엔리케 살몬^{Enrique Salmón}이다. 남부 캘리포니아에서 자란 엔리케는 부모님과 조부모님에게서 부족의 전통을 배웠다. 영어, 스페인어, 라라무리어에 능통한 그는 고대의 지혜를 현대인들의 눈높이에 맞춰 해석하고 설명해줄 수 있는 독보적인 인물이다.

아래의 인터뷰는 미국 남서부에 있는 그의 집 근처에서 이루어졌다.

엘리엇 식물 정령에 대한 것들을 어떻게 알게 되었는지 말씀해 주세요.

엔리케 음, 자라는 동안 조부모님이 곁에 계셨던 것도 있고, 저희 어머니가 늘 식물에 대해 가르쳐주시기도 했어요. 어렸을 때부터 우리 가족들은 아플 때 병원 치료를 받는 대신 식물을 써서 치유하곤 했어요. 제가 열두 살쯤에는 할아버지, 할머니께서 식물에 관한 것들을 가르쳐주겠다고 하셨고요. 하지만 당시 저는 그런 것들에는 별 관심이 없었어요. 애들이 다 그렇듯이 저도 이것저것 하느라 바빴거든요. 그래도 조부모님은 저를 가르치기 시작하셨어요.

엘리엇 식물을 배우면서 샤먼으로서의 훈련 과정을 시작하신 거네요?

엔리케 네. 어떤 식물이 어떤 병에 좋은지, 뭐 그런 것들을 배웠어요. (조부모님은) 제가 더 자랄 때까지 좀 기다리셨다가, 나이가 찼을 때 식물 속의 정령과 접촉하는 방법을 알려주셨어요. 식물에서 더 많은 치유력을 끌어낼 수 있도록 특정한 노래 몇 곡과 식물을 채취하는 방법, 식물과 대지에 기도하는 방법도 가르쳐주셨죠.

엘리엇 노래를 부르는 이유가 그것 때문이었군요?

엔리케 노래는 식물과 대지를 위한 것이기도 하고, 식물에서 메디슨을 얻어와 환자를 돕기 위한 것이기도 해요. 식물에게 도움을 청하는 거죠. 식물에게 본래의 역할을 다해달라고, 그것이 이 땅에 존재하는 목적을 실현해달라고 부탁하는 거예요. 한 살 한 살 나이를 먹어가면서 저는 점점 더 많은 것들을 배웠고, 마침내 저희 할아버지는 영적 치유에 관한 것들도 알려주기 시작하셨어요. 우리 주변에 항상 존재하는 영적 존재들과 접촉하는 법, 마녀나 주술사에게 영향을 받아 빙의가 일어났거나 단순 빙의가 된 사람의 몸에 실린 영혼들과 소통하는 법… 뭐, 그런 걸 배웠죠. 저는 이런 사람들을 보호하고, 영적 존재들을 통해 이들을 치유하는 방법을 배웠어요. 영적 존재들은 언제나 우리를 돕기 위해 기다리고 있거든요. 그들이 조금이라도 도움을 줄 수 있도록 하려면 올바른 주문을 말하거나 노래를 불러야 해요.

그래서 저는 그런 것들을 계속 배우다가 열여덟 살 때 독립했어요. 그때도 꽤 실력이 있는 편이었지만 배울 건 여전히 많이 남아 있었어요.

뉴멕시코의 나바호족 구역에 간 저는 더 많은 것을 배우게 됐어요. 그들에게서 점술에 관한 것들을 배웠죠. 점술은 이 사람이 어디가 잘못돼서 이렇게 된 건지를 알 수 있는 또 다른 기술이었어요. 그러다 오글랄라 수^{Oglala Sioux}족의 어떤 남자에게서 네 방향(Four Directions) 그리고 각각의 방향에 상응하는 영적 존재들과 접촉하는 방법에 대해 많이 배우게 되었어요. 또, 멕시코 치와와^{Chihuahua}로 자주 내려가서 그곳 치유자들의 행동을 지켜보고 그들에게 질문도 하면서 배움을 더 쌓았어요. 지금의 저를 만들어준 배움들은 이게 다예요. 저는 계속 배우고, 익히고, 질문도 많이 하고 있어요.

엘리엇 혹시 따로 언급할 만한 특정 식물들이 있나요? 있다면 사람들을 치유할 때 그 식물들을 어떻게 사용하셨나요? 그리고 그들에게서 무엇을 배우셨나요?

엔리케 저의 식물 정령 도우미는 추추파테chuchupate예요. 멕시코 사람들이 오샤osha라는 이름으로 부르는 이 식물은 아주 강력하면서도 관용적인 성질을 가지고 있어요. 다시 말해, 식물 중에는 아주 강한 약성을 지닌 것들이 있다는 말이에요. 오샤는 매우 강한 약이지만 부작용은 아무것도 없어요. 저는 감염, 상처, 관절염, 두통, 인후통, 감기, 복통에 오샤를 써요. 오샤는 거의 모든 것을 낫게 하거든요. 진하게 차를 달여 마시거나 뿌리를 씹어 먹으면 돼요. 맛은 끔찍해요. 저는 방울뱀과 마녀를 쫓는 용도로 항상 오샤 한 조각을 가지고 다녀요. 마녀들이 언제 어디서 나타날지 모르니 조심해야 해요. 가끔은 오샤가 말을 할 때도 있어요.

엘리엇 정말요?

엔리케 네. 뿌리가요. 식물 전체가 말을 하긴 하는데, 저는 뿌리에서 메시지를 더 많이 받는 편이에요.

엘리엇 당신에게 무슨 말을 하나요?

엔리케 내 환자에게 문제가 있는데 뭘 어떻게 해야 할지 잘 모르겠다면 나는 오샤에게 물어봐요. 그러면 오샤가 알려주죠. 자신을 어떤 식물들과 조합해서 써야 하는지 알려줄 때도 있고, 제가 문제에 너무 깊이 빠져들고 있을 때 그걸 알려주기도 해요.

엘리엇 다른 사람의 문제요, 아니면 엔리케 당신의 문제요?

엔리케 다른 사람의 문제가 제 문제가 되기도 해요. 특히 주문을 외우는 작업을 할 때나 무언가에 빙의된 사람들을 다룰 때는 더 그렇죠. 오샤가 제게 "이봐, 이 부분은 조심해야 해!" 하고 말하기도 하고 의례를 어떻게 진행해야 하는지 알려주기도 해요.

일례로, 제 환자 중에 허리가 안 좋은 여성 한 분이 있었어요. 병원에서도 해줄 수 있는 게 없다고 해서 저를 찾아온 분이었죠. 그때 오샤는 제가 이전에 한 번도 해본 적 없고 앞으로도 없을 만한 일을 시켰어요. 바닥에 특정한 그림을 그린 다음 그 위에 그녀를 앉히라는 것이었죠. 이젠 그게 어떻게 생긴 그림이었는지도 기억이 안 나요. 큰 원이 하나 있고 그 원 주위로 작은 반원들이 그려진 그림이었다는 것만 기억나요. 아무튼 이게 오샤가 도움을 주는 방식 중 하나예요. 가끔은 오샤가 이렇게 말할 때도 있어요. "넌 이 사람을 도울 수 없어. 아직 네가 이 사람을 도울 만큼 강하지 않아." 오샤는 식물 정령 도우미로서의 역할을 톡톡히 하고 있죠.

엘리엇 식물과 소통할 수 있는 마음 상태로 어떻게 들어가시나요?

엔리케 조용한 곳을 찾아 긴장을 푼 상태로 몇 시간 동안 쉬어요. 물론 집에서도 그렇게 할 수 있지만 바깥이 더 낫더라고요. 다른 생각은 별로 하지 않아요. 식물로 우려낸 차를 마시면서 그 식물 자체도 제 곁에 둬요. 일반적으로는 그렇지 않지만, 저는 채취된 식물을 가지고 작업을 해요. 땅에서 뽑은 식물을 건조했다 하더라도 정령이 계속 그 안에 살아 있거든요. 저는 차를 몇 모금 마신 다음 어떤 일이 일어나기를 기다려요. 잠들기 직전에 이렇게 하면서 꿈이 찾아오길 기다릴 때도 있고, 아니면 한낮에 자리에 앉아서 치유 노래를 흥얼거리기도 해요. 그러다 눈을 감으면 정령이 저에게 다가와요. 사람과 비슷한 모습은 아니고, 보통은 동물처럼 생겼어요. 그동물은 저에게 다가오면서 라라무리어로 말을 해요. "안녕, 잘 지내고 있나요? 이게 나의 본모습이랍니다. 혹시 내게 질문이 있나요?" 하면서요. 제가 질문을 하면 동물들이 대답을 해줘요. 가끔은 "아, 지금은 그걸 말해줄 수 없어요", "당신은 준비가 안 됐어요", "50세쯤 되면 알려줄 수도 있지만 지금 당신은 너무 어려요" 같은 말을 하기도 하고요. 대개는 식물의 활용 방법을 알려주는 좋은 메시지들일 때가 많아요. 가끔은 별다른 말을 해주지 않을 때도 있고요. 하지만 항상 아주 긍정적인 경험만 한다는 사실에는 변함이 없답니다.

엘리엇 그런 방식은 직접 개발하신 건가요, 아니면 할아버님께서 가르쳐주신 방법인가요?

엔리케 할머니가 저한테 알려주시긴 했는데, 할머니의 방식과 제 방식에는 다른 점이 있어요. 할머니는 살아 있는 식물과 대화하고, 만지고, 그냥 그 옆에 앉아 계셨거든요. 그런데 저는 그때 군 복무 중이기도 했고, 전역 후에는 대학에 다녔기 때문에 시골로 가서 살아 있는 식물과 교감하기에는 시간이 부족해서 좀 다른 방식을 개발했죠. 저는 식물을 따서 말린 후에도 그 안에 정령이 여전히 살아 있음을 알게 되었어요. 하지만 그리 오래 머물지는 못하더라고요. 아마 8개월 정도가 한계인 것 같아요. 그래서 저는 이 방법에다 노래를 접목

시켰어요. 이건 늘 노래를 부르시던 저희 할아버지께 배운 거예요. 이렇게 저는 할머니, 할아버지에게서 배운 것을 통합시켰어요. 매우 강력한 힘을 발휘하는 이 방식은 제게 참 잘 맞아요.

엘리엇 식물 정령의 치유력을 사용할 때, 항상 환자에게 식물 일부를 먹거나 마시게 하나요?

엔리케 가끔은 정령이 특정 식물을 조합해서 그걸로 흡연 의례를 치르라고 말해주기도 해요.

엘리엇 당신보고 그걸 피우라고 한다고요?

엔리케 네, 제가 그 담배를 피워서 연기를 환자에게 불어넣는 거예요. 그러면 식물 정령이 눈에 보이는 형태로 나와 환자에게 들어가서 그를 더 강하게 만들어주거든요.

엘리엇 식물 정령으로 원격 치유를 해본 적도 있나요?

엔리케 옥수수를 사용해서 원격 치유를 해본 적이 있어요. 어느 부족 출신인지는 기억이 안 나는데, 법정에 가야 하는 친구가 있었거든요. 그 친구가 재판 전날 밤에 법정 상황이 자신과 상대방 모두에게 긍정적으로 전개되도록 도와줄 수 있느냐고 물어보더라고요. 그러면서 법정이 열리는 시각을 알려줬죠. 다음 날, 저는 시간에 맞춰 옥수숫가루와 노래 몇 곡을 준비해 밖으로 나갔어요. 옥수수는 여러 방식의 치유가 가능한 식물이고, 또 매우 긍정적인 식물이에요. 그래서 옥수수를 사용해 좋은 일이 일어날 수 있게 했죠. 그 결과, 효과가 있었어요. 양쪽 다 승소하는 상황이 됐거든요. 친구에게 전해 듣기로는 재판이 끝난 후로도 제 친구와 상대방은 계속 친구 사이를 유지할 수 있었대요. 둘은 지금까지도 잘 지내고 있어요.

엘리엇 노래에 대해서도 궁금해지네요. 식물들이 노래를 가르쳐주기도 하나요?

엔리케 네. 식물들이 가르쳐준 노래가 좀 있는데, 그중 몇 곡은 잊어버렸어요. 특정 상황에 부르는 노래들이었죠. 제가 배운 것 중에는 식물과 함께 작업할 때 항상 부르는 만능 노래가 하나 있어요.

엘리엇 배웠다면 누구에게…?

엔리케 아, 저희 할아버지한테서요. 아주 단순한 노래예요. 타라후마라족의 노래는 똑같은 멜로디를 계속 반복하는 경우가 많아요. 그래서 의례에 참여한 사람들이 지루해하죠. 지금 그걸 불러도 무슨 일이 일어나진 않을 거예요. 좀 다른 상황에서 불러야 하거든요. "헤이 헤이 헤이 헤이." 이게 다예요. 지금 부르는 건 멜로디가 아니라, 할아버지께 배운 그 노래의 정신 그 자체예요. 만병통치약 같은 노래죠.

다른 상황에서 부르는 좀더 구체적인 노래도 있어요. 예를 들어 어떤 장소나 온 가족을 치유할 때는 "헤이 야 호 야 헤이 야 호" 같은 노래를 불러요. 이런 식으로 계속 반복하는 노래예요.

(바짓단을 걷고 정강이를 살펴보며) 다리에 벌레가 많이 달라붙었네요. 제가 크림을 발라서 그런가 봐요.

엘리엇 (벌레를 털어내며) 저한테도 좀 붙어 있네요.

엔리케 벌레들이 맨날 저를 쫓아다녀요. 저한테 치유력이 있어서 그런 건지 뭔지. 식물의 노래 하나가 생각나네요. 전형적인 타라후마라족의 노래는 아니지만 한번 들어보세요. "헤이 헤이 헤이 헤이." 이건 산쑥(sagebrush)과 함께 쓰는 노래인데, 산쑥이 저에게 이 노래를 부르라고 시키더라고요. 저는 친구 한 명을 영적으로 정화해주면서 이 노래를 불렀어요. 한동안 마녀들에게 쫓기기도 하면서 힘든 시간을 보내고 있던 친구였 죠. 그때 이 노래를 많이 불렀어요. 그가 떠난 후로는 사용하 지 않았고요. 아마 그 친구 하나를 위한 노래였던 것 같아요.

엘리엇 또 하고 싶은 이야기가 있으신가요?

엔리케 오랫동안 저는 아메리카 원주민과 히스패닉계 사람들 하고만 치유 작업을 했어요. 그들이라면 저의 문화적 배경을 이해할 거고, 바로 그런 이해가 있어야 치유도 가능할 거라고 생각했거든요. 이런 이해가 없는 사람들, 아플 때면 항상 백 인 의사를 찾아가던 사람들에게는 정령 치유가 먹히지 않을 거라는 생각을 오랫동안 고수했었죠.

그러다 3년 전, 비전 하나를 보게 되었어요. 혼자서 메디슨 퀘 스트에 나섰을 때였는데, 저는 이 산맥 기슭에서 더 많은 메 디슨과 아이디어를 얻기 위해 노래를 부르고 담배를 피웠어 요. 환각 작용을 하는 식물 같은 건 아니었고 그냥 어떤 식물 들을 피우면서 무슨 일이 일어나기만을 기다리고 있었죠. 이 때 곰 한 마리가 근처에 계속 나타났는데, 그건 제가 산에 혼 자 있었기 때문에 해를 입지 않도록 지켜주려고 그랬던 거였 어요. 저는 사슴으로부터 많은 메시지를 받았어요. 꿈에 나온 사슴이 이 퀘스트에서는 새로운 메디슨을 얻지 못할 거라며 이렇게 말하더군요. "제가 당신에게 주려는 것은 길입니다.

그것은 새로운 길이 아닌, 당신이 이미 걷고 있는 길에 더해 질 또 다른 길이지요." 이건 백인들에게 정령의 세계에 접근하는 방법들을 전수해주라는 뜻이었어요.

아메리카 원주민들은 그들만의 방식으로 앎을 얻어요. 이들의 뿌리는 땅속 깊숙이 자리를 잡고 있기에 큰 폭풍이 몰려와도 제자리에 있을 수 있죠. 하지만 앵글로색슨계 미국인, 즉 영국인 조상을 둔 미국 백인들 대부분에게는 뿌리라고 할 만한 것이 별로 없기 때문에 다음 폭풍이 오면 모두 우주로 날아가버릴 거예요.

저는 이런 사람들을 어떻게든 도와야 한다는 말을 들었어요. 정령의 세계에 접근하는 방법, 아메리카 원주민들이 땅에 단단히 뿌리를 내린 방법 등을 그들에게 알려주라는 말을요. 내가 할 수 있는 유일한 방법은 지금 우리가 하는 것처럼 이야기하는 거예요. 배움을 어떻게 시작하고 이어가야 하는지, 식물과 정령들로부터 어떻게 메시지를 받을 수 있는지를 사람들에게 알리는 거죠. 어쩌면 누군가가 당신의 책을 읽고 더 많은 것을 배우고, 더 많은 아이디어를 얻을 수도 있을 거예요. 왜냐하면 전통이 사라지고 있으니까요.

제 방식이 모든 사람에게 다 잘 맞지는 않아요. 타라후마라 족의 방식이 백인이나 아파치족* 등에게 통하지 않는 이유는 전통에 따른 사고방식이라는 게 존재하기 때문이에요. 제 생각에 앵글로색슨에게 가장 좋은 방법은 우리의 전통 방식을 그대로 따르는 게 아니라, 전통이 어떻게 작동하는지를 우

---

* Apache. 북아메리카 원주민의 한 부족.

리에게서 배우는 것이에요. 그런 다음 이것들을 종합하여 "좋아, 이게 어떤 식으로 작동하는 거지? 이걸 우리에게 어떻게 적용할 수 있을까?" 하고 스스로 물어보는 거죠.

엘리엇 바로 그게 제가 지금 하고 있는 일의 본질인 것 같아요.

엔리케 네! 맞아요! 그래서 제가 당신이 하는 일을 좋아하는 거예요.

엘리엇 전형적인 백인이라면 식물에 대해 배우고 싶을 때 대학에 가고, 책을 잔뜩 읽고, 책을 잔뜩 읽은 또 다른 사람들의 강의를 들을 거예요.

엔리케 그건 또 다른 방식의 앎이에요.

엘리엇 맞아요! 저는 당신의 앎의 방식에 대해 좀더 듣고 싶어요.

엔리케 저도 저 자신을 뭐라 규정하기가 좀 힘든데요.

엘리엇 제 말은, 당신 부족 고유의 앎의 방식이 궁금하다는 거였어요.

엔리케 알았어요. 타라후마라족에게 있어 '무언가를 안다'는 것은 식물의 학명을 아는 것과는 아무런 상관이 없어요. 미국인들은 모든 것을 자기들만의 작은 상자 안에 집어넣고 싶어 하죠. 하지만 타라후마라족, 즉 라라무리족은 모든 것이 서로 연결되어 있다고 생각해요. 그래서 무언가를 작은 상자 안에 따로 떼어 넣는 것은 그것을 죽이는 일, 잘라내는 일이 돼요. 이 세상 모든 것은 우주 전체에 걸쳐 뻗어 있는 거대한 뿌리 망의 일부예요. 뿌리 망의 한 부분을 잘라 상자 속에 집어넣고 분류하는 것은 그것을 죽이는 일이죠. 모든 것은 서로 연결되어 있어요.

엘리엇 그렇다면 타라후마라족은 식물에 대한 것들을 어떻게 배우나요?

엔리케 우리는 자라면서 기본적인 교육을 받는데, 이건 책을 읽는 것과는 아무런 관련이 없어요. 특정 식물을 치유나 음식, 음료에 어떻게 사용하는지를 배우죠. 우리는 누군가가 몸소 보여주는 예를 통해 배움을 얻어요. 어떤 식물을 어떻게 재배하는지도 그런 본보기를 통해 배우고요.

그러나 일반적인 수준보다 조금 더 깊이 배우길 원하는 타라후마라 사람은 정령들에게 접촉해 꿈을 꾸길 기다려요. 그 꿈이 그를 참된 세계로 데려다주거든요. 우리가 지금 사는 이곳은 단지 물질과 육신의 세계일 뿐, 참된 세계가 아니에요. 참된 세계는 오샤의 정령이 다가와 나에게 말을 걸어오는 그곳이죠. 참된 세계는 과학 기술이나 책더미 속에 있는 것이 아니라 우리의 비전과 꿈속에 있어요. 꿈을 꾸거나 비전을 볼 때마다 우리 앞에는 문이 열려요. 그 경험에서 무언가를 배운다면 그 순간 우리는 실제로 무언가를 알게 돼요. 그것이 바로 '앎'이에요. 배움은 그렇게 이뤄져요.

내가 만약 평범한 타라후마라 사람들이 아는 것보다 더 많은 것을 알고 싶어한다면 나는 반드시 비전과 꿈을 통해 그것을 경험해야 해요. 그러나 모든 타라후마라 사람들이 그렇게 하는 것은 아니에요. 우리는 태어날 때부터 각자 다른 길을 부여받으니까요. 어떤 사람은 훌륭한 농부로서, 어떤 사람은 치유자로서, 또 어떤 사람은 뛰어난 바구니 제작자로서 이 땅에 태어났어요.

어떤 타라후마라 사람들은 기독교인이나 가톨릭 신자가 되기도 하는데, 가톨릭 신자가 되는 건 그렇게 큰 문제가 되지 않아요. 가톨릭에도 일종의 의례가 존재하고 그 의례가 사람들을 다른 세계로 데려가줄 수 있으니 유익하다고 할 수 있어요. 그러나 여호와의 증인과 개신교는 타라후마라 사람들이 진정한 앎으로부터 멀어지게끔 만들어요. 왜냐하면 기독교인에게 있어 앎이란 책, 즉 성경이기 때문이에요. 그러나 앎은 글에 있는 것도, 책에 있는 것도 아니에요. 그건 과학자들의 방식이죠. 전통적인 타라후마라 사람들은 여전히 꿈과 비전 같은 앎의 방식을 존중하며 살아가요. 그래서 어떤 타라후마라 사람들은 진정한 앎을 지닌 사람을 찾아 배움을 얻기 위해 며칠 동안 긴 여행을 하기도 해요.

엘리엇 이 '아는 자(knower)'들이 타라후마라족이 가장 존경하는 사람들인가요?

엔리케 네! 그들은 오랜 세월을 살아오면서 시간을 내어 이러한 것들을 배우고, 배운 것을 전수하면서 전통을 이어가는 원로들이에요. 저의 어머니를 예로 들어볼게요. 저희 어머니는 학교를 마치지는 못하셨지만 제가 아는 사람 중 가장 현명한 분이세요. 만약 대학 교수들이 어머니를 어떤 기준에 따라 분류한다면 아마 최하위권에 속한 사람이 될 거예요. 하지만 그건 백인 사회에서나 적용되는 기준이죠. 만약 제가 아직도 옛 방식을 존중하는 호피족에게 어머니를 데려간다면 전통에 대해 많은 것을 알고 있는 저희 어머니는 매우 똑똑하고 지혜로운 사람으로 여겨질 거예요. 호피 사람들은 어머니를 보고 이렇게 말할 거예요. "와, 땅에서 바로 재료를 뽑아와서 전통 음식을 만들 줄 아시네. 마트에 갈 필요가 없겠어. 게다가 이분은 바구니도 만드실 수 있고 약초에 대해서도 다 알고 계시잖아?!" 이 이상 뭐가 더 필요할까요? 이건 정말 위대한 일이에요! 그것이야말로 평생을 통해 얻은 배움이죠!

대부분의 미국인은 이런 다른 의미의 앎을 이해하지 못해요. 미국인들에게 앎이란 셰익스피어의 작품 암송하기, 원자 쪼개기 같은 것들이죠. 하지만 그게 당신에게 무슨 소용이 있겠어요? 그걸 가지고 논문을 쓰고, 논문을 읽고도 정작 그게 무슨 말인지 이해도 못 하는 사람들에게 깊은 인상을 남기는 것밖에 더 있을까요. 저도 박사 과정 중에 있지만 박사라는 두 글자가 저를 더 강력한 치유자로 만들어주지는 못해요. 약초에 대한 배움에도, 밭에서 옥수수를 따서 토르티야를 만드는 일에도 도움이 되지 않을 거예요. 박사라는 걸 내세우면 제가 쓴 기사나 책을 사람들이 기꺼이 읽어주긴 하겠죠. 좀 슬픈 일이에요.

엘리엇 이번엔 완전히 다른 주제에 대해 여쭤보고 싶어요. 토착 식물을 사용하는 것과 다른 지역에서 자라는 식물을 사용하는 것에 대해 하실 말씀이 있으신가요?

엔리케 저는 누군가를 치유할 때 그 사람이 살고 있는 지역의 식물을 쓰는 걸 선호해요. 여기 사는 사람들은 모두 지역 식물들과 접촉하고 있어요. 의식할 순 없어도, 식물들은 이 지역 사람들에게 영향을 주지요. 이 식물들은 강인해요. 그들은 메시지를 내보내요. 오랫동안 이 지역에서 살아온 사람들은 어쩐지 이곳 식물들과 많이 닮아 있는데, 그들도 강인한 사람들이에요. 척박한 환경이라는 걸 알면서도 이곳을 사랑하기 때문에 버티고 살아가니까요. 그러다 보면 그런 환경이 지역 사람들의 일부가 되죠. 그래서 저는 가능한 한 그 사람이 사는 지역에서 나고 자란 식물을 쓰려고 해요. 심지어 의례에 쓸 식물을 환자에게 직접 채취해오라고 시키기도 해요. 그 약초가 어디서 온 건지 알아야 환자가 그 식물의 치유 정령을 더 잘 느낄 수 있다고 생각하거든요. 양약은 어디서 어떻게 만들어진 것인지 알 수 없는 경우가 대부분이에요. 실험실에서 만들어지니까요. 가끔 식물로 만든 약이 있긴 하지만 알약이나 액상 형태로 바뀔 때쯤이면 식물의 정령은 거의 죽어버려요. 물론 화학 성분은 남아 있겠지만 그것도 살아 있는 화학 성분이라고 볼 수는 없죠. 이런 이유로 저는 환자가 사는 지역에서 나고 자란 식물들을 주로 사용해요.

2장

|

돈 루시오 캄포스

돈 루시오 캄포스의 집이 어딘지 알려준 것은 나와족 약초 전문가인 도냐 모데스타 라바나 페레스^{doña Modesta Lavana Pérez}였다. 내 친구 존이 건강상의 문제로 도움이 필요했기 때문에 나는 그를 멕시코 모렐로스^{Morelos}에 있는 도냐 모데스타의 집으로 데려갔다. 존은 햇볕 아래, 매트 위에 누워 있었고 그녀는 그를 위해 기도하며 신선한 약초를 그의 피부에 문질러 댔다. 치유가 끝난 후, 내 친구가 조용히 쉬는 동안 나는 도냐 모데스타와 대화를 나눴다.

"당신 나라 사람들이 여기 와서 나에게 약초에 대해 가르쳐 달라고 하더군요." 그녀가 말했다. "하지만 그들은 항상 특정 질병을 치료할 약초만 찾아요. '도냐 모데스타, 이 병에 쓸 수 있는 약초는 무엇인가요?' 하고 묻죠. 그럴 때마다 저는 특정 질병을 위한 약초는 없다고 말해요. 그러면 그들은 다시 말해요. ‘이 병에 딱 맞는 식물이 분명 있을 겁니다.’ 그러면 저도 다시 대답하죠. ‘글쎄, 그 병에 딱 맞는 식물이 있어야 한다면 직접 나가서 찾아보지 그래요!’”

그녀는 웃으며 말을 이었다. “저는 어떤 증상이든 간에 항상 같은 식물들을 써요. 우리 어머니가 쓰시던 바로 그 식물들이죠. 어머니는 살아생전에 마을 최고의 치유자셨고, 지금은 제가 최고가 됐어요.”

“도냐 모데스타, 치유에서 식물 정령이 하는 몫은 얼마나 되나요?” 내가 물었다.

“대단히 크죠. 식물의 즙은 그들의 피고, 이 피에는 태양의 치유력이 담겨 있어요. 저는 식물을 딸 때 우리 식물 형제들이 그 치유력을 우리에게 나누어주기 위해 자신을 희생하는 것이 느껴져요.”

“도냐, 저는 식물 치유에 대해 혼자서 조금씩 배워가는 중이에요. 저희 어머니는 당신 어머니처럼 저를 가르쳐주지 않으셨거든요. 그래서 식물들과의 대화를 통해 배우고 있어요.”

“정말요?”

“네. 선생님도 식물들과 대화하시지 않나요?”

“물론이죠!” 그녀가 윙크하며 속삭였다. “하지만 제자들에게는 말하지 않아요!”

“왜죠?”

“믿지 않는 제자들도 있을 테니까요.”

“도냐, 혹시 돈 루시오라는 치유자에 대해 들어보신 적 있나요?”

“네. 알죠. 트랄네판틀라Tlalnepantla 근처에 살잖아요. 사람들은 그를 ‘샤먼’이라 불러요.”

“그분이 식물의 정령들로 치유를 하신다고 들었어요. 듣기로는 잎이나 꽃을 사용하지 않고 그냥 이름만 불러서 식물 정령들을 불러낸다고 하더라고요.”

“난 그런 건 안 믿어요. 식물의 피가 사람을 치유하는 거거든요. 식물의 즙을 뇌, 심장, 척추, 간, 신장처럼 중요한 장기 가까이에 발라야 해요!”

나는 도냐 모데스타가 돈 루시오를 만날 수 있다고 알려준 곳으로 직접 찾아갔다. 돈 루시오의 집 앞에 다다랐을 때, 그는 과테말라 출신의 한 약초 전문가와 그의 두 제자를 맞이하고 있었다. 그들은 풀을 먹일 양들을 데리고 초원으로 가고 있었고, 나는 목장 옆으로 난 길을 따라 그들을 뒤쫓아갔다. 늙은 샤먼은 말에 안장을 얹은 다음 고삐를 잡고 서 있었다.

과테말라인 약초 전문가는 갓 딴 식물을 한 손에 들고 까치발로 서서, 다른 손을 돈 루시오의 귀에 대고 소리치고 있었다. “이건 뭐죠? 이 식물을 선생님의 언어, 그러니까 나와틀어로 뭐라고 부릅니까?”

그러자 돈 루시오가 식물의 이름을 말해주었다.

과테말라인이 다시 큰 소리로 말했다. “제가 쓰는 언어인 키체어*로는 이걸 이렇게 부릅니다.” 그러더니 그는 목구멍

---

* Quiché. 과테말라 고지대에서 사용되는 마야어족 언어의 하나로, 키체족의 모국어다.

에서 나는 부드러운 소리로 어떤 단어를 발음했다. "여기, 멕시코에서는 이 식물을 어떤 약으로 쓰시죠?"

"난 이게 약초인 줄도 몰랐네!"

"선생님, 이건 약초예요!"

"아, 상상도 못 했네! 전혀 몰랐어! 그런데 이게 어디에 쓰는 약초란 말인가?"

"이 식물은 선생님처럼 귀가 안 들리는 노인들에게 좋습니다. 햇볕에 두세 시간 말린 다음 귀에 꽂아 넣으면 돼요." 약초 전문가가 소리쳤다.

"아, 그렇게 쓰는 약초였구먼!" 돈 루시오가 호탕하게 말했다.

우리는 다 같이 시골 지역으로 향했다. 말을 탄 돈 루시오는 구불구불한 길을 따라 양 떼를 이끌었고, 과테말라인들과 나는 도로를 따라 걸었다. 약초 전문가는 자기가 아는 식물을 볼 때마다 멈춰서서 줄기를 꺾은 다음, 그것을 제자들에게 보여주면서 어디에 어떻게 쓰는 것인지를 간단히 설명했다. 그러다 보니 걸음이 매우 느려질 수밖에 없었다. 그는 길가에 자라는 모든 식물들을 다 알고 있는 듯했다. 세 남자는 자기들의 언어로만 대화를 나눴기 때문에 나는 거기 낄 수가 없었다.

돈 루시오가 가고 있는 구불구불한 길이 우리가 따라 걷고 있는 도로와 겹칠 때마다 약초 전문가는 스페인어로 그를 불러 세웠다.

"선생님, 이 식물을 나와틀어로 뭐라고 합니까?"

그러면 제자들은 돈 루시오의 대답을 갈겨 적었다.

"선생님, 저희 키체어로는 이걸 이렇게 부릅니다." 그러면서 과테말라인 스승은 또다시 목구멍에서 나는 부드러운 소리로 무언가를 발음했다. "여기서는 이걸 음식으로 드시나요, 아니면 약으로 쓰시나요?" 그가 물었다.

"글쎄, 나는 이게 무슨 쓰임이 있는 식물인지 모르겠네."

"이건 약초예요, 선생님! 이게 어디에 좋냐면요…." 그러면서 그는 어떤 병의 이름을 댔다.

"아, 그럼 이게 약초란 말이구먼! 세상에! 생각도 못 했네 그려!" 젊은 약초 전문가가 자신의 지식을 뽐내는 걸 즐기는 만큼 노인 역시 무지한 척하는 것을 즐기는 듯했다. 우리가 돈 루시오의 집으로 돌아왔을 무렵엔 두 사람 모두 꽤 만족스러워 보였다.

돈 루시오는 나를 응접실로 초대했고, 과테말라인들은 작별 인사를 하며 자리를 떴다. 그들을 다시 보는 일은 없었다.

응접실 안은 갓 꺾은 꽃 향기로 가득했다. 그곳의 한쪽 벽면에는 벽 전체를 가릴 만큼 크고 화려한 제단이 있었는데, 제단은 십자가상 여러 개와 성자들의 그림 같은 것들로 채워져 있었다. 등받이 의자 대여섯 개를 제외하면 아무것도 없이 텅 비어 있는 공간이었다. 샤먼은 의자에 앉으라고 손짓한 뒤 내 옆에 앉았다.

내 쪽으로 몸을 돌린 그는 미소를 지으며 손바닥으로 내 무릎을 탁탁 치더니 이렇게 말했다. "자, 젊은이, 어떤 도움이 필요한가?"

나는 그의 팔뚝에 손을 얹고 말했다. "저는 식물로 치유를 합니다. 하지만 물리적 식물이 아니라 식물 정령을 이용해서 치유를 하지요. 선생님께서도 비슷한 일을 하신다고 들었습니다."

"뭐라고?" 그가 말했다.

나는 루시오의 귀 가까이로 몸을 기울인 다음, 양손을 입 주변으로 모아 소리쳤다. "저는 식물의 정령으로 사람들을 치유합니다. 선생님도 그렇게 하시죠?"

"그렇지! 식물 정령! 바로 그거야! 식물에는 움직임이 있네! 그들에게도 영이 있고, 심지어는 혼까지 있어! 그렇지 않다면 식물은 살아 있을 수 없네. 주님께서 이 땅에 두지도 않으셨을 거야!"

"선생님께서는 환자를 치유할 때 식물로 만든 약을 먹으라고 하지 않으시죠?"

"그럼! 나는 오직 의도로만 치유하네!" 그는 검지로 자기 이마를 톡톡 쳤다.

"그런 식으로 치유하시는 분은 흔치 않지요." 내가 말했다.

"그래! 아까 그 과테말라 사람들처럼 여기저기 약초를 찾아다니는 그런 방식이 아니야! 어떻게 하는 거냐면…." 여기서 돈 루시오는 좀 난해한 이야기를 꺼내기 시작했고, 특히 흥미로운 부분을 말할 때는 남은 손으로 내 손을 살짝 건드리기도 했다. 이야기의 요지는, 먼 도시에서 부당하게 투옥된 남자, 그것도 한 번도 만난 적 없는 남자를 그가 주술로 풀어주었다는 것이었다. 감옥에서 풀려난 남성은 감사 인사를 전하기 위해 돈 루시오의 마을로 찾아왔고, 두 사람은 길에서 우연히 마주치게 되었다. 돈 루시오는 남성이 누군지 알지 못

했지만, 남성은 한눈에 그를 알아보았다. 루시오가 자신을 구하러 오는 모습을 감옥 창문 너머로 보았던 것이다.

"바로 이런 식으로 세상이 돌아가지." 노인이 이야기를 마무리 지었다. "세상 이치가 그렇다네."

"이런 걸 다 어디서 배우신 겁니까?" 내가 물었다.

"아무도 안 가르쳐줬어. 내가 아주 어릴 때 벼락에 맞은 적이 있었네. 혼자서 시골길을 걷다가 벼락이 내게로 내려오고 있는 것을 목격했지. 공처럼 생겼는데, 온갖 색깔이 뒤섞여 있어서 정말 아름다웠네! 하지만 다음 순간, 나는 벼락에 맞아 의식을 잃었어. 두 시간 넘게 바닥에 쓰러져 있었지. 꽤 심각했다고! 정신을 차린 후에는 일어나 집으로 갔지만 몸이 매우 아팠어. 혼수상태에 빠졌다가, 몇 분간 의식이 돌아왔다가, 다시 정신을 잃곤 했지. 결국 3년을 침대에만 누워 있었네. 그리고 혼수상태에 빠져 있던 그 시간 동안 내 영혼은 이곳저곳을 돌아다니며 배움을 얻었지!

첫해에는 하늘에 있는 날씨의 존재들과 시간을 보냈네. 그들과 함께 온 세상을 다니며 모든 나라에 비를 내려주었지. 두 번째 해에는 씨앗들과 시간을 보냈네. 이때 인류가 기르는 모든 식물의 정령들을 만나보았어. 그리고 세 번째 해에는 가축 그리고 목축의 존재들과 시간을 보냈네. 온갖 종류의 가축들을 다 만나보았지. 나는 세상천지를 다 다녀봤다네! 모든 걸 다 봤어! 이탈리아인들! 에스키모들! 러시아인들! 아프리카인들! 그리고 자네도 알다시피, 우리는 모두 형제라네! 자네도 내 형제고 말이야. 왜냐? 내 혈관을 타고 흐르는 피가 자네의 혈관에도 똑같이 흐르고 있으니까! 그렇지 않겠는가?”

“네, 돈 루시오. 맞는 말씀입니다.” 우리는 잠시간 눈을 맞췄다. “선생님, 사실 제가 엘 테포스테코 피라미드에 간 적이 있는데 그때 비의 신을 만났습니다.” 나는 제단 위에 올려진 가톨릭 성상들에 위압감을 느껴서 이교도적인 그 신의 이름을 차마 입에 올릴 수가 없었다.

“틀랄록 말이지!” 그가 말했다.

“네, 틀랄록! 그가 제게 많은 것을 가르쳐주었어요. 그의 손바닥에서 물줄기가 흘러내리는 것도 봤고요.”

“아무렴, 그렇고말고! 이 세상에 물을 내려주시는 분이니까. 내가 그분을 여기 모셔두고 있는 이유도 그 때문이야. 나는 가뭄이 들 때면 사람들이 고통받지 않도록 비를 청하는데, 그럴 때 나를 도와줄 분이 필요하네. 그래서 틀랄록을 모시는 것이지.”

“잠깐만요! 제단 위에 틀랄록을 모셔두었다는 말씀이신가요?”

“당연하지! 이리 와보게나, 보여줄 테니.” 그는 내 무릎에서 손을 떼고 나를 제단으로 안내했다.

탁자 위에 빼곡히 들어찬 종교적 성상들 사이로, 예수님의 얼굴을 본떠 만든 나무 가면이 세워져 있었다. 돈 루시오가 이 가면을 치우자 나와족이 모시는 비의 신, 틀랄록의 형상을 한 괴이한 석상 하나가 드러났다.

우리는 의자로 돌아가 다시 정다운 대화를 이어나갔다. “내 나이가 몇인 것 같나?” 그가 물었다.

나는 그가 일흔다섯 살쯤 되지 않았을까 생각하며 말했다. "글쎄요, 예순다섯 정도 되시지 않았을까요?"

"그리 봐줘서 고맙네, 이 친구야. 나는 지난 9월 7일에 일흔 여덟 살이 됐어. 그런데도 아직 여자들을 좋아하지! 자네 생각엔 내가 왜 그런 것 같나?" 그가 싱긋 웃으며 물었다.

"그냥 자연스러운 거겠죠."

"자연스러운 거라, 그렇겠지! 장가는 갔는가, 젊은이?"

"네. 아이들도 있습니다."

"아, 이 친구야. 내 말하건대 이 세상은 다른 어떤 곳과도 같지 않은 곳이네. 여기서는 서로 사랑을 나누고 아이도 많이 낳을 수 있으니까 말이야. 주님께서는 당신의 자녀들이 많기를 바라셨네. 여기저기 몇 명씩 흩어져 사는 정도로는 성에 차지 않으셨던 게야! 그래서 세상을 이렇게 만드신 거라네.

하지만 이 세상을 살아가는 게 쉽지만은 않지. 사람들이 서로에게 나쁜 짓을 하곤 하니까. 시기심이라는 이놈이 많은 병의 원인이 된다네. 사람들이 서로에게 저지르는 짓들은 정말 끔찍하지. 그들이 서로의 시기로 일으킨 병을 없애는 일이 내가 해야 하는 일이네.

그리고 이 세상만이 전부는 아니야. 이 세상 말고도 다른 세상이 있지. 그 다른 세상은 정말 아름답다네! 음식도 정말 훌륭하고. 거기서는 여기서처럼 조금만 먹고 끝내는 게 아니라 엄청나게 많이 먹을 수 있네! 사랑을 끊임없이 나눌 수 있고, 아기도 생기지 않고, 피로도 없고, 몸이 깃털처럼 가벼워지지! 그 세상은 참으로 아름다워. 치유는 바로 그곳에서부터

오는 것이네. 그게 세상의 이치야. 그래서 내 치유 작업도 그리 아름다운 것이지!"

"좋은 말씀 나눠주셔서 감사합니다, 돈 루시오." 내가 말했다. "만나 뵐 수 있어 정말 기뻤습니다. 곧 다시 찾아뵙겠습니다. 그리고 언젠가 제가 사는 지역에 들를 일이 생기신다면 저의 집에서 편하게 머무르셔도 됩니다."

"고맙네. 다음 만남을 기다리고 있겠네. 아, 다음번에 올 때는 미국인 아가씨 한 명 데려와주게. 참한 아가씨로!"

다음 만남 때 미국인 여성은 데려가지 않았지만 돈 루시오는 그에 대해 아무런 언급도 하지 않았다. 그는 의례를 준비하느라 바빴고, 응접실에는 신아즈텍(neo-Aztec) 그룹 사람들이 모여 있었다. 문과 창문에서 향 연기가 구름처럼 뿜어져 나왔다. 의례 진행자들은 스페인 침략 이전 시대의 의상을 입고 류트를 연주하면서 베들레헴의 별*과 십자가의 길을 찬양하는 노래를 불렀다.**

---

* 신약성경에서 동방박사들을 예수의 탄생지로 인도한 별로, 예수 탄생의 상징이다.
** 16세기 스페인 침략 이후로 아즈텍 문명은 붕괴되었으며 그 후손들은 가톨릭 신앙을 강제적으로 받아들일 수밖에 없었다. 그러나 이들은 토착 신앙을 가톨릭적 형식 뒤에 숨겨 결합하는 식으로 전통을 이어갔다. 그 대표적인 예가 과달루페의 성모(Virgin of Guadalupe) 이야기다. 멕시코시티 북부의 테페약Tepeyac 언덕은 본래 아즈텍 여신이자 대지모신인 토난친Tonantzin을 숭배하던 장소였다. 그리고 1531년, 바로 이 언덕에 있던 원주민 남성 후안 디에고Juan Diego 앞에 성모 마리아가 나타났다고 한다. 스페인인들은 이를 기념하기 위해 토난친 신전이 있던 자리에 과달루페의 성모를 위한 성당을 세웠고, 원주민들은 토난친이라는 어머니 여신의 상像을 성모 마리아와 결합시키게 되었다.
그러나 20세기 중반 이후 멕시코에 원주민 정체성 회복 운동이 일어났고, 일부 그룹이 아즈텍 전통의 춤, 의례, 복장, 상징을 현대적으로 부활시키기 시작했다. 이들을 신아즈텍 그룹이라 부른다. 그러나 이들이 재현하는 의례는 실제 전통이라기보다 가톨릭적 상징과 아즈텍의 요소가 뒤섞인 형태다. 돈 루시오는 이러한 외형적 전통이 아닌, 토착 신앙의 영적 본질을 진정으로 계승한 사람이라고 할 수 있다.

응접실 안으로 들어가니 운동선수 체격에다 수염을 덥수룩하게 기른 한 남자가 다가왔다. 중요 부위를 가리는 은색 허리천을 입고 1미터쯤 되는 깃털 장식 머리띠를 쓴 그는 내게 모자를 벗어야 한다고 안내했고, 나는 그의 말에 따랐다. 이 의례가 틀랄록을 기리는 의례라고 들었기 때문에 나는 초콜릿을 공물로 준비했고 그것을 여사제에게 건넸다. 그녀는 향 연기를 쐬인 초콜릿을 네 방위에 바친 다음 그것을 다른 공물들(모두 꽃이었다)과 함께 제단 위에 올려놓았다.

밖으로 나가니 돈 루시오가 보였는데, 살짝 불안한 기색이었다.

"선생님이 진행하시는 의례는 어디서 열리나요?" 내가 물었다.

"저 사람들 할 일이 다 끝나면 내가 모두를 성당으로 데려갈 거네." 그가 대답했다.

나는 내가 알고 있는 정보가 틀렸음을 그제야 깨달았다. 성당에서 이교의 신을 모실 리는 없으니, 이건 분명 틀랄록을 기리는 행사가 아니었다. 돈 루시오가 어떤 의례를 진행할지 궁금해졌다. 오랜 기다림 끝에, 그는 꽃바구니를 두 개를 들고 마을 성당으로 걸어갔다. 나 역시 그가 옮겨달라고 부탁한 1.5미터 높이의 무거운 촛대를 끌면서 그의 뒤를 따랐다.

성당은 수백 개의 촛불과 수천 송이의 꽃 그리고 온갖 색종이로 장식되어 있었다. '세상의 빛 예수'를 기리는 라 칸델라리아 La Candelaria 날이었다. 돈 루시오가 제단 앞에 공물을 놓자 연기 나는 향로를 든 멕시코 원주민들이 뒤이어 행진해 들어왔다. 그들은 제단 앞에 대형을 맞춰 서서 큰 소리로 노래를 부르기 시작했고, 마을 사람들도 하나둘 모여들기 시작했다. 첫 영성체 예복인 흰 드레스를 입은 소녀들이 반라 차림의 원주민들 옆에 자리를 잡았다. 그다음으로는 마을 신부가 제단으로 걸어와 제의를 걸쳤다. 얼마 지나지 않아 성당 안은 발디딜 틈 없이 꽉 찼고, 입구 계단에까지 신자들이 줄지어 서 있었다. 미사가 시작되었다.

어느새, 원주민들은 마무리 곡을 부르기 시작했다. 그들은 노래를 부르고 악기를 연주하면서도 군대처럼 칼각을 유지하면서 성당을 빠져나갔다. 그들이 성당 안뜰로 빠져나갈 때쯤 마을 브라스 밴드는 벌써 흥겨운 곡조를 우렁차게 연주하고 있었고, 하늘에서는 폭죽이 연달아 팡팡 터지고 있었다. 행상인들은 소리 높여 호객 행위를 하면서 사탕과 탄산음료를 팔았다. 흰 드레스를 입은 소녀들은 킥킥거리며 밖으로 몰려나왔고, 바이올린 연주자 두 명은 쉼 없이 활을 그어대며 소란 때문에 잘 들리지도 않는 무도곡을 연주하고 있었다. 내가 보기에 이 전형적인 멕시코식 난장판은 틀랄록과는 아무런 상관이 없어 보였다. 나는 돈 루시오에게 작별 인사를 하지 않고 그곳을 떠났다.

그날은 2월 2일, 건기가 한창인 시기였기에 나는 여느 때처럼 맑고 푸른 하늘 아래로 차를 몰아 집으로 향했다. 그리고 그날 밤, 자고 있던 나를 깨운 것은 억수 같은 비와 함께 찾아온 천둥소리였다. 다음 날 아침 일어나보니 마을 전체가 비로 흠뻑 젖어 있었고, 하늘은 앞으로 몇 주간 맑은 날씨가 이어질 것을 예고라도 하듯 다시 구름 한 점 없이 푸르렀다. 나는 돈 루시오의 제단을 떠올렸다. 예수 그리스도의 가면 뒤에 숨겨져 있던 비의 신, 틀랄록이 세워져 있던 그 제단을.

3장

|

서아프리카의 식물 정령 치유

이 인터뷰는 서아프리카에서 식물 정령 치유가 활발히 이루어지고 있음을 보여준다. 시리 지안 싱 칼사^{Siri Gian Singh Khalsa}는 몇 년간 토고에 살면서 그곳의 치료 요법을 주제로 박사 논문을 연구했고, 나는 캘리포니아 새크라멘토에 있는 그의 집에 찾아가 토고의 식물 정령 치유에 관해 배운 것들을 말해 달라고 부탁했다. 그는 전통 치유자들과 서양 의학자들 간의 상호 작용을 이야기했는데, 그중에서도 특히 주목할 만한 치유자 토바에 아그바가 아소우^{Tobae Agbaga Asou}에 대한 자세한 이야기를 들려주었다.

엘리엇 서아프리카 토고에 계셨다고 들었는데, 그게 언제쯤이었나요?

시리 1980년에 가서 1984년까지 있었습니다. 그곳에서 토고 전통 의학과 서양 의학의 역사를 비교 연구했죠. 20세기에 초점을 맞추어 연구하긴 했지만 전통 치유자들의 역사에 대해서는 가능한 한 그 기원부터 연구하려고 노력했습니다.

엘리엇 그렇다면 아프리카 전통 치유에서 약초와 식물 정령의 역할에 대해 알아내신 바가 있을까요?

시리 약초는 치유의 모든 측면에 쓰입니다. 각각의 약초에는 치유를 일으키는 정령이 깃들어 있고요. 이런 다양한 식물 정령들을 불러내는 수단은 바로 소리입니다. 치유자들은 트랜스 상태에 빠지거나 가끔 화학적 수단을 써서 변성 의식 상태에 들어갔고, 그렇게 해서 약초가 알려주는 정보를 알아냈습니다. 어떤 이들은 약초 정령이 하는 말을 듣기 위해 20년 동안 훈련하기도 합니다.

엘리엇 혹시 그게 유구한 역사를 지닌 전통 같은 걸까요?

시리 그렇습니다. 제 친구 중에 메릭 포스난스키^{Merrick Posnansky} 박사라고 있는데, 아프리카 고고학의 최고 권위자 중 한 명입니다. 그는 600~800년 전 마을이 존재했던 지점을 찾는 최고의 방법을 알아냈지요. 그 방법이란 바로, 아프리카 땅 어디든지 약초가 특정 구역을 에워싸는 모양으로 자라나고 있다면 그 안쪽 땅을 파보는 것이었습니다. 그러면 그곳이 마을 터라는 게 밝혀졌습니다. 흔히 쓰이는 약초들 대부분은 마을 주변에 비밀스럽게 혹은 공개적으로 재배되었기 때문에 마을 주민들은 이 필수 불가결한 식물들을 이용할 수 있었습니다. 또, 특정 약초들이 수천 년 전부터 사용되어왔음을 증명하는 사례들도 존재합니다. 제가 연구한 공동체들의 전통에 따르면, 이들의 약초 사용의 기원이 수천 년 전으로 거슬러 올라가거든요.

엘리엇 꼭 잎이나 뿌리, 줄기만 쓰는 게 아니라 그 식물의 정령 혹은 정수로 치유하기도 했을까요?

시리 네, 그렇죠! 식물의 각 부분에는 정령의 서로 다른 특성들이 스며들어 있습니다. 그 식물을 전반적으로 관장하는 정령도 존재하고요. 치유자들은 이 두 가지 모두에 주의를 기울이면서 서양 식물학자들이 그러하듯 한 식물의 껍질, 꽃, 잎을 제각기 다른 용도로 썼습니다.

엘리엇 식물 정령이 직접 치유에 관여한 사례를 본 적이 있으신지요?

시리 치유가 일어났다는 것은 곧 식물이 관여되어 있다는 얘기입니다. 식물과의 소통을 위해서는 그것에 맞는 특정한 방식을 써야 했습니다. 식물 정령을 불러올 때는 항상 북소리나 목소리가 사용됐지요. 또, 약초를 활성화하고 그것이 환자에게 협력하게끔 만들려면 약초에다 어떤 의례를 행해야 했습니다.

엘리엇 직접 후속 관찰을 해보신 사례가 있었나요?

시리 네. 당시 저는 서양 의사들과 함께 공부했고, 미국에서 가장 보수적인 기관 중 하나인 UCLA 의사학醫史學과에 다니고 있었기 때문에 일어난 현상에 대한 서양적 견해를 포함시켜야만 했습니다. 그래서 서양 의사들과 수백 번, 전통 치유자들과 수천 번의 인터뷰를 했지요. 의사들은 자신이 치료 중인 환자들의 질병에 대해 설명해주었습니다. 또, 많은 환자들은 서양 의사에게 진단과 치료를 받은 뒤 전통 치유사를 찾아갔는데, 그들은 저의 동행을 기꺼이 허락해주었습니다. 그래서 어떤 약초를 처방하는지, 또 그것을 어떻게 쓰는지를 직접 볼 수 있었죠.

제가 발견한 것은, 서양에서는 단지 관리만 가능한 당뇨병을 전통 치유자들은 약초를 사용해 실제로 치유했다는 점이었습니다. 치유된 환자들이 다시 병원으로 가서 검사를 해보면 당뇨의 흔적이 전혀 남아 있지 않았어요. 전통 치유자들은 암, 심장 질환 등 서양 의사들이 진단한 매우 다양한 질환들을 치유할 수 있었습니다. 어떨 때는 제가 환자에게 돈을 주면서 병원에 다시 가보라고 설득해야 할 때도 있었습니다. 환자들은 몸이 괜찮아졌으니 굳이 시간을 낭비할 이유가 없다고 생각하는 반면, 저는 재검을 통해 의사의 확인을 받길 원했거든요. 환자의 달라진 상태를 확인한 어떤 의사들은 화들짝 놀라기도 했습니다.

젊은 의사들은 '미신적이고 원시적이며 무익한 방법'을 쓰는 전통 치유자들을 신랄하게 비판하곤 했습니다. 반면, 프랑스 파리 의대나 리옹 의대를 나온, 나이가 많은 아프리카인 의사들은 자신들이 할 수 있는 일의 한계를 잘 알고 있기에 언제나 그런 전통 방식들을 존중했지요. 서양 의사들이 기껏해야 현상 유지만 할 수 있는 병들, 즉 통증을 없앨 수는 있어도 치료할 수는 없는 병들을 전통 치유자들이 실제로 치유할 수 있음을 봐왔으니까요.

서양 의학과 토고 전통 의학이라는 이 두 체계 사이에는 진정한 상호작용이 있었습니다. 제가 인터뷰한 마을 사람들은 모두 특정 질병에 걸렸을 때는 전통 치유자를 먼저 찾고, 또 다른 질병에 걸렸을 때는 의사를 찾아갔습니다. 저의 연구에 도움을 줬던 전통 치유자들 중에도 본인이나 본인의 가족들은 병원에 가지 않는다고 말한 사람은 아무도 없었습니다. 오히려 그들은 굉장히 개방적이라, 항상 새로운 것을 시도하면서 자신들의 체계를 변화시켰지요. 서양의 그것보다 훨씬 유동적인 체계였습니다. 전통 치유자들은 모든 식물에 정령과 힘이 깃들어 있을 뿐 아니라, 대지와 공기, 물 그리고 자연 전체에도 그러한 것이 깃들어 있다고 믿었습니다.

엘리엇 가장 가깝게 지냈던 치유자에 대해 얘기해주세요. 그의 이름은 뭐였나요?

시리 토바에 아그바가 아소우라는 분이었는데, 그의 견습 과정에 대한 이야기가 굉장히 흥미롭습니다. 어느 날 그가 바위투성이 길을 걷고 있었는데, 자전거를 탄 노인이 그에게 다가왔습니다. 바위가 그렇게 많은데 나이 든 사람이 자전거를 타고 다닌다는 것은 상당히 놀라운 일이었지요. 노인이 말했습니다. "내일 이리로 다시 오게. 내가 아주 중요한 걸 보여주겠네." 그래서 다음 날 아소우는 그 장소로 다시 나갔고, 노인은 그날도 자전거를 타고 나타났습니다. 그러나 이번에는 북소리가 들려오는 근처 언덕에서 모습을 드러냈지요. 그 경이로운 북소리를 잘 들어보니, 어떤 의례를 치르는 중인 듯했습니다. 노인은 의례가 행해지고 있는 언덕 꼭대기로 그를 데리고 갔고, 거기 있던 사람들은 아소우가 누구인지 알아보는 듯했습니다. 그들은 아소우를 껴안으며 다시 만난 것을 굉장히 기뻐했지만 아소우는 그중에서 알아볼 수 있는 사람이 단 한 명도 없었죠. 그는 여기 잠시 있으라는 말을 듣고 앉아 있었는데 갑자기 몸이 마비되는 것을 느끼기 시작했습니다. 자리에서 일어나려 했지만 몸을 움직일 수가 없어 겁에 질렸습니다. 그러다 어느 순간, 그는 자신이 땅속으로 깊이, 더 깊이 빨려 들어가고 있음을 알게 되었습니다. 그는 우리 시간으로 9년이나 되는 시간을 그곳에서 보냈다고 합니다!

엘리엇 그곳이 바로 아소우가 지하세계(Underworld)라고 부른 곳이군요.

시리 지구 중심부에 도착한 아소우는 그곳에서 이전까지 듣도 보도 못했던 굉장한 스승들을 만나게 되었습니다. 이들은 여러 가지 약초와 그 정령을 불러내는 법 그리고 치유의 다양한 측면들을 가르쳐주었지요. 아소우가 지하세계로 갔을 때, 그곳에 함께 도착한 수십 명의 사람들이 있었는데 그들 역시 거기서 치유를 배웠습니다. 읽고 쓸 줄 아는 사람들은 필기를 했고 그렇지 못한 사람들은 배운 것을 잘 기억하고 있는지 확인하는 시험을 밤마다 치렀습니다. 내 친구 아소우도 시험을 치러야 했던 사람들 중 하나였어요.

나는 로메^{Lomé} 근처 작은 마을에 살던 아소우의 가족들을 찾아가 그가 사라졌던 당시 상황에 대해 인터뷰를 했습니다. 가족들은 그가 야생동물에게 죽임을 당한 것이 아닌가 생각했다고 합니다. 지상 시간으로 9년 동안이나 실종된 상태였으니까요. 아소우가 말하길, 지하세계에서의 그 9년은 체감상 몇백 년처럼 느껴졌다고 합니다. 그곳에서는 시간 감각이 다르다고 하더군요. 그가 배운 지식의 양은 9년 안에 배울 수 없는 양이었고, 거기서 지낸 일수를 세어봐도 지상에서의 9년을 훌쩍 뛰어넘는 일수였습니다. 몇 생애를 걸쳐야만 배울 수 있는 방대한 지식들, 특히 약초 사용법에 대한 지식들을 습득한 그는 다시 지상으로 돌아왔습니다. 사람들은 아소우를 크게 환영했고, 그는 치유자가 되었습니다.

그는 내가 평생 만나본 사람 중 가장 친절하고, 밝고, 유머러스하며 공감 능력이 뛰어난 사람이었습니다. 대단히 겸손하면서도 흔들리지 않는 자기 정체성과 굉장한 내적 힘을 지니고 있었지요. 그에게는 제자가 30명쯤 있었고, 매일 500명 정도의 사람들이 치유를 받기 위해 몰려왔기 때문에 치유소는 언제나 인산인해 상태였습니다.

엘리엇 그 많은 사람들을 어떻게 감당했나요?

시리 그의 곁에는 항상 제자가 30명쯤 있었는데, 그들이 몇 가지 일을 도왔습니다. 아소우는 환자들을 보기만 해도 그들에게 어떤 것이 필요한지를 감지할 수 있었어요. 가끔 저는 새벽 2시부터 다음 날 새벽 2시까지 그와 함께 있곤 했습니다. 그는 쉬는 시간도 없이 계속해서 사람들과 함께 있었죠. 환자들에게 쓸 특정한 약초를 준비하라고 제자들에게 시키기도 했고, 또 어떤 이들에게는 특정 약초를 어디서 채취할 수 있는지 알려주기도 했습니다. 아소우는 정령을 불러오는 의례를 행하기도 했는데, 그럴 때면 정령이 어떤 약초를 사용해야 하며 그 약초의 정령을 어떻게 활성화할 수 있는지 알려주기도 했습니다. 그는 모든 사람을 각기 다르게 대했어요. 어떤 사람들에게는 아주 익살스러운 모습을 보여서 그들이 박장대소하게끔 만들었습니다. 또 어떤 사람들에게는 아무 말을 하지 않고 그저 그들이 하는 얘기에 귀를 기울이기도 했고요. 그런가 하면, 몇몇 환자들에게는 꾸지람을 하거나 고함을 쳐서 그들이 울 때까지 몰아붙이기도 했어요. 이런 일은 한 그룹이 끝나면 바로 다음 그룹이 이어지는 식으로 빠르게 진행됐고, 적어도 열두 시간 이상 계속 이어졌습니다. 그는 매일 새벽 3시 30분쯤 일어나 다양한 약초의 정령들을 불러내고 어떤 주문을 외우곤 했습니다. 그날 해야 할 일을 위해 스스로를 정화하거나 자기 수련을 하기도 했고요. 그가 하는 모든 일의 중심에는 언제나 약초가 있었습니다.

엘리엇 그의 제자들 상당수는 제자가 되기 전부터 이미 명망 높은 치유자들이었다고 말씀하신 적이 있죠.

시리 네. 대부분의 제자들이 이미 각자의 마을에서 높은 명성을 얻은 사람들이었습니다. 그런 이들이 아소우를 찾아가 약초에 대해 더 많은 것을 배운 겁니다. 아소우에게 있어 약초란 서양 사람들이 생각하는 그런 단순한 것이 아닌, 그 약초에 깃들어 있는 정령을 의미하는 것이었습니다. 여러 가지 약초를 조합하면 약초를 개별적으로 썼을 때와는 또 다른 정령이 나타납니다.

엘리엇 당신이 아소우 그리고 식물 정령들과 관련된 특별한 체험을 하셨다고 들었는데, 그에 관해 얘기해주실 수 있나요?

시리 저는 아침 일찍 일어나 요가를 하는 걸 좋아합니다. 토고에 있을 때는 매일 아침 3시 30분부터 6시까지 요가와 명상, 기도를 했고요. 이렇게 하는 제 모습을 본 사람은 아무도 없었습니다. 당시 저는 일주일에 세 번 정도 이 치유자를 찾아가 인터뷰를 하고 그의 치유 과정을 관찰하고 있었습니다. 그렇게 두세 달이 지난 어느 날, 아소우가 저를 부르더니 이렇게 말했습니다. "당신에게 왠지 정이 많이 가요. 우리가 친구가 될 수 있다면 좋겠네요. 그런데 사실, 당신이 아직 나의 진정한 모습에 대해 전혀 모르는 것 같아서 좀 힘들어요. 내 주변에서 나에게 영향을 미치는 정령들을 보거나 감지하지 못한다면 내가 진정 어떤 사람인지 제대로 이해할 수 없거든요. 한 사람에게 어떤 힘이 어떤 영향을 미치고 있는지 모른다면 우리는 그 사람이 진정 누구인지 알 수 없어요. 나의 진정한 모습을 당신에게 비전으로 보여줄 수 있는 식물 정령이 있는데, 괜찮다면 그 정령을 불러내는 법을 알려줄게요. 필요한 약초를 구해놓을 테니 2주 후에 다시 나를 찾아오세요."

그는 또, 제가 토고에 온 이후로 우리 집에 찾아왔었다고도 말했습니다. 두 시간 반 동안 아침 운동을 할 때 옆에 함께 있었고, 제가 하는 그 운동이 아주 마음에 들었다면서요. 그는 제가 했던 운동 중 일부, 그러니까 쿤달리니 요가를 직접 따라하기도 하면서 자신이 본 것들을 자세히 묘사했습니다. 제가 연습하던 호흡법과 우리 집에 있는 꽃에서 나는 향기가 매우 좋았다고도 말했습니다. 그는 그 꽃들, 즉 투베로즈tuberose가 나에게 매우 유익한 꽃이라고 했습니다. 그러나 내가 잘못된 향을 피우고 있다고 말하면서 올바른 향을 구해주겠다고 했어요. 또, 흰색 양초만 쓰는 건 너무 제한적이라서 일곱 가지 색깔의 양초가 필요하다고 했습니다.

엘리엇 그가 실제로 당신의 집에 가본 적은 없었던 거죠?

시리 네. 아소우는 실제로 우리 집에 와본 적이 없었고, 그의 주변 사람들도 마찬가지였습니다. 아침에 영적 수행을 할 때 아내 말고는 누군가가 집 안에 있던 적이 없어요. 실은, 그가 이런 모든 것을 알고 있다는 사실이 놀랍진 않았습니다. 오히려 그와 더 가까워진 기분이 들었죠. 아주 세부적인 사항들을 다 알고 있다 보니 마치 그가 아침마다 우리 집을 찾아왔던 것만 같은 기분이 들었습니다.

2주 후 제가 다시 그를 찾아갔을 때, 약초들은 이미 준비되어 있었습니다. 그는 그 크고 강인한 손으로 쉽게 부서질 수 있는 마른 약초들을 완벽하게 골라냈습니다. 그가 약초를 다루는 그 경건한 태도는 저에게 깊은 감명을 주었는데, 생전 처음 느껴보는 유의 감동이었어요. 그가 약초를 대하는 방식 자체로부터 무언가 중요한 걸 배운 느낌이었습니다. 그는 세 가지 다른 약초를 고른 뒤 이렇게 말했습니다. "이 세 가지 약초의 잎을 일곱 개의 초 아래마다 놔두고, 내가 준 향을 피운 채로 평소처럼 두 시간 반 동안 명상과 요가를 하세요. 그리고 수행을 마무리할 때 식물 정령들을 불러내는 이 주문들을 외우면 그 정령들이 내 영혼을 불러올 거예요."

저는 그의 말에 따랐고, 당시 아내와 함께 있었습니다. 우리는 천둥소리와 함께 방 안에서 번개가 치는 것을 보았어요.

진동이 느껴지고 몸집이 큰 동물의 포효가 들려왔는데, 마치 사자의 울음소리처럼 들렸습니다. 우리 둘은 마음의 눈으로 방 안에 있는 악어들을 보았습니다. 저는 아소우가 방 안에 함께 있는 듯한 느낌을 받았으며 이전과는 다른 모습을 하고 있는, 투명한 모습의 그를 볼 수 있었습니다. 그는 저를 자신의 몸속으로 들였고, 저는 그의 가슴에서 통증을 느꼈습니다. 담배를 많이 피워서 그런 것이었죠. 또, 그의 몸은 알코올로 인해 많이 상해 있었습니다. 하지만 무엇보다도 저는 그 사람의 위대함을 느꼈습니다. 한 인간이 타인을 위해 그렇게까지 헌신적으로 봉사할 수 있다는 걸 그때 처음으로 알게 되었으니까요. 그는 항상 채널링 상태에 있는 사람처럼 보였었는데, 저는 인간이 영적 에너지를 그렇게 끊임없이 통과시키는 것이 가능하다는 사실을 그제야 알게 되었습니다. 그러나 동시에, 그 안에는 모순도 존재했습니다. 그는 육체적 고통을 느끼며 내적 딜레마에 빠져 있었어요. 저는 거기서 아소우라는 한 사람의 순전하고 인간적인 모습을 보았습니다.

그 뒤 아소우를 직접 만나 내가 어떤 걸 했으며 어떤 걸 보았는지 말해주자 그는 사자와 악어가 실제로 자신의 수호 동물이 맞다고 확인해주었습니다. 이 두 동물은 그에게 매우 중요한 존재들이었습니다. 그리고 역시나, 그는 가슴에서 정말로 심한 통증을 느끼고 있었습니다. 사람들은 그가 지금 하고 있는 일이 잘못되었다고 말하길 두려워했고, 그래서 담배를 적당히 피워야 한다고 조언해주는 사람이 아무도 없었습니다. 아소우는 내가 솔직히 말해준 것을 고맙게 여겼습니다. 그는 술도 몸을 해칠 정도로 많이 마셔야 했는데, 이는 자신과 연결된 정령들이 술을 원하기 때문이라고 했습니다. 그가 술을 마셔야만 정령들도 술을 맛볼 수 있었으니까요. 아소우는 매일 엄청난 양의 술을 마셨습니다. 하지만 어떤 이유로 술을 마셨든, 그가 위대한 사람이었다는 사실에는 변함이 없습니다. 그는 작년에 세상을 떠날 때까지 많은 사람들을 도왔습니다.

4장

|

그랜마 버사 그로브

1991년의 어느 추운 가을 아침, 나는 남부 유트족 보호구역 (Southern Ute Reservation)에 있는 버사 그로브^{Bertha Grove}의 집을 찾아가 그녀를 만났다. 소박한 집 문을 열고 따뜻한 미소로 나를 맞이하는 버사를 보니 사람들이 왜 그녀를 '그랜마^{Grandma}' 라고 부르는지 바로 이해가 됐다. 우리는 부엌으로 들어갔다. 내가 식료품이 든 가방을 거기 내려놓자 그녀가 나를 응접실로 안내했다. 그녀는 거대한 버팔로 머리가 걸려 있는 벽쪽에 놓인 안락의자에 앉았고, 나는 그 맞은편 소파에 자리를 잡았다. 버사는 녹음기를 켜기 전에 내가 원하는 게 정확히 무엇인지 말해달라고 했다. 내가 말했다. "저는 식물의 정령을 메디슨으로 쓰고 있습니다. 식물에는 치유 능력을 지닌 정령이 깃들어 있는데, 사람들이 이 사실을 알 필요가 있다고 생각해서 그 주제로 책을 쓰고 있습니다. 이와 관련한 지혜를 나눠주시면 정말 감사하겠습니다."

그녀는 내 설명에 만족한 듯 보였고, 녹음을 시작하라는 표시로 고개를 끄덕인 뒤 유트족 언어로 긴 기도문을 읊조렸다. 그 뒤로는 폭넓은 주제를 깊이 있게 다룬 인터뷰가 시작됐다. 그랜마 버사의 이야기는 한낮이 다 될 때까지 계속 이어졌는데, 여기에는 식물 정령 치유와 관련된 부분만을 발췌하여 기록했다.

버사 누군가 그런 걸 물으러 오면 나는 방금처럼 기도를 해야 해요. 그리고 당신이 무엇을 찾으러 온 건지, 무엇을 원하는지 할아버지들께 여쭤봐야 하지요. 그분들은 당신을 알고, 내가 당신에게 전해야 할 말이 무엇인지 알고 계세요. 그래서 어떤 말을 해도 될지 허락을 구해야 해요. 그냥 바로 말해버리면 안 되거든요.

식물을 따러 갈 때도 마찬가지예요. 식물마다 채집할 수 있는 시간과 계절이 각자 달라요. 어떤 것은 이른 아침에, 어떤 것은 한낮에, 또 어떤 것은 오후나 저녁 무렵에 따야 해요. 달빛이 비칠 때 따는 식물도 있고, 봄이나 여름, 가을에만 따야 하는 식물도 있어요. 시더나무처럼 겨울에 얻는 것들도 있고요. 그냥 가서 아무렇게나 베거나 꺾어오는 게 아니에요. 식물을 따러 갈 때는 그들에게 바칠 담배나 다른 선물들을 준비해가야 해요.

예를 들어 당신이 시더나무라고 쳐볼게요. 마치 부탁을 하는 것처럼, 도움을 청하는 것처럼 내가 당신에게 나무껍질이나 가지를 달라고 요청하는 거예요. 그러면서 그것이 필요한 이유와 사람들을 위해 그것을 어떻게 쓸 것인지 설명하는 거죠. 이렇게 하여 당신, 즉 나무에게 허락을 받으면 그때 준비해온 선물을 줍니다. 나는 보통 나무에 스카프를 매어주는 편이에요. 그래서 세일 기간마다 스카프를 몇 장씩 사두곤 해요. 이렇게 하면 항상 선물을 준비해놓을 수 있거든요. 나는 차 안에 항상 스카프 몇 장과 담배를 놔둬요. 언제 어디서 어떤 식물을 발견할지 모르니까요.

식물에게 허락을 받았다면 필요한 만큼만 가져가야 해요. 절대 욕심부리지 마세요. 그게 규칙이에요. 필요한 게 있으면 필요한 만큼 가져가고, 다른 사람들 몫까지 가져가야 한다면 그만큼 더 가져가도 돼요. 하지만 사람들에게 나눠줘야 하니 혼자 쓸 양보다 더 많이 가져가도 되겠냐고 물어봐야 해요. 그게 우리 방식이지요. 흠, 근데 당신도 그렇게 하나요?

엘리엇 네, 맞아요.

버사 예를 들어 당신이 식물의 잎이나 가지, 줄기로 차나 찜질약(poultice)을 만들었다면, 그걸 다 쓰고 나서는 어떻게 하나요?

엘리엇 제 생각에 가장 중요한 건 환자의 치유를 도와줄 식물 정령에게 허락을 받는 겁니다. 식물 정령과 그런 관계를 맺었다면 잎이나 뿌리 같은 건 필요하지 않아져요. 가끔은 식물 정령에게 제 손을 통해 환자의 몸으로 들어가달라고 부탁하기도 합니다.

버사 그러니까 실제 식물을 써서 차를 만들거나 하지는 않는다는 거죠?

엘리엇 저를 도와주는 주요 정령들 중 하나가 메신저 역할을 해요. 그래서 그 정령에게 환자가 필요로 하는 식물 정령을 불러와달라고 부탁합니다.

버사 당신 말처럼 모든 것에는 정령이 깃들어 있어요. 식물, 나무, 바위는 모두 우리처럼 인격적인 존재지요. 당신의 치유 방식이 참 마음에 드네요. 나는 사람들에게 서로 다른 방식들을 배우는 건 좋은 일이라고 말하곤 해요. 나와 다른 방식으로 작업하는 이들은 그들 방식대로 가르치면 되는 거고, 나는 내 방식대로 가르치면 돼요. 결국 그 모든 건 사람들을 치유하기 위한 거니까요.

엘리엇 특정 식물이 어떤 도움을 줄 수 있는지는 어떻게 알아내시나요?

버사 대부분은 당신의 수호신(guardian spirit), 당신 내면의 자아가 알려줘요. 당신이나 나나 사실 아무것도 몰라요. 정령들이 우리를 통해 일하는 거죠. 우리는 그저 그 일에 쓰이는 도구일 뿐이에요. 나는 창조주께 도움을 청한 다음 그분이 알려주시는 대로 따라요. 하지만 각자 몸과 마음, 영혼이 다르니 치유법도 개별적이어야 해요. 우리가 상대방에 따라 각기 다른 방식으로 대화를 하듯, 같은 병이라도 사람에 따라 처방이 달라져요.

엘리엇 식물 정령에게 직접 물어볼 때도 있으세요?

버사 그게 바로 내가 식물을 채집하러 나갔을 때 하는 일이에요. 그 식물의 정령과 대화하는 거죠. 당신은 그런 정령들을 본 적이 있나요?

엘리엇 네, 저도 있죠. 식물들이 자신을 어떻게 사용해야 하는지 알려주던가요?

버사 그럼요. 알려주지요. 당신이 말하는 그 영(spirit)은 세상 만물에 깃들어 있어요. 그래서 동물과 새, 식물들을 존중해야 하는 거예요. 당신도 알겠지만, 대지 어머니는 그 안에 엄청난 힘을 지니고 있어요. 내가 사람들에게 전하고 싶은 바는, 대지 어머니 위를 신성하게 걸으라는 것이에요. 대지 어머니는 당신을 알고 있어요. 당신이 어디를 다녀왔고, 또 어디로 가고 있는지도 알고 있죠. 만물에 깃든 정령들은 어디에나 존재하기에 항상 우리 곁에 있어요. 매일 수천 개의 눈이 당신의 모든 행동을 지켜보고 있는 거예요. 그러니 밖에 나가면 허락을 구해야 해요. 창조주께 기도드리고, 대지 어머니 그리고 네 방향과 대화를 나누세요. 왜냐하면 당신은 그 모든 것을 사용하고 있으니까요. 식물은 자기 혼자 알아서 자랄 수 없어요. 대지 어머니가 키워줘야 하죠. 또, 태양이 있어야 식물을 따뜻하게 해줄 수 있는데, 햇빛 안에는 축복이 담겨 있어요. 비를 내려 식물이 자랄 수 있게 도와준 번개와 구름의 존재들에게도 감사를 드려야 해요. 불어온 바람에게도 감사드려야 하고요. 네 방향에 계신 네 분의 할아버지 · 할머니들께도 허락을 구해야 해요.

식물에는 정령이 깃들어 있는데, 식물이 스스로 그 영을 얻은 게 아니에요. 창조주께서 거기 영을 불어넣어 주신 것이죠. 누구나 식물 정령을 사용할 수 있어요. 그저 도움을 청하기만

하면 돼요. 메디슨 백*을 들고 다닐 필요도 없어요. 그냥 눈앞에 있는 것을 갖다 쓰면 되니까요. 식물은 사람들을 돕기 위해 거기 있는 거예요. 식물뿐 아니라 나뭇가지, 돌, 대지 어머니, 심지어 바람 안에도 힘이 존재해요. 이런 자연의 힘들을 통해서도 사람들을 도울 수 있어요.

당신 말대로, 그 힘은 손을 통해 전달될 수도 있어요. 당신의 손은 당신이 가진 가장 강력한 도구예요. 사람들을 돕고 축복할 때 써야 하니 그 손으로 누군가를 때려서는 안 되겠죠? 아무튼, 다른 사람의 축복과 치유에 손을 사용하는 것은 좋은 일이에요.

앞서 말했듯이 사람들을 돕는 방법은 다양해요. 식물을 통해 도울 수도 있고 물을 통해 도울 수도 있죠. 이 세상의 모든 것은 다 사람들을 돕는 데 쓸 수 있어요. (벽에 걸린 버팔로 머리를 가리키며) 이 할아버지의 털까지도요. 이건 예전에 어느 타오스Taos족 노인께서 정신 나간 사람들을 위해 쓰라고 주신 거예요. "가져가라. 언젠가 쓸 일이 있을 거다" 하시면서요. 이처럼 여러 부족의 다양한 분들이 내게 많은 가르침을 주셨어요.

엘리엇 어떻게 그런 것들을 배우게 됐는지 좀더 자세히 말씀해주시겠어요?

버사 음, 나는 유트족의 메디슨 맨이었던 우리 할아버지 손에

---

* medicine bag. 아메리카 원주민들이 착용하는 작은 주머니. 보호, 행운, 치유의 에너지나 영적인 힘을 부여해주는 신성한 물건들을 담는다. 샤먼들은 보통 씨앗, 약초, 솔방울, 풀, 동물 이빨이나 발톱, 말 털, 돌, 담배, 구슬, 화살촉, 뼈 등 비교적 작은 물건들을 담아 가지고 다녔다. 내용물은 비밀로 유지해야 하며, 메디슨 백을 만들거나 열어볼 때는 대개 기도와 의례가 거행된다.

컸어요. 옛날엔 부부가 다 보살필 수 없을 만큼 아이가 많으면 그중 한 명을 조부모나 삼촌, 이모에게 맡겼거든요. 그래서 나는 조부모님께 맡겨졌고, 할아버지가 메디슨 맨이셨기 때문에 그런 유의 것들을 익숙하게 접하며 자랐어요. 나는 보호구역 내에서도 얼마 남아 있지 않던 티피*에서 살았어요. 그래서 티피에서의 생활 방법, 티피 안에서의 태도 그리고 메디슨 맨과 함께 있을 때 갖춰야 할 자세 같은 것들에 대해 잘 알죠. 내가 나이가 들고 나서야 알게 된 건, 할아버지가 나를 포함한 다섯 명에게 능력(gift)을 전해주셨는데, 언젠가 우리가 그 능력을 쓸 때가 온다는 거였어요. 바로 그 무렵부터 나는 꿈을 꾸기 시작했어요.

엘리엇 그때가 몇 살이었나요?

버사 그 일이 처음 시작된 건 아직 내가 10대일 때였어요. 어떤 존재들이 말을 걸었고, 나는 겁을 먹었어요. 그들은 이런 말을 했어요. "창조주께서 당신의 일을 하시기 위해 너를 택했단다." 그래서 나는 기도했어요, "아니요, 저는 아직 너무 어려서 그 일을 할 수 없습니다." 그러자 그런 일이 좀 잠잠해졌어요. 그러다 나는 아주 어린 나이에 아이 엄마가 됐어요.

엘리엇 그 능력을 없애달라고 기도했나요?

버사 네, 무서워서요. 그러다 20대가 되자 그 일이 다시 시작됐어요. 그때 나는 이렇게 말했어요. "지금은 아이들 키우느라 바빠서 그 일을 할 시간이 없어요. 제 머리가 희끗해질 때까지 기다려주세요." 그러자 그 목소리가 "알겠다"고 했어요. 그

---

* Teepee. 북미 대평원 지역 원주민들의 이동 생활에 맞게 고안된 원뿔형 천막집.

런데 그러는 동안 여러 부족의 원로들이 나를 찾아와서 내가 알아야 할 많은 것들을 알려주더군요. 내가 찾아다니지도 않았는데 그 사람들이 알아서 나를 찾아왔던 거예요. 그렇게 나는 배움을 쌓으면서 조금씩 뭔가를 알아가기 시작했어요.

그러다 30대 초반이 되니 흰 머리가 많이 났어요. 그러자 그 존재는 다시 나를 찾아와 이렇게 말했어요. "머리가 희끗해질 때까지 기다려달라고 했는데, 이제 그렇게 됐구나!" 나는 "조금만 더 기다려주세요"라고 답했고요. 그런 뒤엔 병이 났어요. 천식이 생겼고 관절염 때문에 걸을 수도, 일할 수도 없게 됐죠. 그때 남편이 말했어요. "이제 그분들이 하는 말을 들어봐야 하지 않겠어?"

그때부터 나는 선 댄스** 꿈을 꾸기 시작했어요. 이전까지는 여자가 선 댄스를 추는 모습은 한 번도 본 적이 없었고, 그저 남편과 아들들이 선 댄스 의례에 참여하는 걸 도운 적만 있었어요. 왜냐하면 나를 키워주신 할아버지가 선 댄스 의례의 장(長)이셨거든요. 그래서 어릴 때부터 할아버지 일을 도왔었어요. 어릴 적 겪은 고생들 때문에 예전에는 그냥 좋지 못한 환경에서 자랐다고만 생각했는데 지금 생각하면 그게 나를 가르치는 과정이었던 것 같아요.

어릴 때 나는 양을 쳤어요. 저 먼 언덕까지 달랑 개 한 마리만 데리고 양 떼를 몰고 다녔죠. 그렇게 언덕 위에 홀로 앉아

** Sun Dance. 북미 원주민이 행하던 여름철 공동체 의례. 보통은 젊은 남성들이 음식과 물 없이 중앙에 세운 신성한 나무 기둥을 중심으로 며칠 밤낮 동안 춤을 춘다. 선 댄스에는 여러 세대를 거쳐 전승된 춤과 노래, 전통 북 연주, 신성한 불, 의례용 파이프를 통한 기도, 단식이 포함되며 경우에 따라서는 신체 일부의 살을 뚫기도 한다.

있으면 온갖 게 다 궁금해지더라고요. 그게 바로 내가 배워야 할 것들 중 하나였어요. 자연과 식물을 관찰하는 거요. 말할 상대가 없으니 나는 자연에게 말을 걸었어요. 돌멩이를 보면 집어 들어 말을 건 다음 다시 땅에 내려놓곤 했죠. 자연이 내 소꿉친구였어요. 꽃, 돌, 덤불 등 뭐가 됐든 그게 다 내 놀이 상대였어요. 하지만 그땐 내가 가르침을 받고 있다는 걸 알지 못했어요.

이후 나는 선 댄스를 추게 됐어요. 어느 날 꿈속에서 "이제 때가 왔단다" 하고 말하는 목소리가 들렸죠. 그때 나는 미국 원주민 사무국에서 오랜 시간 일해왔기에 "직장을 바로 그만둘 수는 없어요"라고 대꾸했어요. 하지만 꿈의 목소리는 이렇게 말했어요. "당장 사표를 내렴. 백인들이나 신는 그 신발은 벗고 모카신*을 신어." 그래서 나는 4년 동안 사계절 내내 모카신만 신었어요. 꿈속의 존재가 절대 신발을 신어선 안 된다고 했거든요. 그러다 선 댄스에 참여하게 됐고, 바로 이때부터 내 몸이 회복되기 시작했어요. 원래는 혼자 힘으로 일어날 수 없었는데, 남편이 선 댄스가 진행되던 의례 공간 쪽으로 왔을 때 나는 이미 혼자 힘으로 서 있었어요. 그러자 남편이 "어떻게 일어났어?" 하고 물었어요. 그래서 "그냥 혼자 일어났어" 하고 대답했죠.

그 뒤로 천식도 다 나았어요. 나는 사람들에게 항상 이렇게 말해요. 식물, 영혼 그리고 믿음이 어떤 기적을 일으킬 수 있는지 알고 싶다면 나를 보면 된다고요. 일흔 살이 거의 다 되

---

* moccasin. 부드러운 가죽으로 만든 납작한 신발. 원래 북미 원주민들이 신던 신발이다.

어가는데도 나는 젊은 사람들보다 더 빨리 움직일 수 있어요. 혼자 힘으로 일어나서 오랫동안 걸을 수 있고, 집안일도 하고, 다른 이들에게 요리도 해줄 수 있어요. 참 감사한 일이죠.

나는 내 존재의 본질과 사명을 실현할 수 있도록 훈련받아왔고, 원로들이 왜 나에게 가르침을 주었는지도 깨닫게 되었어요. 내 삶의 모든 것들이 퍼즐 조각처럼 하나하나 맞춰졌죠. 특히 북부 유트족 출신의 한 원로께서 나에게 큰 도움을 주셨는데, 그분이 정령에 대해 많은 것을 가르쳐주셨어요. 북쪽 출신이신 또 다른 분도 계셨는데, 그분은 정령과 할아버지·할머니들, 전통 한증막**에 대해 많이 가르쳐주셨어요. 선 댄스와 비전 퀘스트를 통해 배운 것들도 있고요.

내 눈엔 세상 모든 것이 선하게 보여요. 창조주께서 모든 것을 선하게 만들었다는데, 그건 지금도 그래요. 다만 우리 인간이 "저 식물은 나빠, 저 동물은 나빠"라고 생각할 뿐이죠. 신께서 그것을 창조하신 데에는 다 이유가 있어요. 뱀이나 파리가 존재하는 것도 다 이유가 있고요. 우리는 그들을 없애버리려고만 하죠. 하지만 내가 어느 날 깨달은 건, 대화를 통한다면 그들도 더 이상 우리를 귀찮게 하지 않는다는 거예요.

이 정령들은 실재해요. 만약 당신이 정령들의 존재를 믿는다면 그들도 당신을 도울 거예요. 서양 의사들은 이 점을 이해하지 못해요. 이 창조된 세계 그리고 정령들을 믿기만 한다

** sweat lodge. 북미 원주민이 전통적 정화 의례 때 사용하는 공간으로, 뜨거운 돌 위에 약초 달인 물을 부어 증기를 발생시키는 한증막이다. 이곳에서 땀을 흘리는 것은 기도, 치유, 정화를 위한 영적 의례이며 전통 언어, 노래, 관습, 안전 수칙을 아는 원주민 원로들만이 이 의례를 주관할 수 있다.

면 의사들도 많은 일을 해낼 수 있을 텐데요. 이걸 아는 사람이 아예 없진 않겠지만 아마 굉장히 소수일 거예요. 우리네 진료소에서조차 그런 이야기를 꺼내면 정신병자 취급을 받거든요. 이런 일을 하면 사람들에게 미쳤다는 소리를 듣게 되는데, 이건 이미 당신도 숱하게 겪어봤을 테죠.

엘리엇 보통 저는 정령들이 도와준다는 말은 꺼내지 않아요. 그런 말을 꺼냈다간 아예 치유를 받으려고도 하지 않을 거예요.

버사 사람들이 뭐라고 생각하든 나는 신경 안 써요. 내가 지금까지 경험해온 게 있으니까요. 언젠가 나는 이런 말을 들은 적이 있어요. "사람들이 비웃거나 욕해도 신경 쓰지 말고, 걱정하지 말렴. 너는 내 일만 하면 된단다. 네가 정말로 신경 써야 할 것은 바로 나야. 내가 너에게 이 일을 시키고 있고, 또 너를 돕고 있단다." 그래서 난 그렇게 살고 있어요. 창조주를 따르며 사는 거죠. 누군가 내게 도움을 청하면, 나는 먼저 그에 대한 기도를 올려요. 도와야 한다는 응답이 오면 돕고, 그게 아니라면 다른 사람에게 그 일을 맡기거든요.

엘리엇 당신이 말하는 그 영적 비전은 밤에 잘 때 꿈에서 보이는 건가요, 아니면 낮에 깨어 있을 때 보이는 환시 같은 건가요?

버사 나는 잠들 때마다 꿈을 꿔요. 밤에 꾸는 꿈이라면 꿈을 꾼 직후에 잠에서 깨요. 가끔은 낮에 그런 게 보이기도 해요. 꿈을 꾸는 것 같지만 사실은 꿈이 아니에요. 나는 조용할 때 명상을 하거나 다른 무언가를 하곤 하는데, 그럴 때 마치 꿈꾸듯 무언가를 보곤 하거든요. 가끔 눈을 감고 들릴 듯 말 듯 아주 작은 소리로 말을 하면 그게 보일 때도 있고요. 또, 의례에 참여할 때면 불 할아버지와 대화를 할 수 있어요. 할아버지들께 말을 걸면 그분들이 무언가를 보여주시죠. 거기에 무슨 TV라도 있는 것 같아요.

이런 것들은 거짓말을 하지 않아요. 사람들은 거짓말을 하지만 자연의 세계에는 거짓말이 없거든요. 그러니 식물 정령이 당신에게 무언가를 말하고 있고 당신도 그걸 받아들일 수 있다면, 그 정령이 시키는 대로 하면 돼요. 그 이상으로 뭔가 하려 하거나, 어떤 것을 더 덧붙이려 하지 않아야 해요. 다른 사람들이 당신에게 그 이상의 것을 기대하더라도 "내가 해야 할 일은 이것뿐이다"라고 생각해야 하죠. 이게 다예요.

엘리엇 식물을 사용해 누군가를 치유한 경험에 대해 이야기해주실 수 있나요?

버사 음, 그런 일이 좀 많았는데…. 좋아요, 뺄 건 빼고 중요한 부분만 말해줄게요.

예전에 타오스에 어느 가족이 살고 있었는데, 그 집 여자분의 삼촌이 큰 어려움을 겪고 있었어요. 누군가가 그의 집과 교역소*에 불을 질렀거든요. 음, 그리고 그 일이 있기 대략 2~3년 전에 우리가 타오스에 간 적이 있었는데, 그때 그 여성이 나를 "어머니"라고 불렀었어요. 자기에게 삼촌이 있다면서 나를 교역소로 데려갔었죠. 그때는 우리가 삼촌분을 아예 모를 때였어요. 여성이 우리를 소개하자 그분은 교역소에 있던 빨간색과 파란색이 섞인 숄을 내게 주셨어요. 우리 부족이 의례

---

* trading post. 원주민과 백인 상인들이 물품을 교환하거나 판매하던 상점. 주로 식료품, 직물, 가죽, 공예품, 약초, 장신구 등이 거래되었다.

때 쓰는 그런 숄이었죠. 나중에 이것과 관련된 이야기가 나와요. 아무튼, 그분은 남편에게 호리병박을, 내 친구에게는 깃털을 주시는 식으로 각자에게 다른 물건을 선물해주셨어요. 그래서 우리는 감사 인사를 드렸고요.

그러다 몇 년 후에 삼촌분에게 문제가 생기셨고, 우리는 그 가족들에게 타오스로 와서 그분을 위한 의례를 치러달라는 요청을 받았어요. 그래서 남편과 함께 차를 몰고 그리로 내려갔죠. 나는 트레스 피에드라스Tres Piedras의 높은 산길을 올라가고 있었어요. 그러다 정상에 거의 다다랐을 때, 갑자기 무언가가 "차 돌려!"라고 말하는 소리가 들리는 거예요. 그래서 재빨리 차를 돌린 다음 멈춰 세웠어요. 그러자 앞에 사시나무가 보였고, 저는 남편에게 "여기서 뭔가를 가져가야 해"라고 말했죠. 남편이 군말 없이 알겠다고 하더라고요. 그게 우리 남편의 장점이에요. 의심을 안 하는 거요. 아무튼 우리는 차에서 내렸고, 저는 남편에게 "나무 꼭대기에서 큰 가지 네 개, 잔가지 네 개를 가져와야 해"라고 말했어요.

엘리엇 나무가 그렇게 시킨 건가요?

버사 네. 나도 내가 왜 그러는지 몰라요. 그냥 나무가 시키는 대로 하는 거거든요. 남편이 나무에 매달려 있으니까 같이 있던 손주들이 웃으면서 "와, 할아버지 원숭이 같아!"라고 하는 거 있죠. 아무튼 남편이 나뭇가지를 내 쪽으로 당겨서 내려줬고, 나는 가지를 잘라내면서 기도를 드렸어요. 그런 다음 내가 가지고 다니는 수건에 물을 적셔 그걸로 가지들을 감쌌어요. 나조차도 왜 그렇게 해야 하는 건지 몰랐죠.

이렇게 해서 우리가 타오스에 도착했을 때는 이미 의례가 진행 중이었고, 나뭇가지들은 아직도 밴 안에 있었어요. 그러다 자정이 좀 넘었을 때 제가 다시 남편에게 이렇게 말했어요. "여보, 그 식물이 또 뭐라고 말을 해! 가지 좀 가져와줘." 그래서 남편이 그걸 가져왔고, 나는 그냥 나뭇가지가 시키는 대로 알지도 못하는 타오스족 사람들한테 다가가 이렇게 말했어요. "타오스 사람들은 의례나 잔치, 키바*에서 사시나무를 쓰잖아요. 혹시 지금 이 나뭇가지들로 저기 서 계신 분을 도와주실 수 있을까요? 이걸로 저분을 축복해주시면 돼요." 그러니까 그들이 "그렇게 할게요" 하면서 모든 준비를 마쳤어요. 그때까지만 해도 저는 거기 서 있는 그 남자가 누구인지 몰랐어요. 나중에 알고 보니 그는 의례 주인공의 이모부였는데, 자기 조카를 싫어해서 나쁜 짓을 했대요. 하지만 당시에 저는 그런 줄도 모르고 그냥 식물이 자신을 그 남자에게 주라고 하니까 시킨 대로 한 거였어요. 조금 뒤, 그가 의례 중에 일어서서 기도를 하기 시작했어요. 자기 부족 언어라서 무슨 말인지 못 알아들었는데, 다음 날 아침 여자들이 내게 이렇게 묻더라고요. "그 사람이 방화범인 걸 어떻게 아셨어요?" 그래서 나는 "몰랐어요. 저는 그냥 식물이 시키는 대로 한 건데요" 하고 말했죠. 그러자 여성들이 말하길, 어제 그가 기도를 올리는 중에 조카의 집과 교역소에 불을 지른 것을 후회하고 있다면서 자백을 했대요.

---

* kiva. 미국 남서부 푸에블로족(Pueblo Peoples)의 전통에서 쓰이는 신성한 방 또는 회의실로, 원형이나 반지하 형태로 지어져 의례·사회적 모임·정치적 회합 등에 쓰인다.

그 남자는 다음 날 아침 저를 찾아와 이렇게 말했어요. "당신이 준 나뭇가지가 내 몸을 스친 순간, 나는 강력한 느낌을 받았습니다. 엄청난 에너지가 쇄도해 들어와 나를 뒤흔드는 바람에 소리치고 울부짖고 싶은 기분이 들었지만 참았어요. 나는 어떤 힘을 느낄 수 있었습니다. 마치 벼락에 맞은 것처럼 온몸이 덜덜 떨렸어요."

나는 이모부에게 축복을 내려준 사람을 찾아가 말했어요. "가지들을 잘 간직해뒀다가 사흘이 지나기 전에 아무도 가지 않는 그 산으로 그걸 다시 가지고 올라가세요. 그리고 그 식물이 경험하게 해준 축복에 감사를 드리세요."

그런데 다음 날 아침, 이모부라는 사람이 나뭇가지들을 자기에게 달라면서 그를 조르고 있더라고요. "키바에 놔두려고 그래요. 거기에 진짜 강력한 힘이 있다니까요." 그래서 내가 말했어요. "이 안에 정령이 거하지 않으면, 그리고 식물이 시킨 대로 따르지 않으면 아무 일도 일어나지 않을 거예요. 식물은 이렇게 말했어요. '여기까지 와서 할 일을 마쳤으니 이제 다시 저 산 위로, 제자리로 돌아가야 한다.'"

의례의 주인공이었던 삼촌분은 금방 상황을 회복해서 교역소를 새로 지었고, 전투 지도자(war chief)에다 나중에는 통치자까지 됐어요. 지금도 잘 지내고 계시고요.

바로 이런 게 식물이 우리에게 해줄 수 있는 일이에요. 길을 내주는 거요. 대신 자연의 세계에 마음과 가슴과 영혼을 활짝 열어야만 이런 안내를 들을 수 있어요.

아무튼 이렇게 해서 우리가 사시나무로 사람들을 도운 적이

한 번 있었어요. 가끔은 세이지를 쓰기도 하고요.

엘리엇 세이지에 얽힌 치유 경험담도 있으신가요?

버사 세이지로 뭔가를 많이 하긴 했는데 기억이 잘 안 나요. 아마도 기억하면 안 되는 거라 그런 것 같아요. 그냥 딱 할 일만 하라는 거겠죠. 어디 보자, 세이지 이야기가 뭐가 있지…. 한번은 우리가 유타 주로 가던 중이었는데 내가 갑자기 차를 세워보라고 했어요. 그러고서 남편에게 말했어요. "저기 저거 네 개만 따와. 딱 네 개만." 그래서 남편은 시키는 대로 그걸 따왔어요.

엘리엇 세이지 말씀하시는 거죠?

버사 네, 작은 세이지 네 개를 땄다는 얘기에요. 우리는 그때도 어떤 의례에 참여하러 가는 길이었는데, 이번에는 어느 여성이 자기 자신을 위해 여는 의례였어요.

엘리엇 아픈 분이었나요?

버사 네, 당뇨병 환자였어요. 다리가 너무 부어서 걸을 수가 없을 정도였죠. 그래서 저는 거기 사람들에게 "이 세이지를 그녀에게 쓰세요" 하고 말했어요. 그리고 아침이 되니 다리가 정상적인 상태로 돌아왔고, 여성은 일어나서 걸어다닐 수 있었어요. 그냥 세이지를 살짝 누르듯이 다리에 대고 문질러주면 돼요.

사람들을 도울 수 있는 방법은 정말 많아요. 수도 없이 많죠. 어떨 때는 환자 몸에 세이지 잎을 올려놓고 그 위로 입김을 불어넣기도 해요. 페퍼민트도 그렇게 쓰면 좋아요.

엘리엇 입김을 불어넣는다고 하셨는데, 정확히 어떻게 하는 건가요?

버사 (세이지나 페퍼민트를) 흐르는 물에 네 번 담그고 자연 세계, 네 방향 그리고 대지 어머니께 요청을 드려요. 식물을 물에 담그기 전에는 물 할머니께 도움을 청하고요. 모든 존재들에게 "이 식물 할머니에게 힘을 보태달라"고 청하는 거죠. 세이지도 할머니 모습을 하고 있는데, 자태가 정말 고와요. 그러고 나서 환자 몸에 그걸 대고 입김을 불어넣기만 하면 돼요.

가끔 세이지를 그렇게 쓰게 되면 환자 몸 안에 있던 것들, 그러니까 고통 같은 것들이 빠져나가요. 당신도 그 안에서 뭐가 빠져나오는지 보면, 그러니까 사람들이 서로에게 어떤 짓을 저지르고 있는지 알면 놀랄걸요. 뭐, 알 수도 있고 모를 수도 있지만요. 사람들은 이런 걸 주술이라고 부르더라고요. 만약 그 사람에게 주술이 걸려 있다면 그것도 풀 수 있어요.

자연 세계와 네 방향에는 정말 강력한 힘이 있고, 바로 이것들이 세이지에 힘을 보태줘요. 당신도 영혼을 지닌 존재이기 때문에 자기 숨을 불어넣음으로써 세이지에 힘을 보태는 거고요. 식물 정령을 포함한 모든 영혼들은 함께 일해야 해요. 당신에게 때로 지원이 필요하듯이, 세이지도 자기가 나고 자란 대지 어머니의 힘을 받아야 해요. 이렇게 하나하나 배워가는 거예요. 당신은 지금 열심히 이 세계에 대해 배우고 있어요. 어쩌면 당신이 나보다 더 많은 것들을 배웠을지도 모르고요. 하지만 아까 말했듯이, 나는 식물의 힘으로만 치유하는 사람이 아니라 전체, 그러니까 자연 세계 전체의 힘을 빌려 치유하는 사람이에요.

당신이 말을 걸고, 무언가를 여쭤봐야 할 분은 할아버지예요. 그분이 창조주니까요. 식물의 정령을 사용하려면 항상 그분의 허락을 먼저 구해야 해요. 그런 다음 식물 정령에게 감사해야 하고요. 창조주와 그 식물을 키워준 대지 어머니께도 감사를 잊지 말아야 해요. 모든 것에 감사하는 법을 배워야 하죠. 당신은 당신 주변의 식물 정령들을 볼 수 있나요?

엘리엇 눈을 감고 몸을 이완하면 보여요. 보통은 북소리의 도움을 받아 정령들을 봐요.

버사 그래요, 우리 부족도 의례를 진행할 때 그렇게 해요. 누군가 북을 치죠. 좋은 방법이에요.

일단 한번 정령의 세계를 알게 되면 차츰차츰 모든 것이 제자리를 찾아가기 시작해요.

우리는 축복의 의미로 스머징*을 할 때 세이지를 많이 써요. 우리 영혼을 가로막고 있는 주변의 것들을 깨끗이 정화하는 데 도움이 되거든요. 당신은 사람들을 도와줄 때 식물 정령과 대화하는 것 외에 다른 걸 하는 게 있나요? 당신도 어떤 관습이나 형식 같은 것을 따르는지 궁금하네요.

엘리엇 보통은 그런 건 안 해요. 도시에서 백인들을 치유할 때면 어쩔 수 없이 그들이 받아들일 수 있는 형식을 덧입히게 되지만요….

버사 그들의 이해 범위에 맞추려면 우리는 아무것도 할 수 없죠.

엘리엇 그래서 그 범위를 넘어가는 것들은 저 혼자만의 비밀로

---

* smudging. 세이지와 같은 신성한 약초를 태워 그 연기로 사람·장소·물건의 영적 불순물들을 정화하는 행위.

간직하는 편이에요.

버사 잘하는 거예요. 그렇게 하고 있다니 다행이에요. 나도 그랬거든요. (웃음) 백인들을 치유할 때는 그렇게 해야 한다는 걸 배웠죠.

엘리엇 그래도 당신을 찾아오는 사람들은 마음이 열려 있는 편 아닌가요?

버사 맞아요. 그래서 보통은 내가 이걸 왜 사용하는지, 왜 이런 행동을 하는지 간단히 설명해줘요. 그래야 그 사람들이 이걸 조금이라도 이해할 수 있으니까요.

아무튼, 당신이 당신만의 방식으로 치유 작업을 하고 있다니 기쁘네요. 제게 있어 그건 새로운 방식이에요. 이거 봐요, 나도 당신에게 하나 배웠네요. 오늘 배운 걸 실천해봐야겠어요! 영에게 요청하는 게 우리 쪽 방식이지만, (메디슨을 구해 전달하는) 작업을 식물에게 맡기면 일이 훨씬 줄겠네요! (웃음) 나 대신 식물이 일하게 하라!

어쨌든 만나서 반가웠어요. 궁금했던 부분이 다 풀렸다면 좋겠네요.

엘리엇 정말 유익한 시간이었어요!

버사 이미 말한 바 있지만, 식물들도 한때는 우리와 동등한 존재였어요. 그러다 우리가 도움을 청하니 자신들의 생명과 영혼을 내주겠다고 한 거죠. 우리가 먹는 음식이 그러하듯이요. 식물들은 원래 우리같이 살아 움직이는 존재였는데, 우리를 위해 스스로를 내준 거예요. 사냥을 나갈 때는 먼저 야생 동물의 영혼들에게 말을 걸고 그들에게 감사해야 한다고 내가 말하는 이유도 바로 이 때문이에요. 그들이 자신의 생명을 내 줬으니까요. 심지어 불도 그래요. 장작으로 태우는 그 나무도 한때 생생히 살아 자라고 있었던 거잖아요. 그러니 불을 피울 때 이를 생각해볼 필요가 있어요. 그 나무가 목숨을 바침으로 써 우리가 온기를 얻을 수 있다는 걸요. 석탄, 가스, 부탄도 모 두 대지 어머니로부터 온 거예요. 그분의 일부죠. 우리가 마 시는 물도 마찬가지고요. 하지만 사람들은 물을 그런 시각으 로 보지 않아요. 그래서 물을 오염시키는 거예요. 이런 이해 가 없으니까요. 원주민들은 물을 '생명의 물'이라고 불러요. 우리는 물에 깊은 경외심을 품고 있거든요. 나는 이런 경외심 을 몸소 경험하면서 배웠어요. 그래서 나는 수원지로 가서 감 사 인사를 전해요. 일부 생명의 물은 대지 어머니 안에서 솟 아나는데, 정부가 우리에게서 그걸 다 빼앗고 있어요. 이제 지하수에까지 손을 대려 하죠.

우리 할아버지께서는 이렇게 말씀하셨어요. "먼 훗날에는 사 람들이 물을 두고 싸울 거란다. 너는 원주민으로서의 삶을 계 속 살아나가렴. 그러면 때가 왔을 때 동족들 몇몇을 구할 수 도 있을 거야. 그때가 되면 나는 더 이상 이 세상에 남아 있지 않겠지만, 이런 전통 방식들이 너와 네 동족들을 구하는 데 도움이 될 수도 있겠지."

당신 같은 이들과 대화를 나누다 보니, 나에게 의문을 품는 사람들도 많아요. 그들은 내가 원주민의 지식을 외지인들에 게 함부로 넘겨준다고 생각하죠. 하지만 우리의 신념을 다른 문화권 사람들과 공유하려는 이들도 많아요. 그래야 당신들이 우리를 이해하고, 우리도 당신들을 이해할 수 있으니까요. 영적인 부분을 배제한다면 우리는 서로를 이해할 수 없을 거예요.

당신들도 당신들만의 문화가 있잖아요. 아주 옛날에는 유럽 국가들에도 식물과 관련한 지식이 있었고, 실제로 식물을 사용했어요. 그래서 나는 사람들에게 이렇게 말하곤 해요. "당신들도 그 지식을 가지고 있어요. 이건 나만 혹은 원주민만 알고 있는 그런 비밀이 아니에요. 당신들에게도 알 권리가 있어요. 왜냐하면 당신들의 문화에도 한때 그 지식이 존재했으니까요. 그저 어느 순간 그게 사라졌을 뿐이에요. 그걸 되찾기만 하면 돼요. 그렇게 되면 우리는 잘 지낼 수 있을 거예요."

엘리엇 대지 어머니에게서 다시 배우기 시작하는 게 정말 중요하겠네요.

버사 그렇죠. 나는 오래전에 소유에 대한 배움을 얻은 적이 있어요. 무언가를 소유하면 얼마 안 가 그것들이 오히려 당신을 소유하게 돼요. 그걸 유지하려면 계속 돈을 내야 하거든요. 그래서 요즘에는 단순한 삶의 방식으로 돌아가려는 사람들이 많아졌어요. 정말로, 삶을 힘들게 만드는 건 다름 아닌 우리 자신이에요. 한 원로께서 내게 이렇게 말씀하신 적이 있어요. "인생이란 게 별거 없다네. 해 뜨면 일어나서 기도하고, 아침 먹고. 그러고 하루 종일 할 일을 하는 거야. 누구를 만나러 가거나 일하러 가는 거지. 그러다 해가 지고 저녁이 되면 집에 가서 다시 밥 먹고 하루 종일 뭘 했는지 떠드는 거네. 그러고 나서 잘 준비 하고, 다시 기도하고, 잠을 자는 거야. 해가 뜨면 또 이걸 반복하면서 살아가는 거고. 인생이 힘든 이유는 온갖 걱정거리를 스스로 만들어내기 때문이네. 스스로 문제를 만들어내는 거지. 하지만 사실 인생은 아주 단순한 거라네. 그냥 즐기면서 살아가면 되는 게야."

그분의 말씀은 정말로 맞는 말이었고, 지금 나는 그렇게 살아가고 있어요. 나는 뭘 하든 서두르거나 허둥대지 않아요. 좌절, 미움, 원한 등은 몸에 해가 되는데, 이게 결국 병이 돼요. 암, 종양, 당뇨병은 다 스스로 만들어낸 마음의 짐 때문에 생긴 거예요. 심장병, 뇌졸중도 마찬가지예요. 미움과 원한을 품고 있으면 그게 심장에 큰 부담이 돼요. 그러니 그것들을 내려놓으세요. 다른 사람들이 뭐라고 하든 상관없어요. 그건 그들의 문제니까요. 그러니 그런 무거운 짐을 스스로 지고 다니지 마세요.

이제 나는 그냥 이렇게 말하곤 해요. "할아버지, 무언가 잘못된 게 있다면 당신께서 그것을 처리해주세요."

우리 원주민들에게는 악마나 지옥 같은 개념이 없어요. 그것들은 사실이 아니에요. 그냥 우리 생각이 그런 걸 지어냈을 뿐이죠. 나는 내가 살면서 배우고 본 것들 그대로를 당신에게 말하고 있어요. 나도 마음만 먹으면 여기 앉아서 식물에 관한 이야기나 내가 행한 기적 같은 이야기들을 얼마든지 지어낼 수 있어요. 하지만 그건 사실이 아니죠. 아마 당신은 내가 원로의 자리에 있는 사람이니 내 말을 믿어주겠지만, 그래도 나는 거짓말을 할 수 없어요. 내가 경험한 그대로, 진실만을 말해야 하죠. 거짓말을 하면 저 위에 계신 그분께 왜 그런 행동을 했는지 설명해야만 할 거예요. 나는 그분을 아주 존경하고, 또 그분이 거짓말을 한 나에게 무엇을 내려주실지 두려움을 느끼기도 해요. 거짓말을 하면 당신은 그 거짓말을 안고 살아야 해요. 시간이 갈수록 그 거짓말이 당신의 몸과 마음에 영향을 미칠 거고요. 그러니 왜 거짓말을 하겠어요? 그냥 당신 자신으로 살면 돼요. 바로 이게 내가 사람들에게 전하는 말이에요. 당신에게 전하는 말이기도 하고요.

나와의 대화가 당신에게 조금이라도 도움이 되었기를 바라요. 나는 자연 세계와 할아버지들 그리고 식물들의 이름을 걸고 그들 대신 작업을 해왔어요.

당신은 식물의 세계에 깊이 들어간 사람이에요. 약초 전문가들도 그렇게까지 깊숙이 들어가지는 않죠. 그들은 환자에게 아스피린 한 알을 주는 것처럼 단순히 식물을 사용하는 법만 아니까요. 식물로 만든 약을 줄 수는 있어도, 식물의 진정한 본질에 도달하진 못한 거예요. 하지만 당신은 거기 도달했어요. 아까 메신저 역할을 하는 식물 정령이 있다고 했죠. 그건 내가 진지하게 생각해볼 만한 주제인 것 같아요. 당신에게 새로 배운 게 있으니 감사하네요. 시간을 들여 숙고하다 보면 "아, 그 사람이 말한 게 이거였구나" 하고 알게 될 것 같아요. 내가 해줄 수 있는 얘기는 이제 다 한 것 같네요. 여기까지 와줘서 고마워요. 당신과의 대화가 나에게도 많은 도움이 됐어요. 정령들과 이런 작업을 할 힘과 에너지를 지닌 사람을 만나는 건 흔치 않은 일이에요.

엘리엇 사람들 대부분이 이런 데 관심이 별로 없어서 그런 것 같네요.

버사 네, 아마 그렇겠죠. 그래도 당신은 그 지식을 갖고 있으니 계속 나아갈 거예요. "자만하지 말라. 사람들 앞에 나서지 말라. 뒤로 물러서 있으라. 겸손하라." 내가 사람들에게 하는 말이에요.

공동체와 의례

화, 토, 금, 수, 목에 관한 장들에는 오행의 불균형을 겪은 사람들의 이야기가 실려 있다. 우리는 이러한 불균형이 그들의 삶에 어떤 영향을 미쳤는지, 그리고 균형이 회복되었을 때 그들이 어떤 변화를 경험했는지를 보았다.

또한 개별적인 사례를 넘어, 우리 사회가 이 다섯 가지 신성한 힘들과 어떤 관계를 맺고 있는지까지 살펴보았지만 현 상황은 그야말로 암울한 실정이다. 개별성, 이기심, 불경스러움, 두려움, 공격성은 사회 모든 곳에서 보상받으며 강화되고 있다. 우리 모두는 사회 구성원으로서 살 수밖에 없으므로, 누구도 이러한 영향에서 자유로울 수 없다. 이런 상황에서 식물 정령들이 이토록 많은 도움을 주고 있다는 것은 참으로 놀라운 일이다. 식물 정령들은 우리 각자를 도와줄 수 있지만, 공동체 전체의 치유는 그들이 대신해줄 수 있는 게 아니다. 그것은 오히려 공동체 구성원들이 서로서로 노력해야 하는 부분이니 말이다.

제한 없는 성장을 고집하는 사회는 암적인 사회가 될 것이다. 인간적인 온기와 연결감을 무시하는 사람들은 심장병을 앓게 될 것이다. 서로를 돌보는 것이 중요하지 않은 세상에서는, 소수는 비만이 되고 다수는 영양실조로 고통받게 될 것이다. 두려움이 조장되는 곳에서는 폭력적인 죽음이 뒤따를 것이다. 아무것도 신성하게 여겨지지 않는 곳에서는 거의 모든 일이 어긋날 것이다.

2장에는 정원사로 일하던 소년이 식물 정령 치유를 몇 차례 받은 후 꽃가루 알레르기가 놀라울 정도로 호전된 사례가 있었다. 반면, 요즘 우리가 겪고 있는 광범위한 식품 알레르기는 식물 정령 치유로는 다루기 힘들 때가 많다. 둘 사이에 무슨 차이가 있는 걸까? 정원사가 보인 증상은 주로 개인적인 불균형을 나타내는 증상이었다. 식물 정령에게 있어 한 개인의 균형을 되찾아주는 일은 비교적 쉬운 일이지만, 사회 전체가 불균형 상태라면 이야기가 달라진다. 예를 들어 요즘 유행하고 있는 밀 알레르기는 개인적인 요인이 아닌, 사회적 요인 때문에 생겨난 것이다.

신성한 전설들에 의하면 세상이 시작되기 전, 식물이 되기로 한 몇몇 성스러운 존재들이 인간이 되기로 한 다른 성스러운 존재들에게 거래를 제안했다고 한다. "당신들이 자양분을 얻어 생명을 유지할 수 있도록 우리를 재배하는 것을 허락하겠습니다. 대신 우리를 존엄하게 여기며 존중해주고, 우리에게 감사한 마음을 가지세요. 우리는 이런 태도를 가진 인간들 손에 길러지고 수확되며, 그런 이들의 입속으로 들어가길 원합니다." 인간이 될 존재들은 이 제안을 받아들이면서 조건을 잘 지키겠다고 약속했다.

밀(그리고 다른 여러 식용 식물)의 경우, 우리는 약속을 지키지 않았다. 이종 교배, 유전자 조작, 유독성 화학 물질 등… 과연 밀이 이것들에 대해 어떻게 느끼는지 물어본 사람이 있을까? 밀의 존재들은 존중과 감사의 표현을 요구했지만, 오늘날의 기업 연구실과 이사회 회의실에서 공물을 바치거나 전통 의례를 행하는 사람이 있는가?

우리는 신성한 선물인 밀을 이익만 된다면 아무렇게나 다뤄도 괜찮은 그런 대상으로 취급해왔고, 이제는 그 화가 우리에게 되돌아오고 있다. 중동 민족들의 생명의 양식이 되기로 동의했던 이 식물은 이제 전 세계 사람들을 병들게 하고 있다. 특별히 불경스러운 행동을 했던 사람들만 그 과보를 받게 되는 것은 아니기 때문이다. 사회가 균형을 잃으면 그 불균형의 증상은 사회 구성원 누구에게나 나타날 수 있다.

개인적인 치유만으로는 이런 문제를 해결하기 어렵다. 다 함께 나서야 한다. 어떻게든 공동체가 금 원소를 회복하여 균형을 되찾을 수 있도록 해야 한다. 금은 우리가 가치, 공경, 존중을 느낄 수 있도록 도와주는 원소이기 때문이다. 밀은 우리를 괴롭히면서 가학적인 재미를 느끼고 있는 게 아니다. 오히려 밀의 정령은 여전히 우리를 돕고 있으며, 개인이 건강하고 행복한 삶을 살기 위해서는 균형 잡힌 공동체가 요구된다는 것을 인내심 있게 보여주고 있다.

요즘 사람들은 공동체의 범위를 자기 자신이라는 한 개인으로 축소시키라는 부추김을 받는다. 왜, 이런 말도 있지 않은가. "세상의 중심은 너야!" 그나마 넓은 공동체 의식을 가진 사람들은 자기 자신을 넘어 가족, 이웃, 지역 사람들까지 공동체로 여긴다. 하지만 주변의 비인간 존재들, 그러니까 식물, 동물, 흙, 물, 바위, 태양을 공동체 범위에 포함시키는 사람은 거의 없다. 또한 우리보다 앞서 존재했던 선조들과 앞으로 태어날 미래 세대들도 공동체 구성원에 포함된다는 사실을 알고 있는 사람 역시 드물다. 어쩌면 그들이 가장 중요한 공동체 구성원일 수도 있을 텐데 말이다.

물론 공동체는 내 삶에 도움을 주기 위해 존재하는 것이 맞다. 그러나 내 삶이 끝난 후에는? 당연히 우리는 우리의 뒤를 잇는, 우리가 사랑하는 이들이 잘 살기를 바란다. 그들이 잘 살아가기 위해서는 인간이든 비인간이든 상관없이 다른 존재들과 좋은 관계를 맺을 필요가 있다. 그렇다면 그런 좋은 관계를 어떻게 맺을 수 있을까? 우리 선조들은 이 주제에 관한 경험을 수천 년에 걸쳐 힘들게 쌓아 왔으며, 그 경험을 우리와 나누는 것을 그 무엇보다도 더 큰 기쁨으로 여길 것이다.

건강한 공동체는 다음 세대가 이전 세대의 지혜를 따라 잘 살 수 있도록 하는 것을 최우선의 책무로 여긴다. 그러니 세상의 중심이 나 하나뿐이라고 할 수는 없다. 오직 나 자신만을 위한 공동체 참여는 그저 잠깐의 자기만족에 불과하다. 공동체는 지속 가능성에 관한 것이며, 지속 가능성이라는 건 내가 이 세상에서 사라진다고 해서 끝나는 게 아니다.

이 글을 쓰며 내가 아직 많이 부족하다는 것을 느낀다. 나 역시 남들 못지않게 개인주의에 철저히 젖어 살았고, 코뮌commune과 아쉬람에서 실험적인 삶을 살아보기도 했지만 실제로 건강하게 유지되는 공동체 안에서 사는 행운을 누려보지는 못했기 때문이다. 나는 노년기에 접어든 지금에야 공동체에 대한 비전을 세우게 되었고, 이를 위해 헌신하겠다는 결심을 하게 되었다. 이렇게 아직 신출내기에 불과한 나지만, 나는 위촐족 사람들과 식물 정령 치유에서 얻은 경험들에서 이런 내용들을 소리 내어 말할 용기를 얻었다.

멕시코의 토착 민족 중 하나인 위촐족은 인류 역사가 시작됐을 때부터 자신들의 고향 땅에서 살아왔다. 주류 사회의 압박에도 불구하고, 오늘날 시에라 네바다 지역의 위촐 공동체에는 여전히 활기찬 생명력이 흐른다. 이들은 이러한 공동체적 성공이 선조들의 방식을 충실히 따랐기 때문임을 분명히 알고 있다. 위촐족 신생아는 세례 의식을 통해 세상에 태어난 것을 환영받으며, 이름을 부여받는다. 청소년들 역시 의례를 통해 한 여성, 한 남성으로서의 삶을 시작한다. 원로들은 공동체 구성원들의 존경을 받으며 지혜로운 조언자 역할을 한다. 위촐족 사람들은 망자가 선조들의 땅에 수월히 다다를 수 있도록 장례 의식을 치르며, 계절마다 정성 가득한 의례를 행함으로써 옥수수에 감사와 공경을 표한다. 이들은 태양, 땅, 생장, 바람, 불, 비, 페요테, 샘, 바다, 산의 신성한 장소로 순례를 떠나는데, 성지에 도착하면 기도 그리고 노래와 함께 공물을 바친다. 그리고 그 대가로 건강과 지식, 특별한 능력을 얻는다. 공동체적 안건이 생기면 대부분의 구성원들이 참석한 회의 자리에서 대책이 논의되고 결정된다. 그리고 이 모든 과정에는 샤먼들이 함께한다. 샤먼들은 공동체의 균형을 살피고 의례를 지도하며, 신들의 가르침을 노래로 전하고 사람들을 치유한다.

한때 나는 한 무리의 사람들을 이끌고 위촐족 마을을 찾아 간 적이 있다. 우리가 보기에는 매우 궁핍하고 가난한 마을이었다. 나이가 지긋한 한 마을 여성이 물었다. "이 사람들은 어느 나라 사람들인가요?"

"거의 다 미국 사람들이에요."

"아이고, 가련하고 불쌍한 사람들이구먼. 미국인들이 살아남기 위해서는 과거로 돌아가야만 할 거예요. 당신들이 옛 방식으로 돌아간 그때, 우리는 여전히 이 자리를 지키고 있을 거고요."

위촐족 선조들의 지혜는 아주 오랜 시간 동안 잘 작동해왔으므로, 이러한 보물의 유지와 보존은 실질적인 생존과 직결되어 있다. 나는 마을 여성의 말이 옳았다고 확신한다. 언젠가 기술 문명이 붕괴해버린다면 지금껏 우리가 내세워왔던 모든 것도 함께 사라질 것이다. 만약 우리가 진정으로 사람을 살리는 것이 무엇인지를 깨닫게 된다면, 그때 우리는 여전히 삽으로 옥수수를 심으며 기도하는 위촐족을 발견하게 될 것이다.

위촐족과의 경험은 식물 정령 치유의 미래에 대한 내 생각을 완전히 바꿔놓았다. 처음에 나는 이 치유법을 내가 발견 내지 개발한 것이라고 생각했다. 실제로 도움이 되는 훌륭한 치유법이었기에, 만약 관심을 보이는 사람들이 있다면 기꺼이 이를 나눠야겠다는 다짐을 했다. 이 방편이 맥을 이어나갈 수 있을지 없을지에 대해서는 별생각이 없었지만 아마 그때의 나에게 묻는다면 이렇게 말했을 것이다. "이어나갈 수 있으면 좋고, 그렇지 않다고 해도 언젠가 다른 누군가가 또 훌륭한 뭔가를 찾아서 세상에 내놓겠지."

하지만 지금의 내 생각은 다르다. 식물 정령 치유는 나에게 주어진 것이 아니다. 그것은 식물 정령들, 원소적 힘들 그리고 선조들이 치유나 영적 발견을 필요로 하는 모든 이들에게 준 선물이다. 내가 세상을 떠난 후에도 분명 이로부터 유익을 얻는 사람들이 있을 테니 이 선물은 마땅히 존중받고 보호받아야 한다.

그런 이유로 나는 지금 내 뒤를 이어 식물 정령 치유를 가르칠 뛰어난 인재들을 양성하고 있다. 또 이러한 활동을 위한 식물 정령 치유의 터전도 생겼는데, 블루 디어 센터가 바로 그것이다. 이 아름다운 리트릿 센터는 뉴욕 캐츠킬 산맥의 성스러운 땅에 위치해 있으며, 편안한 집 같은 느낌을 준다. 이는 센터 주변으로 살아 있는 식물들이 무성하게 자라고 있기 때문이기도 하지만, 자연 세계와의 균형을 이루게 하는 선조들의 가르침과 그 실천을 가능하게 하겠다는 센터의 사명 덕분이기도 하다.

이제 식물 정령 치유자가 되기 위한 과정 기간은 더 길어졌고, 수업도 더 체계화되었으며 졸업 후에도 지속적인 교육을 받는 것이 의무가 되었다. 식물 정령 치유를 영적 탐구와 발견의 길로서 경험하고자 하는 이들을 위한 단기 과정도 새로 마련되었다.*

---

* bluedeer.org/programs에서 〈Plant Spirit Medicine: Growing Awareness of Nature〉라는 제목의 온라인 단기 과정을 신청할 수 있다.

현재 블루 디어 센터에 조력하면서 이러한 작업들을 법적으로 정식화하는 것에 도움을 주고 있는 기관은 총 세 곳이 있다. 식물 정령 치유 협회(Plant Spirit Medicine Association), 식물 정령 치유 학교(Plant Spirit Medicine Seminary) 그리고 성스러운 불의 치유 사원(Temple of Sacred Fire Healing)이 바로 그 기관들이다. 옛날의 나는 이런 기관들을 비웃곤 했지만, 이제는 그렇지 않다. 이 치유법이 사회에서 살아남으려면 벽에 걸어 둘 만한 자격증이 있어야 하기 때문이다. 그래야 이 식물 정령 치유자가 엄격한 훈련을 마침으로써 치유 능력을 입증했고, 높은 윤리 의식을 가지고 있으며, 계속해서 배우고 성장하려는 인물임을 사람들이 신뢰할 수 있다.

나는 성스러운 불 공동체와 함께했던 나의 경험도 여기 나누고 싶다. 이 공동체는 같은 지역에 함께 사는 사람들을 뜻하는 그런 일반적인 의미의 공동체가 아니다. 이것은 국제적 모임으로, 우리 선조들이 그랬던 것처럼 지역별로 존재하는 작은 모닥불을 중심으로 모임을 가진다. 성스러운 불 공동체에는 소박한 의례 공간을 지키는, 입문받은 파이어키퍼^{fire-keeper}들이 존재하며 이들의 인도 아래 대화와 웃음, 노래가 오가고 때로는 갈등이 일어났다가 해소되기도 한다. 그 과정을 통해 사람들은 선조들이 이미 알고 있던 사실을 다시금 깨닫고 있다. 가슴의 불이 고립의 벽을 부수고 두려움을 녹인다는 사실, 그리고 불을 중심으로 공동체의 다른 사람들과 만나는 것이 우리 삶에 의미, 목적, 기쁨, 자기 인식을 가져다준다는 사실을 말이다. 성스러운 불 공동체 사람들은 자신의 고민과 통찰들을 나누지만 거기에 반드시 따라야 할 어떤 교리나 영적인 길 같은 것은 없다. 공동체는 그저 탐구를 위한 안전한 공간을 제공할 뿐이다.

이러한 탐구가 펼쳐지면서 서양인들은 위촐족을 비롯한 다른 전통 공동체들이 한 번도 잊은 적 없던 그것을 다시 기억해내고 있다. 바로, 우리는 본래 고립된 존재가 아니라는 것. 우리의 삶은 공동체 안에서 함께 펼쳐지고 있으며, 공동체는 단순 생활 편의 차원을 넘어서는 의미를 지니고 있다는 것. 우리는 공동체 안에서 자신의 재능을 발견하게 되며, 공동체는 우리의 재능이 받아들여지고 그 가치를 인정받을 수 있는 자리를 마련해준다. 이런 식으로 우리는 자신을 아무 의미 없는 세상 속에서 떠도는 고립된 개체가 아닌, 삶의 필수 요소인 대가족의 일원으로 여기게 되며 이들에게서 따뜻한 사랑을 받고 있다고 느끼게 된다. 이 대가족은 부모와 형제자매부터 시작해서 친척들과 친구들로 확장되다가 나중에는 온 마을 전체로, 그리고 더 나아가 산과 사막, 시냇물과 숲, 식물과 동물들이 포함된 다채롭고 경이로운 자연 세계로까지 확장된다. 우리는 이 자연의 존재들 모두를 할머니 또는 할아버지라는 친근한 이름으로 부른다. 이번 생이 끝나면 공동체는 잠시 선조들을 만나러 가는 우리를 배웅해주고, 때가 되어 돌아오면 다시 우리를 기쁘게 맞이해준다.

다시 말하지만, 공동체는 단순히 생활 편의를 위한 것이 아니다. 사람들이 모든 것과 연결되어 있음을 느낄 수 있는 공간을 마련해주는 것이 공동체의 진정한 역할이다. 그렇다면 공동체는 어떻게 이런 기적 같은 일을 가능케 하는 걸까? 바로 의례를 통해서다. 의례 없이는 진정한 공동체도 존재할 수 없다.

진정한 의례를 허울뿐인 예식과 혼동하면 안 된다. 허울뿐인 예식은 모두가 익숙함에 빠져 하품만 하고, 아무런 변화도 일으키지 못하는 행위를 반복하는 것에 불과하니 말이다. 의례는 생생히 살아 있는 영적 변형을 일으키고, 이러한 변형이 모든 것을 변화시킨다. 성인 입문 캠프에 들어가는 청소년은 공동체의 품에 마땅히 안겨 있어야 할 아이로서 그곳에 들어가지만, 떠날 때는 '공동체의 품 그 자체'인 젊은이가 되어 그곳을 떠나게 된다. 다른 말로 하면, 애벌레가 나비가 되는 것이다. 그런 근본적인 변형을 만들어내는 것이 바로 의례다.

내가 식물 정령 치유를 경험하며 알게 된 것은, 알맞은 때가 되면 신성께서 오랜 세월 잊혀져 있던 선조들의 관습을 되살리신다는 것이다. 이런 일은 지금 이 순간에도 계속되고 있다. 성스러운 불 공동체는 성인식, 참된 장례 의식, 남성들만의 리트릿과 여성들만의 리트릿을 되살려냈고 기도와 출산 전통에 관해서도 탐구하고 있다. 지역 고유의 전통들이 발굴되어 부활하면서 참된 공동체의 잃어버린 퍼즐 조각들이 다시 맞춰지고 있는 것이다. 이것이 바로, 폭력과 파괴가 날이 갈수록 더해지고 있을지라도 내가 풍요롭고 기쁨 가득한 인류의 미래를 자신하며 평안을 느끼는 이유다.

참고자료

식물 정령 치유 협회(plantspiritmedicine.org)는 식물 정령 치유에
관한 정보, 자격을 갖춘 치유자 명단, 강좌와 워크숍 및 기타
행사 일정을 게시하고 있다.
식물 정령 치유 학교(plantspiritmedicineseminary@gmail.com)는
비영리 단체인 성스러운 불의 치유 사원의 산하 기관이다.
엘리엇 카원의 계보에 따라 식물 정령 치유에 관한 교육
과정을 제공하고 있다. 또한 모든 요건을 충족한 졸업생에게
치유자 자격을 부여하고 있다.
블루 디어 센터(bluedeer.org, 845-586-3225)는 식물 정령 치유의
본부로서 가슴에 관한 전통적인 가르침과 그 실천을 위한
중요 거점이 되어주고 있다. 엘리엇 카원의 작업 전반에 관한
정보와 다른 전통 치유자, 교사, 의례 지도자들이 제공하는
프로그램에 대해 알고 싶다면 센터로 문의하라.
성스러운 불 공동체(sacredfirecommunity.org)는 공동체 불
모임을 주최하고 있으며, 남녀 청소년들을 위한 입문식 및
인생의 여러 시기를 위한 다양한 프로그램들을 제공하고 있다.
성스러운 불 재단(sacredfirefoundation.org)은 고대의 지혜와
원주민의 생존 및 발전을 위한 기금을 지원하고 있다. 교육
활동으로 〈성스러운 불 매거진〉(Sacred Fire magazine)을
발간하고 지혜의 스승들이 모이는 '고대 지혜의 부활'(Ancient
Wisdom Rising) 행사를 열고 있다.